튼튼한 안보와 한반도 신뢰프로세스를 중심으로

신뢰, 안보 그리고 통일

신뢰, 안보 그리고 통일

초판 1쇄 인쇄 | 2014년 1월 10일
초판 1쇄 발행 | 2014년 1월 20일

지은이 | 하정열 외
발행인 | 황인욱
발행처 | 도서출판 오래
펴낸이 | 한국안보통일연구원

총괄기획 | 우성흠
아트디렉터 | 채기석
표지디자인 | CWA

주 소 | 서울특별시 용산구 한강로2가 156-13
이메일 | ore@orebook.com
전 화 | (02)797-8786~7, 070-4109-9966
팩 스 | (02)797-9911
홈페이지 | www.orebook.com
출판신고번호 | 제302-2010-000029호

ISBN 978-89-94707-91-4 (93340)

KISU
연구총서
1

튼튼한 안보와 한반도 신뢰프로세스를 중심으로

신뢰, 안보
그리고 통일

하정열 외 공저

한국안보통일연구원

오래

우리의 자랑스러운 조국, 대한민국은 앞으로 제반 안보환경을 최대한 활용하여 잠재된 위험요인을 극복하고, 한반도의 평화체제를 정착시켜 조국통일(祖國統一)의 꿈을 실현해야 한다. 그리고 통일된 조국은 한민족의 생존보장을 바탕으로 일류국가에 합류하여 인류의 평화와 번영에 이바지할 수 있는 세계적인 나라가 되어야 한다.

이 책 『신뢰, 안보 그리고 통일』은 튼튼한 안보와 한반도 신뢰프로세스를 중심으로 대한민국의 생존을 보장하고, 번영ㆍ발전과 평화통일을 이루어 일류국가로 도약할 수 있는 기반적 토대를 제시하기 위해 작성되었다. 국가전략의 큰 틀 속에서 '정책적 해결능력을 담고 있는 방안'을 제시하기 위해 망원경과 현미경을 동시에 사용하여 이를 통합하는 접근방법을 모색하였다. 『신뢰, 안보 그리고 통일』이라는 이름을 붙인 것은 한반도 통일을 추진하는 데 필요한 신뢰와 안보의 방안을 함께 제시했기 때문이다. 분석의 수준은 튼튼한 안보와 평화통일이라는 주제로 한정시켰다. 따라서 '튼튼한 안보와 신뢰프로세스를 중심으로' 라는 부제를 달았다.

본서는 통일운동의 선봉장 역할을 다하고 있는 사단법인 평화통일국민포럼 산하의 한국안보통일연구원의 연구총서로서 연구원의 소장단이 함께 참여하여 공저의 형식으로 작성되었다. 안보환경평가와 동북아 평화협력 구상 분야는 정경영 안보연구소장이, 튼튼한 안보태세 확립방안은 문성묵 통일연구소장이, 경제분야는 이자형 남북경제연구소장이, 한반도 신뢰프로세스 구현방안은 라미경 평화연구소 부소장이, 평화통일전략 분야와 북한변화 촉진 관련한 사항은 하정열 원장이 책임자가 되어 작성하였다. 그리고 강진석 국방연구소장이 서장 작성 및 편집의 총괄책임자로서 역할을 다하였다.

이 책의 출판을 맡아 주신 도서출판 오래의 황인욱 대표님과 관계관 여러분에게 감사드린다.

각 분야에서 최고의 전문가들인 공저자들의 오랜 실무경험과 지혜에서 나온 전략적인 혜안과 정책적인 제안으로 실천전략으로서의 모호성인 '불확실성'과 '불명확성'을 어느 정도 극복할 수 있었다고 생각한다.

평화통일된 일류국가를 염원하며
한국안보통일연구원
공저자 일동

우리 조국 대한민국이 21세기에 달성해야 할 시대적이고 민족적인 과제는 자유민주주주의 체제하의 평화통일이다. 그런데 지금 한반도 주변정세는 19세기말과 20세기 초반의 혼란한 정세와 흡사하게 돌아가고 있다. 김정은의 북한은 핵을 체제유지수단으로 활용하면서 우리의 생존을 위협하고 있다. 미국의 아시아 회귀 및 대중국 봉쇄전략과 일본의 극우화와 집단적 자위권 확보를 통한 군사대국화 전략이 G2로 성장한 중국의 동북아지역의 패권전략과 충돌하면서 대한민국의 안보가 송두리째 흔들리고 있다.

우리는 주인의식을 갖고 이러한 위험요인을 능동적으로 극복하고, 조국의 평화통일의 꿈을 적극적으로 실현해야 한다. 문제는 시간이 한없이 기다려주지 않는다는 데 있다. 또한, 우리 편이 아닐 수도 있다. 따라서 북한을 변화시켜나가면서 주변국을 설득하여 통일의 여건을 만들어가는 지혜와 전략이 필요하다.

한국안보통일연구원이 발간하는 『신뢰, 안보 그리고 통일』은 대한민국이 도전적이며 어려운 안보환경을 튼튼한 안보와 신뢰프로세스를 중심으로 극복하는 방안을 제시하고 있다. 이 책은 조국의 생존을 보장하면서, 평화통일을 달성하여 일류국가로 도약할 수 있는 지혜를 제시한 보기 드문 전략서이다. 한반도의 번영발전과 평화통일을 염원하고 행동하시는 모든 분들에게 일독을 권한다.

한국산업개발연구원 원장, 평화통일국민포럼 고문

경제학박사 백 영 훈

| 목 차 |

〈 I 〉

지난 2013년 한반도는 분단 이후 가장 격렬한 한 해를 보냈다. 봄에는 북한의 광란적인 핵전쟁 위협이 있었고 가을에는 40여 년 북한의 2인자로 군림했던 장택상이 권력에서 제거되고 북한정권 의 불안정성이 증폭되면서 그 여파로 무력도발이 예상되고 있으 며, 동북아 영토분쟁과 이어도를 둘러싼 방공식별구역(KADIZ) 논란 등 동북아는 안보 민감지대로서 촉각이 곤두서고 있다. 이 같 은 한반도 안보환경을 전문가들은 구한말의 안보상황과 같다고 평 가하고 있으며 이에 따라 이를 슬기롭게 극복해 나가야 할 필요성 이 절박해졌다.

이 같은 상황하에서 한반도 통일의 길은 참으로 멀고도 험난한 길이라는 것을 다시금 실감한다. 그럼에도 불구하고 우리에게 있 어 통일은 반드시 이루어야 하는 민족적 과제로 안전하고 평화로운 통일의 준비와 노력을 게을리 해서는 안 된다. 신뢰구축을 전제로 한 한반도 통일 논의가 가능성과 한계가 공존하면서 또 다른 진전 이 있기를 기대하며 한 해를 연다. 신뢰구축은 매우 어렵고 속도가 느리지만 그것으로 다져진 미래는 굳건한 새 역사를 창조한다. 신 뢰구축 없이는 그 어떤 정치군사적 합의도 무용하다는 결론은 유럽 의 경험뿐만이 아니고 한반도에서 진행된 지금까지의 경험이다.

따라서 신뢰구축 문제는 당면한 우리가 헤쳐 나가야 할 최대의 목표라 할 수 있다.

북한이 3차 핵실험을 하고 2013년 봄 광란의 핵전쟁 공포분위기를 조성하면서 국제사회는 망연자실하였다. 그동안 통일에 대한 접근은 북한에 대한 경제, 군사적으로 압도적 우위에 있는 역량을 기반으로 여유 있는 접근을 해 왔다. 북한 핵 문제는 개발과정에 있어 이의 저지를 위한 당근과 채찍 정책을 추구해 오면서 퍼주기 논란을 유발하기도 했다.

그러나 이제는 상황이 근본적으로 달라졌다. 북한 핵이 기정사실화되었기 때문이다. 또한 방사포의 사거리가 200Km 이상으로 연장되는 등 재래식무기의 위협이 서울을 인질로 하였던 것을 넘어 이제는 계룡–충주권까지 확대되었다. 물론 북한의 전면전 도발 능력은 한계가 있는 것으로 평가된다. 따라서 북한은 핵 등 비대칭 전략을 통한 국지전 및 비정규전 능력의 극대화와 통일전선 전술을 통한 적화통일을 추구하고 있다.

이에 따라 우리에게 시급히 요구되는 것은 이에 대한 대비이다. 북한 핵무장을 무력화시키고 억제할 수 있는 기본적인 안보역량의 구비가 국가전략 및 정책의 우선순위에 있어 그 무엇보다 앞서 우선적으로 요구된다. 그리고 이를 바탕으로 계속해서 안전하고 평화로운 통일을 추구해 나가야 한다. 튼튼한 안보역량의 구축과, 평화로운 통일의 추진을 위해서는 미래 평화통일 조국의 완성이라는 거시적인 안목과 안전하고 튼튼한 안보태세를 동시에 구축해 나가는 미시적인 접근이 동시에 요구된다. 또 이러한 접근을 위해서는 국민들의 건전한 전쟁 · 안보철학과 통일철학이 기반이 되어야 한다.

따라서 이제 통일 논의는 안전하고 평화로운 통일의 추구라는 국가전략의 새로운 패러다임의 접근이 요구되고 있다. 국가전략은 역사적 철학적으로 정립된 국가가치를 바탕으로 대전략이 정립되어야 하며 국가이익의 식별과 국가목표가 설정되고 하위차원의 국가전략과 정책이 추진되어야 한다. 이러한 국가전략의 큰 틀 속에서 통일논의는 구체적으로 '정책적 해결능력을 담고 있는 방안' 모색이 절실해졌다.

따라서 통일 논의는 거시적 분석과 미시적 대안 마련이 동시에 이루어져야 하며, 신뢰구축을 통한 상호안보의 추구와 이를 통한 새로운 접근법으로서 '한반도 신뢰 · 안보 · 통일 프로세스' 가 요구된다.

〈 Ⅱ 〉

'한반도 신뢰 · 안보 · 통일 프로세스' 접근을 위해서는 우선 종합적인 한반도 안보평가 분석이 요구된다. 이를 위해 국제, 동북아, 북한정세 등 안보환경 평가 분석을 통해서 시사점을 도출하고, 미 · 중 · 일 · 러 주변국의 한반도 정책의 분석을 통해 이에 대응한 정밀한 대책마련이 요구된다. 국제정세는 중국의 부상에 따른 세력전이와 이에 따른 불안정이 핵심 사안이며, 향후 다자적 국제질서 재편과 지역주의의 확산이 예상된다. 일본의 집단안보 추구를 통한 보통국가 현실화에 따른 동북아 지역의 군사적 불안정성 또한 한반도 안전에 큰 변수가 될 것으로 예상된다. 동북아지역은 특히 북한의 핵무장에 따라 중국의 향후 대응이 큰 변수로 대두되며, 북·중·러의 초국경개발 전략 등이 지역 갈등을 완화시킬 촉매제로 매우 유용한 변수로 작용할 수 있을 것이다.

둘째, 우리는 올바른 평화통일의 목표와 방향을 정립해야 한다. 우리에게 통일의 의미는 무엇인가? 그것은 어떻게 추진되어야 하는가. 이를 위한 구체적인 추진전략과 방향은 무엇인가? 대한민국 헌법의 전문에 "평화적 통일의 사명에 입각하여 정의, 인도와 동포애로써 민족의 단결을 공고히 할 것"이라고 남북관계에 대한 기본 지침이 명기되어 있고 제4조에서는 "대한민국은 통일을 지향하며, 자유민주주의적 기본질서에 입각한 평화적 통일정책을 수립하고 이를 추진한다"고 구체적인 방향이 명시되어 있다. 평화통일은 우리 조국이 번영하고 일류국가로 발돋움하기 위한 필수적인 조건이다. 경제적으로 남북이 통합되어야만 인구, 자원 등 모든 면에서 비로소 하나의 독립된 발전이 가능한 경제권을 형성할 수 있다. 우리 모두는 평화통일을 위해 노력해야 한다. 평화통일을 위한 여건과 기반을 강화하기 위하여, 통일을 상정하여 경제적 능력을 강화해야 한다. 분단시대의 끝이 아직도 멀다면 우리가 가깝게 만들어야 한다. 그것이 민족사적인 전통을 계승한 대한민국의 사명이다. 통일은 우리 민족의 숙명이자 우리 시대에 반드시 풀어야 할 과제이다. 통일을 향한 역사적인 책임을 다하는 우리들이 바로 조국 대한민국의 헌법정신을 준수하는 참다운 주인이라 할 수 있다.

셋째, 튼튼한 안보는 평화통일 구현을 위해 갖추어야 할 우선적인 조건이다. 박근혜정부의 '한반도 신뢰프로세스'도 튼튼한 안보를 바탕으로 하고 있다는 점은 바로 이러한 중요성을 반영한 것이다. 그렇다면 튼튼한 안보태세를 어떻게 확립할 수 있을 것인가? 수많은 방법론들이 제시될 수 있지만 다음과 같이 정리 할 수 있다.

안보전략의 목표는 우리가 처한 안보환경을 고려할 때 ①핵심적인 국가이익 보호, ② 대한민국의 주권 수호, ③ 한반도의 평화통일여건 조성, ④ 지역의 안정과 세계평화에 기여로 정리될 수 있다. 이러한 목표들을 달성하기 위한 추진기조는 ① 국가기본역량의 확충, ② 확고한 안보태세 유지 발전, ③ 긴장완화와 교류협력의 병행 추진, ④ 공고한 평화체제 정착, ⑤ 평화적인 통일과 독립 보장, ⑥ 다자간 지역안보체제의 구축으로 정리될 수 있다.

따라서 한반도 안보 · 평화 수호와 창출, 나아가 평화적 통일을 달성하기 위한 역량의 확충을 위해서는 ① 자주적 국방역량과 방위충분성 전력의 확보, ② 영토수호와 평화관리 능력 배양, ③ 튼튼한 국방태세 확립, ④ 견고한 군사동맹체제 발전, ⑤ 군사적 신뢰구축의 실천적 구현과 한반도 평화체제의 정착 지원이다.

넷째, 북한의 체제전환에 대하여 심도 있는 사전 연구가 필요하다. 1989년 동구의 체제전환 경험은 우리에게 많은 시사점을 준다. 어떻게 사회주의체제의 자본주의로의 체제전환 부작용을 최소화하면서 통일의 길로 갈 수 있느냐 하는 것이다. 남북이 경제통합을 시도할 때 그 대상이 되는 분야는 인력, 상품 및 서비스, 자본, SOC, 화폐, 재정, 제도 등이다. 그런데 이 통합을 한꺼번에 동시에 추진하는 것은 물리적으로 불가능하다. 분야에 따라 준비와 시행 기간이 다르기 때문이다. 그리고 동시에 이 모든 분야에서 통합을 추진하는 것이 바람직하지 않다. 즉 주어진 제도와 인적 역량에 비추어 볼 때 동시적 추진은 그 역량의 범위를 벗어날 수 있으며 또한 비용 측면에서도 이에 소요되는 대규모 비용을 단기간에 조달해야 하는 부담도 있다. 또한 한 분야의 통합이 다른 분야의 통합을 자극, 촉진할 수 있는 효과를 누리기 위해서도 순차적 통합이 필요하다. 통합의 단계별 요구되는 정책들이 사전 개발, 준비되어야 한다. 구체적으로 어떠한 준비들이 요구되는가?

다섯째, 박근혜정부는 '한반도 신뢰프로세스'를 추진중에 있다. 한반도 신뢰프로세스는 튼튼한 안보를 바탕으로 남북간 신뢰를 형성함으로써 남북관계를 발전시키고, 한반도에 평화를 정착시키며, 나아가서 통일기반의 구축을 목표로 하고 있다. 이의 실천을 위한 핵심원칙으로 균형정책을 강조하고 있는데 그것은 안보와 교류협력 사이의 조정과 균형, 남북중심적 접근과 국제공조 중심적 접근 사이의 조정과 균형, 군사분야와 비군사분야에서의 균형 등 세 가지를 제시하고 있다. 한반도 신뢰프로세스의 추진과제로는 ① 신뢰관계 형성을 통한 남북관계 정상화, ② 한반도의 지속 가능한 평화추구, ③ 통일 인프라 강화, ④ 한반도 평화통일과 동북아 평화협력의 선순환 모색 등이다. 이것의 가능성과 한계를 규명하고 대책을 강구하는 일은 무엇보다 중요하다.

여섯째, 동북아 평화협력구상(일명 서울프로세스) 구현을 위해서는 어떤 전략이 요구되는가? 박근혜 대통령의 동북아 평화협력구상은 미래 동아시아의 새로운 질서가 역내 국가간 경제적 상호의존성이 증대되었음에도 정치·안보협력은 뒤처져 있는 소위 '아시아 패러독스' 현상을 어떻게 관리하느냐에 따라 결정될 것이라는 전략인식에 바탕을 두고 있다. 이러한 상황인식하에 프랑스와 독일의 평화협력 공존사례를 포함한 유럽 평화협력사례들은 우리에게 많은 시사를 해주고 있다. '동북아평화협력체 구상'은 한반도에서의 갈등과 분쟁의 냉전적 질서를 상호존중과 평화의 협력적 질서로 대체하여 추구하는 것을 목표로 한다. 이를 위해 재해재난, 원자력안전, 테러, 환경오염 등 비정치, 비군사분야부터 대화를 통해 신뢰를 쌓아 공동대처해나가고 인권, 군비통제, 영토분쟁, 대량살상무기확산 등 정치·군사분야의 협력체제로 발전시켜 나가야 한다.

한국이 이룩한 기적적인 발전역량을 한민족 전체의 도약으로 전환할 수 있느냐의 여부는, 신장된 국력과 격상된 국제사회의 위상을 바탕으로 동북아 평화협력의 산파역을 담당하면서 안보환경을 안정적이고 유리하게 조성해나가고, 한반도 신뢰프로세스를 통해 남북관계를 안전하게 정상화시켜 나가느냐에 좌우될 것이다. 이때 비로소 갈등과 분쟁의 진원지인 한반도가 동북아 평화협력의 허브로 거듭날 수 있을 것이다.

일곱째, 한반도의 냉전해체와 평화체제정착을 통한 평화통일을 위한 결정적 변수는 북한체제의 변화 그 자체이다. 북한체제를 어떻게 변화시킬 것인가 하는 것이 통일전략의 핵심적인 문제이다. 그러나 우리의 의지로 김정은 체제의 북한의 변화를 강요할 수 없다는 데 어려움이 있다. 그렇다고 손 놓고 막연히 기다릴 수는 없다. 우리 스스로 발상을 전환하여 북한의 변화를 촉진할 수 있는 전략을 추진해야 한다. 북한체제의 변화를 위한 전략선택은 상호주의전략에 의한 화해적 포용과 대결적 압박의 이중 접근전략은 불가피하나, 어느 쪽에 전략의 중심을 두느냐 하는 문제가 중요하다.

이러한 개념을 바탕으로 본서는 총 7개 장(章)으로 구성되었다. 제1장에서는 한반도를 둘러싼 안보환경을 평가하였다. 제2장에서는 평화통일을 구현하기 위한 평화통일전략의 목표와 방향 및 추진기조를 정립하였다. 제3장에서는 튼튼한 안보태세의 확립방안을 제시하였다. 제4장에서는 통일과 관련한 경제 분야의 핵심내용을 다루었다. 제5장에서는 박근혜정부가 추진하고 있는 한반도 신뢰프로세스의 구현방안을 제시하였다. 제6장에서는 한반도 평화체제 정착과 통일에 직·간접적인 영향을 미치는 동북아평화협력 구상의 구현전략을 제시하였다. 마지막 제7장에서는 평화통일을 달성하기 위해 반드시 필요한 북한의 변화를 어떻게 촉진할 것인가를 검토하였다.

〈Ⅲ〉

신뢰구축, 안보 그리고 통일에 대한 논의는 새삼스러운 감이 없지 않다. 햇볕정책이 추구했던 것도, 그리고 이명박정부에서 추진했던 강압전략도 모두 이것에 근거했었다. 신뢰를 구축하자고 무수히 많은 제안을 했었고, 협상과 교환이 이루어졌고, 때로는 단호히 대함으로써 그것이 이루어질 수 있을 것이라는 기대 속에서 강온정책을 추진해 왔다. 그러나 그 결과는 참담했고 이제는 다시

원점에서 교과서적인 신뢰구축 절차를 밟고자 하고 있다. 유럽의 신뢰안보체제인 유럽안보협력기구$^{OSCE\ 1)}$ 구축도 1950년대 미·소 데탕트로부터 출발하여 40여 년이 넘는 협상과 좌절을 겪고서 이룩된 결과이다. 한반도 비핵화와 남과 북을 포함한 관련당사국들간 신뢰안보협력이 핵심인 6자회담이 지향해야 할 한반도 통일과 동북아안보협력체제 구축문제도 결코 쉬운 문제가 아니다. 북한이 주체사상에 의한 적화통일의 실현이라는 몽상을 깨지 않는 한은 달성하기 어렵다. 더욱이 핵을 가진 북한을 상대로 어떻게 안전하고 평화로운 통일에 접근해 갈 수 있느냐 하는 문제는 대단히 어려운 문제이다. 그러나 평화통일구현이라는 국가이익과 국가목표 달성을 위해 결코 포기할 수 없는 과제이다.

바로 이것이, 한반도 통일 접근에 대한 패러다임의 변화가 요구되는 이유이다. 우리는 그것을 "한반도 신뢰-안보-통일 프로세스"라 이름하였다. 그리고 그 가능성과 조건들을 따져보기로 한다. 미래는 항상 준비하는 자의 손을 들어준다는 평범한 진리를 되새기며 험난한 통일의 길에 하나의 작은 징검다리로 기여할 수 있다면 큰 보람일 것이다.

---

1) 유럽안보협력기구(OSCE: Organization for Security and Cooperation in Europe). 정식명칭은 '유럽에서의 안전보장과 협력에 관한 기구'이다. 알바니아를 제외한 전 유럽 국가와 미국·캐나다 등 35개국이 1975년 8월 핀란드 헬싱키에서 유럽의 항구적 평화와 안전보장을 위해 유럽안보협력회의(CSCE)를 결성하고 헬싱키선언을 채택했다. 이 선언은 2차대전으로 정해진 국경선의 불가침, 분쟁의 평화적 해결, 인권과 기본적 자유의 존중 등 10원칙을 선언했다. 90년 11월 들어 알바니아를 제외한 32개 전(全)유럽국들과 미국·캐나다 등 34개국은 프랑스 파리에서 CSCE 정상회담을 갖고 동서 냉전의 종식과 상호 불가침을 공식 천명하는 '파리 헌장'을 채택하였다. 1995년 1월 OSCE로 개칭해 상설기구화했다. 회원국은 2013년 현재 57개국이다.

제1장
대내외(對內外) 안보환경 평가

평화통일을 추진하기 위한 전략을 발전시키기 위해서는 종합적인 평가가 선행되어야 한다. 이를 위해 국제·동북아·북한정세 등 안보환경 평가를 통해서 함의를 발굴하고, 미·중·일·러 주변국의 한반도 정책을 고찰할 것이다. 또한 통일정책 및 통일접근 자세 측면에서 남북한을 비교하고, 이어서 핵심적인 국가이익과 국가목표를 알아보려 한다. 마지막으로 통일촉진 및 제약환경을 평가함으로써 통일정책과 전략을 수립하는 데 시사점을 도출하고자 한다.

국제 · 동북아 및 북한정세

1. 국제정세 [2]

가. 미 · 중 간 갈등과 협력의 공존 및 지역 · 다자주의 부상

오늘 날 국제정세는 2010년 중국이 경제력에서 일본을 제치고 명실상부하게 G2로 부상함에 따라 미 · 중간의 갈등관계를 보이면서도 상호 협력을 추구할 수밖에 없는 갈등과 협력이 공존하는 관계를 가장 큰 특징으로 하고 있다.

아시아 재균형전략과 신형 대국관계의 미 · 중간 패권경쟁을 통해 양국관계가 재정립되어 가고 있다고 볼 수 있다. 미국은 외교 · 안보 · 경제적 측면 등 총체적 차원에서 아시아 중시정책을 펼쳐나가고 있다. 외교적 차원에서 아세안지역포럼ARF은 물론 아시아정

---

2) 국립외교원, 「2013-2017 중기국제정세 전망」, http://www.knda.go.kr/study /publications/analysis/index.jsp?ifans=001&menu=m_30_40_10; 국방대 안보문제연구소, 「안보정세전망」, https://www.kndu.ac.kr/rinsa/index.jsp?mid1=00000133&mid2=00000671; 제26차 세종 국가전략 포럼 – 국가대전략: 차기 5년 시대 정신과 리더십 선택, http://www.sejong.org/boad/bd_news/1/egoread. php?bd=10&itm=&txt=&pg=1&seq=205.

상회의^{EAS} 등 동아시아의 다자협력기구에 적극 참여해왔다. 미국은 자유민주주의, 시장경제, 인권 등 보편적 가치와 규범을 확산하고 신공공외교^{Public Diplomacy}를 강화해가고 있다.

군사안보적 측면에서 미국은 아·태지역의 동맹국가와의 협력체제를 강화하고, 우방국들과의 군사협력 네트워크를 구축하면서, 아·태지역에서 미국 안보체제의 핵심을 이루는 일본, 한국, 호주, 필리핀, 태국과의 동맹을 강화하고 있다. 특히 미국의 일본에 대한 집단자위권 인정과 군사력 증강의 지지는 재정적인 압박을 받고 있는 미국으로서 중국의 위협을 견제하기 위해 일본이 일정부분 역할을 분담하기 위한 조치로 판단된다.

경제적인 차원에서 위엔화 환율과 지적 재산권 등을 통해 중국시장을 공략하고 있으며, 인도, ASEAN국가들을 대상으로 시장을 확장시켜 나가고 있다. 한미 FTA에 이어 환태평양경제동반자협정^{TPP}을 추진하는 것도 미국이 동아시아 경제중시정책에 얼마나 적극적으로 임하고 있는가를 알 수 있는 대목이다.

한편, 중국은 2010년 GDP 측면에서 일본을 제치고 세계 2위의 경제대국으로 떠올랐고, 신흥대국으로 부상하여 미국과 함께 국제질서의 핵심축을 이루는 G2국가가 되었다.

시진핑 국가주석은 중국의 정치체제와 주권, 영토 등 핵심이익을 존중해주고, 상호 원원하면서 공동번영을 추구하자고 미국에 신형 대국관계를 제안하였다. 중국은 지속적인 경제발전을 위해 주변 안정화를 중요한 외교안보정책 기조로 추진하는 듯했다. 동시에 중국은 역내포괄적경제동반자협정^{RCEP}을 추진하는가 하면 지속적인 고속경제성장에 힘입어 급속한 군사력을 증강시켜 아시아는 물론 태평양으로 진출을 꾀하고 있다.

중국은 국제 및 지역차원에서 자국의 역할을 어떻게 규정할 것인가를 놓고 숙고를 거듭하다가, '숨어서 몰래 힘을 기른다'는 도광양회(韜光養晦)에서 '해야 할 일을 주도적으로 한다'는 주동작위(主動作爲)로 세계전략을 전환[3]하고 있는 것으로 판단된다.

한편, 미국과 중국 중심 G2질서의 형성 속에 강대국들의 대중(對中) 견제 Hedging 노력이 증대되고 있다. 중국은 국력에 걸맞은 국가위상을 확립하기 위한 외교적 행보를 강화해 나가고 있다. 미국은 중국의 부상을 인정하되 중국이 미국이 만들어 놓은 국제질서와 규범 내에서 행동하도록 노력하고 있다. 미·중이 동시에 개입해야 하는 국제이슈가 많아지고 그로 인해 양국간 이해관계를 조정해야 하는 일이 잦아짐에 따라 서로 협력과 경쟁의 규칙을 만들어나가고 있다. 결국 미·중 중심의 G2질서 형성이 보다 더 뚜렷해지고, 그로 인해 미국을 중심으로 한 강대국들의 대 중국 헤징노력이 보다 더 강화될 것으로 예상된다. 동시에 2013년 6월 미·중 정상회담을 통해 미국의 아시아 재균형전략과 중국의 신흥강대국 관계론에 의해 미·중이 상호존중하고, 서로 충돌하지 않으면서 상호 원원하는 전략적 협력관계를 모색해 나가고 있다.

향후 미·중관계의 갈등의 본질을 파악하기 위해서는 국제관계

---

3) 안용현, "도광양회에서 주동작위로, 중국 세계전략의 전환,"『조선일보』, 2013년 12월 2일자.

이론에서 논의하고 있는 세력전이이론Power Transition Theory을 고찰해 보는 것이 필요하다. 세력전이이론이란 세계질서를 주도하는 패권국에 대해 신흥 강대국이 도전하거나 패권국이 위협하는 세력을 견제하기 위해 전쟁을 도발한다는 이론이다.[4)]

과연 중국은 언제 미국의 국력을 따라잡을 수 있을까. 유명 연구소와 금융기관의 평가에 따르면 최소한 향후 10년 동안 중국은 연평균 6-8%의 높은 경제성장률을 유지할 것으로 전망한다. 무한한 시장 잠재력, 풍부한 양질의 노동력, 신속한 선진 과학기술의 학습능력, 충분한 외환보유고, 양호한 재정 건전성이 주된 근거다. 급속한 인구 노령화, 에너지·자원부족, 환경파괴, 사회 불안정 요소의 증가 등 부정적 요소도 있지만, 이것이 중국의 고속 성장을 방해하지는 못할 것이다. 런민대학의 진찬룽 교수는 2016년 중국의 GDP 규모는 16조에 달하게 돼 미국의 GDP 규모가 18조 달러가 된다고 추정해도 아주 근접해진다고 보고 있으며,[5)] 골드만삭스는 중국의 GDP가 2017년 미국을 추월할 것으로 전망하는가 하면,[6)] 〈표 1-1〉에서 보는 바와 같이 늦어도 2030년 무렵 경

---

4) A.F.K. Organski, *World Politics* (New York: alfred A. Knopf, 1958); Ronald L. Tammen, *Power Transitions: Strategies for the 21st Century* (New York: Chatham House Publishers, 2000).
5) 문정인, 『중국의 내일을 묻다: 우리가 알던 중국은 없다』 (서울: 삼성경제연구소, 2011), p. 451; 진찬룽 교수에 의하면 1979년 중국은 1,700억 달러, 미국은 2조 5,000억 달러로 중미간 격차는 15배였으나, 2001년 중국은 1조 달러, 미국은 10조 달러로 GDP 격차가 10배였고, 2008년 중국은 4조 2,200억 달러, 미국은 14조 3,300억 달러로 격차가 3.5배였다. 2010년 중국은 5조 8,800억 달러, 미국은 14조 2,000억 달러로 2.4배로 줄어들었다.

제규모면에서 중국은 미국을 추월하는 세계 최대의 경제대국이 될 것으로 예측된다.[7] 만약 구매력 지수(PPT)로 계산하면 중국의 경제규모는 2020년이면 미국을 추월할 것이다.[8]

〈표1-1〉2050년까지 예상 국력 비교

(단위 : 조 $)

구 분	2010	2025	2030	2050
미 국	13.15	19.48	22.26	38.65
중 국	3.64	16.12	21.48	46.27
EU	14.63	19.10	20.34	26.62
일 본	4.54	5.56	5.79	6.62

출처: "U.S.-China Relations in 2050" Carnegie Endowment for International Peace, Feb 2010.

중국의 국력이 미국을 따라잡는 2030~40년에는 미·중간 군사적 분쟁 가능성도 배제할 수 없다. 특히 인구, 경제규모면에서 소련, 일본과 대비되는 차별성에 유념해야 한다. 만약 미국이 장기 경기침체에서 벗어나지 못하고 아프간 전쟁을 영예롭게 종식하지 못할 경우, 그리고 미국의 6천억 달러를 넘어서는 국방비가 향후

---

6) Jim O'Neill, 고영태 옮김, 『그로스 맵 The Growth Map 』 (서울: RHK, 2012), p. 22.

7) "U.S.-China Relations in 2050," Carnegie Endowment for International Peace, Feb 2010.

8) Albert Keidel, *China's Economic Rise: Fact and Fiction* (Carnegie Endowment for International Peace, July 2008), p.6; Institute of International Strategic and Development Studies at Tsinghua University, "The Rise of China's Power and International Role," (June 2009), pp. 10–11.

10년에 걸쳐서 4,870억 달러를 감축하고 재정절벽^{Sequester}에 의한 870억 달러 국방예산 자동 삭감 등 재정적인 압박에서 벗어나기 어려운 상황이 계속될 수도 있다. 이에 비해 중국이 연 7% 이상의 경제 성장을 지속할 경우 가파르게 국방비를 증액시켜 나갈 때 경제력은 물론 군사력에서도 2030년대 미국의 국력을 추월할 최악의 시나리오도 배제할 수 없다.[9] 이때까지 중국이 민주화되지 않고 계속 일당 공산당 독재체제가 존속된다면, 마음만 먹으면 미국에 도전하는 전쟁을 감행할 수도 있을 것이다.[10]

둘째, 다자적 새 국제질서와 지역주의가 확산될 것이다. 미국의 상대적 국력약화와 오바마 대통령의 외교전략 기조를 감안할 때 다자적 협력이 강조될 것으로 전망된다. 이에 중국을 비롯한 러시아, 유럽연합, 인도, ASEAN 등 국제무대의 주요 행위자들이 지역주의와 함께 양자보다는 다자적 질서의 형성을 원하고 있어서 다자적 새 국제질서 조성 노력이 증가할 것으로 예상된다. 실제로 군사부문을 제외한 경제, 사회, 문화 등 부문에서 다자적 협력의 틀이 짜여져 가고 있다. 미·중 중심의 G2질서의 형성과정에서 이를 보완해주는 기제로 다자적 질서가 많이 활용될 가능성이 높다.

셋째, 아·태지역의 중요성이 부각되면서 잠재적 갈등요소가 돌

---

9) 중국 과학원의 연구에 의하면 중국이 경제총량에서 2019년 미국을 추월하고, 2049년에는 모든 면에서 미국을 추월해 세계 최고의 강대국이 될 것이라고 전망하고 있다. 최유식, "중, 국가건강도 조사 '청년 중국, 갱년기 미국을 2049년 추월'," 『조선일보』, 2013년 1월 10일자.
10) 정경영, 『동북아 재편과 한국의 출구전략』 (서울: 21세기군사연구소, 2011), pp. 37–39.

출될 가능성을 배제할 수 없다. 국제정치와 경제의 중심이 완전히 아·태지역으로 옮겨지고, 그에 따라 역내에서 많은 이해관계의 충돌과 타협이 발생할 가능성이 높다. 영토분쟁, 항해자유 확보, 민족주의 확산 등 아·태지역에 잠재된 갈등요소들이 우발적으로 돌출하여 긴장이 고조될 가능성을 배제할 수 없다.

넷째, 중동지역의 갈등 고조로 인해 세계질서가 불안할 가능성이 존재한다. 이스라엘-팔레스타인 무력 충돌 심화로 인한 중동 전역의 분쟁화 가능성과 이스라엘의 이란 핵개발 시설 공격시 중동 지역분쟁 발발 가능성, 시리아를 비롯한 미완상태의 중동지역 정치개혁 시도가 쿠데타나 내전으로 발전되어 지역 불안정을 초래할 가능성이 상존한다.[11] 군부에 의한 이집트의 대통령 축출은 민주화의 여정이 험난함을 예고해 준다.

다섯째, 유럽연합은 독자적 안보협력 강화 속에 유로화 위기로 인해 경제적인 불협화음이 증대될 것이다. 미국의 재정적 어려움으로 유럽 국가들의 안보에 대한 관여가 상대적으로 축소되고, 그 과정에서 유럽 국가들의 독자적인 안보협력은 강화될 것이다. 경기침체가 장기화됨에 따라 유럽연합의 근본적 존재가치에 대한 의문이 제기되고 지지도가 하락할 위험이 내재되어 있다.

마지막으로, 비전통적 안보위협의 중요성 증가와 국제 NGO 등 비국가행위자들non-state actors의 영향력이 증대될 것이다. 비전통

---

11) 시리아 정부군의 화학무기 사용에 따른 민간인 학살에 대해 미국의 군사적 제재를 추진하는 과정에 러시아의 중재로 시리아의 화학무기폐기 등 시리아 사태가 외교적으로 해결될 가능성도 보인다.

적인 초국가적 안보위협 중 사이버테러, 해적, 인신매매, 위조지
폐, 불법체류, 마약밀매 등이 증대함에 따라 이를 해결하기 위한
국제공조 노력이 확대될 것이다.

나. 세계경제의 불안정 증대

세계경제분야에서의 특징은 첫째, 미·중 간 경제영토 확장 경
쟁과 통상 갈등이 심화될 전망이다. 오바마 2기 행정부의 환태평
양경제동반자협정 TPP, Trans-Pacific Partnership이 가속화될 것이고 중
국은 이를 견제하려 할 것이다. 오바마 2기 행정부는 양자 FTA보
다는 아·태지역에서 미국의 무역 및 투자이익 확보와 중국의 아
태지역에 대한 영향력의 확대를 견제한다는 차원에서 TPP를 우
선 추진한다는 방침이다. 중국도 한국, 일본 등 동북아 핵심국가와
FTA를 추진함으로써 미국의 TPP확장을 견제하고, 다양한 목적
과 형태를 띤 세계 대륙간 FTA 협정을 통해 경제 및 외교적 협력
관계를 확대하려 할 것이다. 미국의 대중 무역수지 적자 누적으로
미국의 對중국 위안화 평가절상 압력과 중국의 무역장벽 철폐 요
구를 강화할 것이다. 중국은 미국의 통화 절상 압력에 대해 위안화
의 국제화를 가속화시켜, 對미 통상마찰을 회피하고, 위안화의 국
제적 위상을 제고하기 위해 노력할 것이다.

둘째, 세계경제 성장세가 둔화된 가운데 신 재정협약에 따른 유
로존 재정긴축으로 유로권의 경기침체가 심화될 것이나 유럽통합
을 강화시킬 수도 있을 것이다. 세계경제의 성장세 둔화에 따른 수

출부진, 재정긴축으로 인한 내수부문의 위축 등으로 유로권 경제는 향후 상당기간 경제성장이 멈춰버릴 가능성이 높다. 재정위기국의 재정건전화 계획은 종래 긴축일변도에서 성장 지향적 정책을 추진하는 방향으로 수정될 것으로 예상된다. 또한, 유로존 재정위기 해소를 위해 논의되고 있는 위기대응방안은 유로존 해체보다는 유럽통합을 강화시키는 계기가 될 것이다.

셋째, 신흥경제권의 성장이 둔화하고, 대응여력이 제한될 전망이다. 유럽 재정위기, 세계경기 회복 지연, 금융위기 시 경기부양책 집행에 따른 출구전략 등과 맞물리면서 BRICs Brazil, Russia, India, and China 국가의 성장률이 둔화될 전망이다. 유럽, 미국 등 주요 수출시장의 부진이 출구전략에 따른 재정긴축과 합세하면서 BRICs의 성장률이 급속히 추락하는 추세이며, 러시아는 고유가가 유지되면서 4% 수준의 양호한 성장세를 유지할 것으로 전망되나 유가급락시 성장률이 급변할 수 있는 구조적 위험성에 여전히 노출되어 있다.

마지막으로 ASEAN은 선진국 경제의 부진 등으로 둔화된 성장세가 빠르게 반등하기는 어려우나 내수기반 확대에 따라 낮아진 대외의존도, 그리고 상대적으로 양호한 정책여건 등으로 인해 성장률이 급락할 가능성은 낮다.

다. 미·중 군사적 상호견제 강화와 중동지역 분쟁 지속

첫째, 미국은 아시아 중시 기조하에 전략적 재균형 strategic rebal-ancing 전략을 계속 추진할 것이다. 아·태지역의 동맹국가와의 협력체제를 강화하고, 우방국들과의 군사협력 네트워크를 구축하면서, 아·태지역에서 미국 안보체제의 핵심을 이루는 한국, 일본, 호주, 필리핀, 태국과의 동맹을 강화할 것이다. 특히 미국의 일본에 대한 집단자위권 인정과 군사력 증강의 지지는 중국의 위협을 견제한 것으로 판단된다. 인도, 베트남, 인도네시아 등 새로운 우방국들과 군사협력을 증진하고, 미얀마, 캄보디아 등 중국의 전통적 우방국들과 관계를 정상화시키려 할 것이다. 또한 미 군사력을 중부사령부 CENTCOM 에서 태평양사령부 PACOM 로 전환하고, 이라크 전쟁 및 아프간전쟁 종료에 따라 중동지역에 편중된 군사력을 아·태지역에 재배치할 것이다. 아프리카, 남아메리카, 그리고 유럽 등에 배치된 구축함과 상륙정 등 미 해·공군전력의 60% 이상이 아·태지역에 집중되고 있다.

둘째, 미국의 아시아 회귀를 견제하기 위한 중국의 대응 노력이 강화될 전망이다. 중국은 전통적 우방국인 러시아, 북한, 미얀마, 캄보디아, 파키스탄 등과의 군사적 연대를 확대할 것이다. 시리아, 이란핵, 북핵 문제 등에 대해 러시아와 전략적 공조체제를 강화하고, 이를 통해 미국의 아시아 회귀를 견제하려 할 것이다. 특히 중국은 미국의 군사력을 상쇄하기 위한 군사력을 증강할 것이다. 독자적 위성항법체제인 '베이더우(北斗)' 체계 16기 위성을 확보하여 2013년부터 아·태지역에 대한 서비스를 개시하였고, 2020년까지 전 지구적 항법체계를 구축할 것이다. 중국은 J-15 함재기의 항모 이착륙 비행에 성공함으로써 2년 내 항모단 구성이 가능할 것이며, 2013년 자체기술로 제작한 두 번째 항모가 모습을 드러낼 것이다. 비대칭무기인 DF-21D 대함탄도미사일의 전력화를 추진하고 있고, 신형 전투기인 J-20 및 J-31 개발을 가속화할 것이다.

셋째, 미국의 아·태지역 군사력 강화로 인한 세계군사정세의 변화가 예상된다. 유럽 국가들의 지역안보 역할을 강화하려 할 것이나 그 한계에 직면할 것이다. 미국의 아시아 중시 전략으로 리비아 개입과 같이 지역분쟁에 대한 유럽 국가들의 책임이 상대적으로 증가할 것이나, 재정위기로 인해 유럽 국가들은 국방비 증액이 어려우며, 유럽 이외의 지역분쟁에 대한 적극적 개입이 제한될 것이다. 또한 미국 및 동맹국의 아프간 철군으로 지역 불안정성이 증대될 가능성도 있다. 미국은 2013년 중반 아프간 정부에 치안권을 이양하고, 2014년 말까지 전투병력을 완전 철수할 예정이다. NATO 참전국도 2014년에 아프간에서 철수한다는 방침을 확인하고 있다.

마지막으로, 중동지역에서의 군사분쟁 가능성이 고조될 것이다. 시리아 정권의 화학무기 살상으로 인한 NATO 국가들의 무력 응징 가능성과 이스라엘이 이란 핵시설 타격과 관련, 이란의 핵개발 저지를 위한 이스라엘의 '외과수술적 타격 surgical strike' 문제가 잠복해 있다. 미국은 중동의 평화를 유지하기 위해 기본적으로 이스라엘의 군사행동에 반대하는 입장이지만, 시간이 지남에 따라 이란의 핵위협이 증가할 경우 이를 제거하기 위한 이스라엘의 전격적 행동에 유보적 입장을 보일 수도 있다. 동시에 이란에 중도노선을 지향하는 하산로하니 ^{Hassan Rouhani} 대통령이 선출된 후 이란핵 문제를 외교적 방법에 의해 해결할 가능성도 배제할 수 없다.

라. 사회정체성 갈등 양상 심화 속 글로벌 시민사회 및 민주화 확산

첫째, 유로존 경제 위기의 확산과 중국 영향력 확대로 다양한 수준의 정체성 갈등 ^{identity conflict}이 발생될 가능성이 크다. 유럽인들은 재정위기를 겪는 국가와 그렇지 않은 국가들 사이의 이해관계 충돌로 인해 유럽정체성과 국가정체성 간의 갈등을 경험하고 있다. 유럽 및 미국의 경기 침체로 무슬림의 이슬람 정체성이 상대적으로 강화되어 가치관 충돌이 예상된다. 또한 세계 경제에서 중국 의존도가 높아지고, 중국인, 중국문화, 중국어 등이 영향력이 커짐에 따라, 기존의 국가정체성과 충돌하는 현상이 발생할 것이다.

둘째, 빈곤, 자유, 인권 등 인간안보에 대한 인식 제고와 지역적 사회불안이 증대될 가능성이 높다. 아프리카 등 저개발국의 빈곤, 질병 등에 대한 관심 고조와 지역 국가의 대응 능력 부족으로 사회 불안이 심화될 것이며, 이슬람 지역의 민주화 이후 사회 안정화와 민주화 시위에 대한 정부의 강압적 탄압이 증대될 가능성이 크다. 티베트, 위구르 등 중국 소수민족에 대한 전 세계적인 관심 증대와 중국 정부의 강압적 통제정책이 지속될 전망이다.

셋째, 인터넷, SNS 등 정보전파수단이 민주화를 촉진하는 데 중요한 수단이 되고 있다. 외부와의 정보차단으로 독재가 가능했으나, 북아프리카와 중동지역의 국가들에서 보듯이 인터넷과 SNS 등의 정보전파수단의 발달로 정보를 공유하고, 시민의식이 확산되고 민주화를 촉진하는 매체로 확대되고 있다.

넷째, 소프트파워가 국가의 영향력 행사에 중요한 요소로 작용하고 있다는 점이다. 대중음악과 드라마로 구성된 각국의 문화적 콘텐츠가 지식자산knowledge assets과 문화자산cultural assets이 되고 있다.

마. 지구 온난화로 자연재해 예방, 탄산가스 감축 의무화

기후변화를 비롯한 환경위협요소들이 보다 더 커지고 그로 인한 피해도 커져 환경안보에 대한 인식이 고조되고 있다. 기후변화로 인한 물·식량·생태계 등 자연자원 불균형의 발생, 해수면 상승으로 인한 해안선 변화와 도서국가의 영토상실, 환경난민 발생, 이로 인한 이주민 증가 등은 기존 정치·경제적 안보불안 요인을 더 악화시킨다는 인식이 국제사회에서 확산되고 있다.

또한, 지구 온난화에 따른 지진, 해일, 화산폭발, 사막화, 황사, 가뭄, 태풍, 폭설 등의 자연재해로 상상할 수 없는 인명과 재산 피해가 확산될 전망이다. 일본 동북부에서 발생한 쓰나미, 중국의 쓰촨에서 발생한 대지진, 필리핀 하이얀 태풍에서 알 수 있듯이 자연재해가 인명과 재산에 극심한 피해를 발생한 바 있고, 중국의 사막화가 확산되고 있으며, 이로 인한 황사의 심화로 한국과 일본에까지 그 피해가 심화되고 있다. 가뭄, 태풍, 폭설 등으로 인명 손실과 농작물에 피해가 극심하다.

한편 온실가스 배출로 인한 지구온난화를 억제하기 위한 국제사회의 유일한 다자협의체인 유엔기후변화협약 협상은 2012년 12월 8일 카타르 도하에서 폐막된 제18차 기후변화당사국총회 COP18를 기점으로 2020년 기후체제 출범을 목표로 한 새로운 협상체제로 전환하였다.[12]

바. 첨단과학기술의 발달로 시공을 초월한 문명생활 확대

IT, BT, 나노 등 첨단과학기술의 발달로 시공을 초월하여 동시대인들이 문명생활을 누릴 수 있는 장이 확대되고 있다. 인터넷, SNS, 핸드폰 등의 발달로 국경과 시간을 초월한 문명생활을 영위하면서 인류 문명사에서 서로 대화하고 아이디어를 공유하면서 삶의 질이 향상되고 인간다운 생활을 영위할 수 있게 된 것은 초유의 사건이 아닐 수 없다.

2. 동북아 정세

우리와 이해관계가 더 깊은 동북아 지역의 정세 역시 요동치고

---

12) 외교안보연구소, 『2013-2017 중기국제정세전망』(서울: 국립외교원, 2012), http://www.knda.go.kr study/publications/view/index.jsp?ifans=001&menu=m_30_40_50.

있다. 동북아의 갈등과 분열의 역내 안보구도를 상호존중과 협력의 질서로 전환하기 위해서는 일본의 우경화와 역사문제에서 비롯된 뿌리 깊은 국가 간의 불신, 영토분쟁 등의 도전요인과 한·중·일 3국간 상호의존성과 북·중·러의 초국경 지역개발의 기회요인을 분석하여 갈등을 완화하고 협력을 촉진할 수 있는 평화통일전략을 발전시킬 필요가 있다.

가. 도전요인

(1) 일본의 우경화와 역사문제

유럽과 달리 동북아의 평화협력을 추진하는 데 있어서 가장 큰 걸림돌로 작용하는 것은 일본의 우경화와 역사문제이다. 또한 일본 정부와 지도자의 역사적 망령이 되살아나고 있다. 교과서 검정제도를 수정해 "인접 아시아 국가와의 사이에 일어난 근·현대의 역사적 사실을 다룰 때 일본 제국주의로 고통을 당한 인접국의 측면을 고려한다"는 근린제국조항을 삭제하고, 일본군 강제동원 위안부의 존재를 부인하는 발언을 계속하고 있다.

아베 정부가 들어서서 일본의 우경화 행보는 급속히 진행되고 있다. 국내적으로는 지난 20년간 디플레로 인한 '성장 없는 경제'와 수년간 중의원과 참의원 양원의 지배권이 여야로 나뉘는 이른바 '뒤틀림 현상'으로 인한 정치적 불안정에서 벗어나려는 일본 사회의 욕구가 우경화 환경을 조성하였다. 대외적으로는 동북아의 세력전이로 일본이 2010년 세계경제 2위의 자리를 중국에 내주고 중국의 급증하는 군사비 및 반접근 · 지역거부[A2AD, Anti-access & Area Denial] 전략 13)에 대해 안보불안을 느끼는 것도 우경화노선 추진을 용이하게 하고 있다.14)

평화헌법 개헌을 통해 자위대를 국방군으로 격상시키고, 집단적 자위권의 법제화를 추진하고 있다.15) 중국의 해군력 팽창, 북핵문제, 영토분쟁, 미 · 중간 패권경쟁 등 복잡하게 얽혀있는 동북아 지역은 최근 미국이 일본의 집단자위권을 인정하고 군사력 증강을 지지하면서 동북아에 새로운 냉전체제의 부상 가능성을 배제할 수 없다.

중국의 해양진출과 북한위협에 대처하기 위해 동적방위전략으로 전환하고, 국가안전보장회의를 신설하며, 적극적 평화주의 외교정책을 구사해 가면서 센카쿠열도와 동중국해 방공식별구역에서 중국과 첨예한 대립을 하고 있다.

(2) 영토분쟁, 방공식별구역 경쟁과 민족주의

한편 동북아의 영토분쟁은 모두가 일본과 연루되어 있다. 쿠릴열도가 태평양전쟁, 독도분쟁이 러일전쟁, 댜오위다오(일본명 센카

---

13) 중국 연안 지역을 포함하여 해상활동을 방해하는 미국을 포함한 적대세력의 접근을 거부하고 지역을 차단하는 전략을 지칭한다. 2010년 천안함 직후 미국의 조지워싱턴 항모가 서해로 진출하여 한미해상훈련을 하려할 때 무력시위 등을 통해 강력 반발하여 동해지역에서 연합훈련을 하게 한 A2AD전략의 사례로 들 수 있다.

14) 신각수, "꼬인 한일관계 어떻게 풀어야 하나? : 21세기 새로운 파트너십 구축을 위한 제언," EAI 논평 제30호, 2013. 8. 26, http://www.eai.or.kr /type_k/panelView.asp?bytag=p&catcode=&code=kor_report&idx= 12451&page=1.

15) 차학봉, "다케시마의 날 국가 행사로 격상, 한국과 마찰 일으킬 공약 쏟아내,"『조선일보』, 2012년 12월 22일자.

쿠)분쟁이 청일전쟁으로 인한 것으로 일본의 제국주의에 의해 야기
되었다. 특히 2012년 8월 이명박 대통령의 독도방문과 일본 천황
방한 관련 사과 요구에 따른 일본의 반발과 국제사법재판소에 독도
영유권 제소 움직임, 홍콩 '섬 지키미' 행동대원의 댜오위다오 열도
의 상륙시도와 일본 정부의 센카쿠 열도 국유화 조치, 이에 따른 중
국 내 반일시위 등은 한·중·일 간에 배타적이면서 적대적인 민족
주의가 격렬하게 충돌하고 있음을 보여주고 있다. 그 동안 쌓아온
동북아 국가간 신뢰구축에 암운을 드리우고 있는 것이다.

〈그림 1-1〉 영토분쟁

출처: "일본의 영토분쟁," 『연합뉴스』, 2012년 11월 10일.

또한 난사군도는 중국, 대만, 베트남, 필리핀, 말레이시아, 부르
나이 등 6개국이 연루된 지역으로 자원 보유고이자 말라카 해협에

서 남·동중국해를 거쳐 한국과 일본에 이르는 중요한 해로지역으로 역내에 지대한 영향을 미친다.

중국은 창건 100년이 되는 2049년 세계 초강대국으로서의 중국 꿈(夢)을 실현하기 위해 대양대국화 전략을 구사하면서 서해와 동·남중국해의 반접근 지역거부A2AD 전략과 핵심이익을 수호하기 위해 영토분쟁과 중국방공식별구역CADIZ을 선포하기에 이르렀다. 중국의 CADIZ선포는 예기치 못할 사태를 불러올 수 있는 것으로 동중국해의 기존질서와 현상을 일방적으로 변경시키겠다는 의지로 평가된다.

〈그림 1-2〉 한·중·일 방공식별구역 현황

출처: 권경성, "[방공식별구역, 딜레마] 한국·일본-미국 대응방식 엇갈려 혼선," 『한국일보』, 2013년 12월 3일자.

중국은 국가안전위원회를 발족한 후 첫 강경조치로, 2013년 11

월 22일 〈그림 1-2〉 한·중·일 방공식별구역 현황에서 보는 바와 같이 제주 서남방 한국방공식별구역 KADIZ, Korea Air Defense Identification Zone 과 일부 중첩되고 이어도 일대를 일방적으로 중국방공식별구역 CADIZ 으로 선포하였다. 방공식별구역이란 국제법적으로는 공해이므로 관할권을 인정받지는 못하지만, 진입허가 없이 외국군 군용기가 접근하면, 경고를 하고, 침범할 경우 전투기가 출격하여 제지하는 구역이다. 자국의 영공 수호를 위해 영공 침범을 사전에 차단하기 위한 방어저지구역으로 볼 수 있다.

이어도는 우리나라의 배타적 경제수역 EEZ, Economic Exclusive Zone 으로서 해양과학기지를 설치하고 있고, 해군작전구역을 펼치는 등 실효적 지배권을 행사하는 지역이다. 그럼에도 이어도가 우리의 방공식별구역에 빠진 것은 6·25전쟁 기간중 북한, 중국공산군의 전투기 침투를 차단하기 위해 미 태평양사 공군사령부에서 한국의 방공식별구역을 선포하였을 때 이어도 지역 상공이 제외되었다. 일본이 1969년 선점하고 나서 정부는 그 동안 이어도 상공을 한국방공식별구역에 포함시키기 위해 십여 차례 일본에 협상을 요구했으나, 일본은 협상 자체를 거부하면서 "KADIZ에 이어도를 포함시키면 JADIZ에 독도를 포함시키겠다고" 주장하여 한국정부가 이에 강력하게 대응하지 못한 것은 독도 KADIZ에 더 신경을 씀에 따라 소홀히 한 면이 있었다.

〈그림 1-3〉에서 보는 바와 한국 정부는 2013년 12월 8일부로 마라도와 홍도 일대를 포함하여 이어도에 한국방공식별구역 (KADIZ)을 선포하여 12월 15일부로 발효를 하였다.

〈그림 1-3〉새 한국방공식별구역(KADIZ)

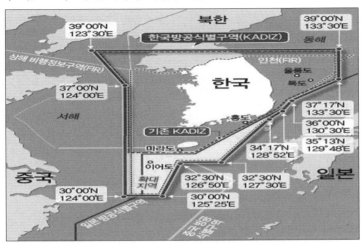

출처: 빈종빈/20131215@yonhap_graphics(트위터)

'방공식별구역 딜레마' 일본에 이어 중국이 최근 발표한 방공식 별구역에 이어도가 포함된 이유는 한중 양국이 해양관할권 분쟁을 촉발시키는 행위로 이어도에 대한 한국의 관할권에 대한 도전이 아 닐 수 없다. 양국은 1996년부터 2008년까지 해양경계를 확정하 기 위해 14차례의 회담을 했으나 의견을 좁히지 못한 상태에서 중 국이 일방적으로 제주도 서남쪽 상공 일부가 우리와 겹치고 이어도 상공을 방공식별구역으로 선포한 것은 이어도에 대한 중국의 해양 관할권을 주장하는 조치로 볼 수 있다.

센카쿠 열도/댜오위다오에서 중국과 일본의 영토분쟁이 심화되 면 한반도에 직간접인 영향을 줄 것이다. 중일간 영토분쟁이 첨예하 게 대립되는 댜오위다오/센카쿠열도에서 무력 충돌이 발생하여 국 지전으로 비화될 경우 첫째, 동중국해의 해상교통로가 차단되어 우리의 해상 경제활동에 심대한 악영향을 줄 것이다. 둘째, 중일간 무력충돌시 주한미군의 전력이 미일간 안보조약으로 빠져나갈 수 있기 때문에 한반도에 안보 공백이 발생할 수 있다. 마지막으로 어느 한 쪽이 승리하게 될 때 일본의 독도 무력 점령이나 중국의 이어도 점령을 예상할 수 있는 최악의 상황을 상정할 수 있을 것이다.

중국의 지속적인 고도 경제성장에 따른 급속한 군사력 증강으로 중국의 위협을 견제하기 위해 미국은 동아시아재균형전략을 추진하고 있으며, 재정적인 압박을 받고 있는 상황에서 중국의 위협에 대처하기 위해서는 일정부분 일본이 중국을 견제하는 확대된 역할을 필요로 하고 있다. 미국이 일본의 집단적 자위권을 인정하고 군사력 증강을 지지하는 이유이다. 일본 역시 2010년 경제력이 중국에 추월당한 상황에서 군사 안보적으로 밀리게 되면 국력이 추락할 것이라는 위기의식이 작용하기 때문에 미·일 양국간 이해관계가 맞아 떨어지는 형국이라고 판단된다.

한편 러시아는 일본과 쿠릴열도 분쟁에 연루되어 있기 때문에 중·일간 영토분쟁을 주의깊게 보고 있을 것이다. 예상을 뒤엎고 러시아가 일본편에 서 있는 것은 시베리아를 집중적으로 개발하기 위해서는 일본의 경제 지원이 절대 필요하다고 보기 때문이다. 중일간 영토분쟁을 러시아는 상대적으로 동북아지역에서 영향력을 회복하기 위한 기회로 이용하는 측면도 있다.

한·중간 민족주의 역시 중국의 고구려사 왜곡인 동북공정, 중국 내 고구려 역사적 유적지의 세계문화유산 등록, 그리고 나당연합군을 결성하여 삼국통일에 기여하였다는 이유로 백제지역도 중국 땅이었다고 주장하고 있다. 또한 중국어선의 불법어로활동, 이어도 관할권 갈등은 한 · 중간의 민족주의를 더욱 촉발시키고 있다.[16]

나. 기회요인

(1) 한 · 중 · 일 협력

한편 동북아 역내의 역학구도가 갈등관계가 분명하지만 또한 지역내 국가들간에 협력이 심화, 발전되고 있는 측면도 간과해서는 안될 중요한 특징이다. 역내 국가간 경제적 상호의존성 심화, G2 체제를 통한 미 · 중 협력 및 공조체제, 유학생 상호 파견, 활발한 문화적 교류 및 여행, 세계 최고의 인터넷 보급률 등을 들 수 있다.

먼저, 동북아 국가간 무역의존도는 2010년 54.3%로 세계평균 45.5%에 비해 높고, 일본의 26%를 제외하면 중국 65%, 한국 85%로 무역의존도가 매우 높다.[17] 동북아 역내 국가 중 일본의 첨단기술과 자본, 한국의 생산기술과 개발경험, 중국의 풍부한 노동력과 천연자원 등 3국간 경제협력의 강점은 상호 이익에 기여하고 있다. 특히 2012년도 한국의 대중 교역은 2,151억 달러이다. 536억 달러의 흑자를 포함 한 · 중 수교 이후 지난 20년 동안 대중 수출은 1조 414억 달러에 달한다.[18]

---

16) Chung Kyung-young, "Nationalism in Northeast Asia: Issues and Solution," 4th East Asia Situation Assessment Forum, The Institute of International Strategy on East Asia, Nov 3, 2012.
17) "동아시아 자유무역지대 설립으로 역내 시장 확대해야," *The Financial Focus*, Oct 2009.

〈표 1-2〉 동북아 국가별 한국 교포, 유학생, 외국인 체류자

(단위 : 명)

미국	중국	일본	러시아	한국
교포 2,176,998 유학생 764,494 • 중국 115,558 • 인도 101,270 • 한국 105,516 불법체류자 1,150만	조선족 2,704,994 탈북자 200,000 유학생 292,611 • 한국 57,723 • 미국 2만 3천 • 일본 1만 8천	교포 904,806 합법 체류자 1,354,000 불법 체류자 219,500 한국 유학생 20,362	고려인 218,956 중국 불법체류자 1~2백만(극동 러시아) 북한 근로자 20,000 한국 유학생 1,950	탈북자 24,614 외국인 체류자 144만 4천 • 중국 698,444 • 미국 135,620 • 베트남 122,540 • 일본 57,1470 근로자 529,690 결혼이민자 148,498 유학생 84,711

출처: "외국인 체류자," http://www.jasso.gp.jp/kikaku_chosa/ukeire4.htl; and other various East Asian Newspaper and Internets; http://www.reuters.com /article/2012/03/24/us-usa-immigration-idUSBRE 82N09I20120324.

〈표 1-2〉에서 보는 바와 같이 동북아 역내 국가들은 유학생 상호 파견,[19] 2012년도 한국을 출입한 외국인과 출국하고 귀국한 한국인을 합한 인원은 2,500만여 명에 이를 정도로 활발한 교류[20]

---

[19] 2012년 11월 12일 미국 국무부 교육문화국 발표: 미국 내 유학생 수 76만 4,494명(중국 115,558, 인도 100,270, 한국 7만 2,295명으로, "미 유학생, 중국, 인도에 이어 한국 3위 순," http://cafe.naver.com/edbridge/521; "중국내 유학생 한국 최대 36%," 『광명일보』, 2009년 12월 30일: 중국내 유학생 수 29만 2,611명(한국 6만 명으로 1위, 2위 미국 2만 3,292명, 일본 1만7.961명); "일본 내 유학생 14만 1,774명, 중국 8만 6,173명, 한국 2만 202명).

[20] 법무부는 2012년 출입국자는 2011보다 10.8% 늘어난 5,032만 2097명이라고 6일 밝혔다. 한국인 출국자는 1,406만 5,176명으로, 행선국 별로는 중국이 278만 명(21.7%)으로 가장 많았고 일본 177만 명(13.8%), 미국 109만 명(8.5%), 태국 105만 명(8.2%), 필리핀 100만 명(7.8%) 순이다. 외국인 입국자는 2011년에 비해 13.9% 늘어난 1,112만 9035명으로 나타났다. 국적별로는 일본 350만 명(34.2%), 중국 273만 명(26.7%), 미국 73만 명(72%), 대만 57만 명(5.9%) 순이며 총 204개국에서 한국을 방문했다. "한국 출입국자 5천 32만 명," http://news1.kr/articles/959677.

를 하고 있다. 또한 한국에 외국인 체류수가 114만여 명[21]에 달한다. 특히 미·중·일·러를 포함한 한국의 해외동포 726만 명과 해외에서 공부하는 유학생 25만 명[22]은 해당 국가와 한국간 상호 인적 네트워크를 활성화할 수 있는 귀중한 자산이 아닐 수 없다.

특히 한·중·일 3국간 교류협력이 가일층 활성화되고 있다. 2011년 현재 3국 정부간에는 장관급 협의체 17개를 포함해 모두 50여 개의 협의체가 가동되고 있으며, 협력사업도 민관을 포함해 100개 이상이 진행되고 있다. 1999년과 비교할 때 3국간 인적교류는 658만 명에서 1,655만 명으로 2.5배, 교역액은 1,294억 달러에서 5,884억 달러로 4.5배 증가했다.[23] 경제·통상·문화 분야에서 안보, 재난관리, 대테러 등 협력의 지평을 끊임없이 확대해 나가고 있다. 그 동안 한·중·일은 자유무역협정 민간 공동연구, 황사 공동 대응, 3각 항공셔틀 개설, 청소년 교류, 재난 방지, 북핵 문제 등을 논의해왔다.

---

21) 국내 체류외국인 144만 5103명으로, 체류 목적별로는 방문취업자 등 외국인 근로자가 52만 9690명(36.6%)으로 가장 많았고 결혼이민자 14만 8,498명(10.3%), 외국인 유학생 8만 4,711명(5.9%) 등이다. 국적별로는 중국이 69만 8,444명(48.3%), 미국 13만 562명(9.0%), 베트남 12만 254명(8.3%), 일본 5만 7,147명(4%) 순이다. 이 중 91일 이상 장기체류 등록외국인은 112만 599명이다. 장기체류 등록외국인은 중국이 59만 1794명(52.8%)로 가장 많고 베트남 11만 4211명(10.2%), 미국 6만 7766명(6.1%), 필리핀 3만 3194명(2.9%), 일본 2만 3396명(2.1%) 등이다. "국내 체류 외국인 114만 5천 명," http://www.mofat.go.kr/travel/overseascit izen/index.jsp?menu=m_10_40.
22) 재외 동포는 7,268,771명(중국 2,704,994, 미국 2,176,998, 일본 904,806, 러시아 218,956 등이다. 해외 유학생은 329,579명(미국 105,616, 중국 57,723, 일본 20,362, 러시아 1,950) 외교부 현황에 2011년 현재, "재외 동포 및 해외 유학생 현황," http://www.mofat.go.kr/travel/ overseascitizen/index.jsp?menu=m_10_40.
23) 김성환, "한·중·일 정상회담, 동북아 미래 향한 새 이정표,"「동아일보」, 2011년 5월 20일자.

한·중·일 정상회담은 서울－베이징－도쿄 3자간 협력의 상징
이다. 1999년부터 ASEAN +3 정상회의 참석 기간에 3국 정상
들의 회의로 시작하였으며, 2008년부터 3국 정상들은 순차적으
로 돌아가면서 별도 회의체로 발전시켜, 3국 협력이 제도화되고
있다. 2008년 12월 13일 일본 후쿠오카에서 개최된 1차 한·
중·일 정상회담은 3국 외교안보장관회의를 정례적으로 개최키로
합의하였고, 제2차 한·중·일 정상회담은 2009년 10월 베이
징에서 개최하여, 지속가능한 개발 공동성명을 채택하였으며, 3국
기업인 협의체 Business Summit 개최 등에 합의하였다. 제3차 한·
중·일 회담은 2010년 5월 제주도에서 개최하여, 상설 사무국을
2011년에 한국에 설치하고, 한·중·일 FTA에 대한 산·관·
학 공동연구를 2012년까지 완료하기로 합의하였다.[24] 제4차 정
상회담은 2011년 5월 22일 도쿄에서 개최되었으며, 후쿠시마
(福島) 원자력발전소 폭발사고와 관련, 원전 사고시 세 나라간에
정보공유와 자연재해 대비 공동훈련 등 안전·재난관리 협력을 강
화하기로 합의하였다. 제5차 한·중·일 정상회담은 2012년 5
월 13일 베이징에서 열렸으며, 통상분야 협력의 기틀을 확보하였
다. 연내 한중일 FTA 협상을 개시하기로 합의하였으며, 투자보
장협정에 서명하였다.[25]

2013년 서울에서 개최키로 예정되어 있는 6차 한·중·일 정

---

24) 김호섭, "한중일 정상회의가 남긴 것," 『세계일보』, 2010년 6월 2일자.
25) 조영빈, "제5차 한중일 정상회담, 동북아 공동경제권 첫 걸음, http://www.mt.co.
kr/view/mtview.php?ty pe=1&no=2012051319228220158&outlink=1, (검색일:
2013. 5. 20).

상회담은 아베총리의 우경화와 몰역사성, 한국과 중국의 일본 군국주의 피해의식에 함몰되어 일정 자체가 잡히지 못하고 있으나 서울에서 개최될 예정이다.

(2) 북·중·러 초국경지역개발 협력

아래 〈그림 1-4〉에서 보는 바와 같이 동북아 평화협력의 한축으로 부상하고 있는 한반도의 북부지역, 중국의 길림성, 극동 러시아의 국경을 접하고 있는 두만강 인접지역의 초국경지역개발이 가시화되고 있다는 점이다. 캘리포니아 버클리대 로버트 A. 스칼라피노 Robert A. Scalapino 교수에 의해 구체화된 자연경제권 Natural Economic Territory 이론은 초국경 지역통합개발과 공동번영을 위해 태생적 생태계의 새들과 짐승들이 자유스럽게 왕래하듯 국가간 인접지역의 연계를 위해 도로와 철도를 잇고, 항만 개발 등 인프라를 개발하여 자원과 인력, 자본과 기술 및 경영역량을 통합함으로써 정치적 경계를 극복할 수 있다는 구상이다.[26]

〈그림 1-4〉 북·중·러 초국경지역개발

 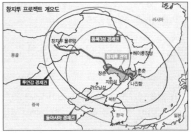

출처: "中 새로운 중심지로 부상하는 지린성: 창지투 거점," 『아주경제』, 2012년 6월 18일.

북 · 중 · 러 국경지대 경제 컨소시엄 구상은 중국이 훈춘에 외국산업단지를 포함한 대규모 유통단지와 무역센터를 건설하고, 북한 지역에는 북한 북부 항구 및 배후지역을 개발하며, 러시아는 극동 러시아 항구 및 배후지역을 개발하는 것으로 중국은 이미 2009년 8월 중국의 동북개발프로젝트와 극동 러시아 자바이칼 개발간 중 · 러 협력개발협정을 체결하였으며, 2011년 6월 창춘 · 지린 · 투먼 프로젝트와 라선간 북 · 중 공동개발협정을 체결한 바 있다.

(3) 러시아의 극동 중시정책

2012년 5월 출범한 푸틴 3기 정부는 '강한 러시아Strong Russia 건설'의 대외정책을 추진하고 있다. 특히 러시아는 2012년 9월에 개최된 블라디보스토크 아태경제협력체APEC, Asia Pacific Economic Cooperation 정상회의를 통해 명실상부한 동북아 국가임을 대외적으로 천명하고, 낙후된 극동지역의 지역개발을 적극적으로 추진할 예정이며, 이전에 없던 극동개발부를 신설하는 '극동발전전략 2025'를 발표했다. 푸틴의 시베리아 · 극동지역 개발 의지 및 동북아 중시 외교정책 노선의 반영이란 점에서 의의가 크다. 극동개발부는 대통령 직속으로 본부를 블라디보스토크에 두고 러시아 영토의 60%에 이르는 동부지역의 인프라 및 천연자원 개발을 추진

---

26) Robert A. Scalapino, "The Changing Order in Northeast Asia and the Prospects for U.S.-Japan-China-Korea Relations," Institute on Global Conflict and Cooperation, University of California, San Diego, 1998. http://escholarship.org/uc/item/3bc5935t.

하며, 자원개발권 발급 권한 및 수익세, 토지세 면세 등의 혜택을 부여받게 될 것이다. 러시아는 이미 사할린으로 1,700km 가스관이 완료되었고, 이르쿠츠에서 블라디보스토크까지 4,900km 가스관 공사가 추진 중이다.

3. 북한 정세

한편 2011년 12월 17일 김정일 사망 이후 권력을 승계하여 12월 30일 북한의 최고인민군사령관이 된 김정은은 2012년 4월 노동당 제1비서와 국방위원회 제1위원장으로 추대됨으로써 당·정·군을 장악하게 되었다. 2012년 12월 12일 북한의 장거리 로켓 발사와 2013년 2월 12일 3차 핵실험, 개성공단 잠정폐쇄 등 평양발 위기는 한반도는 물론 동북아 정세와 국제정세를 요동치게 했다. 과거 핵활동 검증문제로 중단되었던 6자회담과는 완연 다른 사실상의 핵보유국인 북한과 핵폐기를 협의할 6자회담이 쉽게 재개될 것 같지는 않다. 김정은의 도박을 둘러싸고 전개된 동북아 역내 국가 간의 복잡한 역학관계와 정세변화의 흐름을 정확히 읽을 필요가 있다. 북한이 전대미문의 도발과 개성공단 사태 등 다차원적인 도전을 해 온 데는 김정은의 통치기반을 강화하고, 박근혜 정부를 길들이면서 전략적 우위를 점유하여 경제적 실익을 챙기며, 미국과의 협상을 통해 국교정상화를 추진하겠다는 의도로 비쳐진다.

북한은 3차 핵실험 이후 2013년 3월 31일 당중앙위원회 전원회의에서 '경제건설, 핵무력건설 병진노선'을 김정은 체제의 전략

노선으로 채택했다. 이는 2012년 개정헌법에서 최초로 핵보유국임을 공식적으로 명시하였고, 2013년 4월 1일 최고인민회의 제12차 7차 회의에서는 '최고인민회의 법령'《지위적 핵보유국의 지위를 더욱 공고히 할 데 대하여》를 채택하였다.

북한은 3차 핵실험을 통해서 핵능력이 증대됨에 따라 전쟁수행능력이 제고되었으며, 상당부분 국가의 역량을 경제건설에 전환할 수 있는 상황이 되었다고 판단할 수도 있다. 문제는 상기 법령에서 핵무기 역할을 전쟁을 방지하는 억제뿐만 아니라 격퇴와 보복을 명시하고 있는바, 급변사태 발생시 한미동맹에 의해 군사개입을 할 경우 격퇴하는 데 운용될 수 있으며, 태평양전쟁에서 일본의 패전을 이끌어 낸 원폭사용 이후 한 번도 사용한 적이 없는 핵에 대해 북한은 정치적 목적을 달성하기위한 수단으로 보복하기 위해 핵을 사용할 수도 있다.[27]

한편, 김정은은 장거리 미사일 발사와 3차 핵실험 성공을 김정은 영도의 위대성으로 포장하여 '유일영도체계' 구축을 강화하면서 통치기반을 확고히 하려 할 것이다. 경제 전반에 걸친 인민생활 향상을 위해서 주체철, 주체비료, 주체섬유 생산체계 구축성과 및 전 산업부문에의 CNC화 성과를 "새 세기 산업혁명"으로 상징화하고, 사회주의경제관리원칙을 견지하면서도 '실리위주'의 경제관리방식을 강조하고 광물자원의 수출, 마식령 스키장 건설 등을 통해

---

27) 함형필, "북한 핵능력의 실체와 정치, 군사적 함의," 북한전략정보서비스센터, 민주평통 양천구협의회 공동 주최 「북한 '핵병진노선'과 중국 대북핵정책의 딜레마」 세미나, 2013. 10. 8, 프레스센터.

외화벌이에 집중할 것이다.

대외정책 측면에서 김정은 체제의 안정화와 경제회생기반 마련을 위한 대중 동맹관계를 강화하고, 강·온의 양면전략을 통한 대미 협상 국면 유도를 통해 6자회담 재개와 대남, 대일관계 개선 노력의 유화정책을 펼칠 가능성도 배제할 수 없다. 경제실익과 한반도에서의 전략적 지렛대 확보 차원에서 대러 전략적 협력관계를 강화할 것으로 예측되며, 생존환경 개선을 위한 아시아, 아프리카, 중동지역, EU내 우호 국가들과의 초청·방문외교를 강화할 것으로 전망된다.

김정은은 대결적 태도를 취하면서 남북관계 개선을 탐색할 것이며, '5.24 조치' 해제, 금강산 관광 재개 등과 관련하여 남한의 선제적 조치를 요구하면서, 경제적 실익을 확보하기 위한 수단으로 민간급 교류협력에 대해서는 적극적 태도를 견지할 가능성도 있다. 주한미군 철수, 유엔사 해체 등의 문제를 적극적으로 제기하면서 우리 사회 내 남남갈등을 조장하는 방식으로 한반도 평화협정체제의 이슈를 부각시켜, 민족공조의 명목하 대남 선동 및 한미간 이간 책동을 노골화할 것이다. '우리민족끼리'의 민족공조에 의한 "반미자주, 반전평화, 민족대단결" 등의 대남선동을 지속할 것이다.[28]

특히 북한은 인민민주주의혁명전략을 통해 끊임없이 대남적화전략전술을 획책해왔다. 북한 국방위원회 제1위원장이자 노동당 제1

---

28) 이석수 외, 『2013 안보정세전망』(서울: 국방대 안보문제연구소, 2013), pp. 44-52.

비서이며 인민군최고사령관인 김정은은 내부적으로 "3년 내에 무력통일을 하겠다"는 호언을 수시로 해왔으며, 전시계획인 '전시사업 세칙'을 개정하여 '공화국 남반부의 민주 애국 역량이 들고 일어나 북에 지원을 요구할 경우 전쟁을 선포한다'는 내용을 삽입한 데서 확인할 수 있다.[29] 이석기 사태는 북한 인민민주주의 혁명전략에 의해 우리 사회가 얼마나 용공분자들에 의해 노출되어 있는가를 극명하게 보여주고 있다. 1,300여 명이 모인 RO Revolution Organization, 혁명조직 집회가 무슨 문제가 되겠는가라고 비판하는 세력이 있으나, 이는 소련에서 볼셰비키 혁명에 의해 짜르 권력이 무너지고 공산화에 성공, 소비에트연방공화국 USSR 을 세웠던 것도, 중국 대륙이 공산화 통일이 된 것도 레닌과 모택동이 이끄는 소수집단에 의해 촉발되었음을 인식하지 못한 소치이다. RO 집회에 모였다는 1,300여 명이 무장세력으로 돌변하여 3-4명씩 짝을 지어서 동시에 비밀리에 제조 및 확보해온 폭발물로 국가의 중요한 통신, 금융, 교통 등 기간시설과 한미의 주요군사시설을 폭파시키고 출근길의 지하철 내에서 독가스 살포를 자행한다면 최소한 40여 개의 국가의 주요시설이 일거에 무너져 내릴 수 있음을 생각할 때 경악해 마지 않을 수 없다.[30]

---

29) 정우상·최경운, "서른살 김정은 3년내 무력통일," 『조선일보』, 2013년 10월 9일자.
30) 정경영, "박근혜 리더십과 한국 안보," 한국해병전략연구소 주최 『국가지도자들의 리더십과 한반도 안보』 세미나, 2013. 9. 25, 전쟁기념관.

제2절
주변국의 對 한반도 정책

1. 미국

통일문제는 남북한 문제이자 국제적 성격의 문제이다. 남북한
민족 내부의 통일에 대한 의지와 노력과 함께, 한반도 분단이 일본
의 식민지배로부터 시작하여 미국과 소련에 의해 분단이 획정되고
6·25전쟁으로 미국과 중국이 참여하여 휴전이 되어 형성된 정전
체제이기 때문에 한반도 분단을 해소하기 위해서는 주변국과의 협
력과 지지가 필수적이다. 미·중·일·러의 대한반도 정책을 살
펴보고자 하는 목적도 여기에 있다.

미국의 대한반도 정책은 분단관리에 주안을 두고 전쟁 재발을 억
제하며, 평화적인 방법에 의해 자유민주주의와 시장경제를 통한
통일을 지원한다는 것을 기조로 하고 있다.

미국은 1990년대 구소련의 해체로 인한 탈냉전으로 한반도 방
어의 한국화에 주안을 두고 평시 작전통제권 이양, 지구사령관의
한국군 장성 보임 등을 하였다. 2000년대 테러와 중국의 잠재적
위협에 대비하여 북한 위협이라는 단일임무인 붙박이 군대로서의
주한미군이 한반도 이외 지역의 우발사태에 대처하도록 하는 주한

미군의 전략적 유연성으로 변화하였으며, 전시작전통제권 전환을 통해 한국이 주도하고 미군이 지원하는 신연합방위체제로의 전환을 모색하고 있다.

오바마 대통령은 박근혜 대통령의 2013년 5월 7일 워싱턴을 방문하여 한미정상회담을 통해서 한미 동맹 60년을 돌아보면서 앞으로 두 나라가 함께 가꾸어 나갈 미래에 대한 비전을 제시하는 '동맹 60주년 기념 공동선언'을 통해 항구적 평화와 안정을 추구하는 한편 자유민주주의와 시장경제 원칙에 입각한 평화통일을 천명하였다.[31]

공동선언을 통해 양국은 한미 동맹이 양국의 일치된 대응united front을 통해 북한의 도발에 대해 단호히 대처한다는 강력한 대북 메시지를 전달하였고, 아태지역의 평화와 안정의 핵심축linchpin으로 그 역할과 비중이 커지고 있음을 확인하였으며, 안보를 넘어 정치, 경제, 문화, 인적교류를 망라하는 포괄적 전략동맹으로 진화하고 있는 한미동맹을 더욱 심화시켜 나가기로 합의하였다.

오바마 2기 정부의 대북정책 기조는 미국은 북한이 핵을 폐기할 경우, "대사관 개설, 제재 완화, 경제재건 지원 등" 미얀마 모델을 추진할 것임을 시사했다.[32] 존 케리John Kerry 국무부 장관과 척 헤이글Chuck Hagel 국방부 장관이 보다 적극적인 관여정책을 추진할

---

31) 윤병세, "주한미상공회의소 창립 제60주년 행사계기, 한미정상회담 성과 설명," http://www.mofa. go.kr/news/pressinformation/index.jsp? menu=20_30&sp=/webmodule/htsboard/template/read/korb oardread.jsp%3Fboardid=235%26typeID=6%26tableName=TYPE_DATABOARD %26seqno=346170OARD%26seqno=346170.

가능성을 배재할 수 없으나, 미국은 한국보다 앞서 가진 않을 것으로 예측된다. 그러나 북한 인권문제에 대해서 보다 적극적으로 추진될 가능성이 높다.

2. 중국

중국은 한반도 남북한간 갈등과 대립으로 긴장이 고조되는 것을 원치 않으며, 평화적인 방법에 의해 자주적인 통일을 반대하지 않는다는 입장이다. 그러나 미국이 주도하는 통일에 대해서는 민감하다. 북한에 대해 내정불간섭의 원칙을 준수해왔으며, 한반도 전쟁시 자동개입토록 되어 있는 조미우호협력상호지원조약으로 동맹관계를 유지하고 있으나 북한이 도발하는 전면전에 대해서는 유보적인 입장이다. 북핵 및 미사일 문제로 대북압박정책을 추진하고 있으며, 한국이 주도하는 평화통일에 대해서 일정부분 인식을 함께 하는 추세이다. 미국이 주도하는 한미연합군의 통일 시도에 대해 군사적 개입도 불사할 것이며, 통일한반도가 한미동맹을 지속시키거나 휴전선 이북지역에 대한 미군의 배치에 대해 민감할 것이다.

한편, 시진핑 시대 북·중 관계는 미·중간의 전략적 경쟁이 심화될 것을 감안할 때 북한의 지정학적 가치를 인정하고 북한에 대

---

32) "오바마, 북한 핵 폐기해야,"『조선일보』, 2012년 11월 20일자: 오바마 대통령 미얀마 방문시 양곤대학 연설을 통해 "북핵 폐기, 평화의 길 선택시, 제재 완화, 경제지원"을 약속했다.

한 후견자로서의 역할을 강화할 것으로 전망된다. 한·중 관계 측면에서 우호협력 관계가 증진될 것이지만, 반대로 전략적 측면에서 갈등이 증폭될 가능성을 배제할 수 없다.

시진핑 체제의 중국은 북한 도발에서 오는 위협을 억제하고 한반도 비핵화에 방점을 두는 정책을 추진하고 있는 것으로 판단된다. 중국판 한반도 재균형정책은 천안함·연평도 사태로 빚어진 불편한 한·중관계를 복원하면서 남북관계 개선과 미·북간 대립 해소를 동시에 실현하겠다는 전략이라고 볼 수 있다. 특히 중국 입장에서는 북한이 핵실험 이후에도 긴장 수위를 높이는 지속적인 도발과 위협을 함으로써 미국에 고강도 무력투사 등 개입 명분의 빌미를 제공해 주었으며, 결과적으로 중국의 한반도와 동아시아 지역에서 영향력을 제한 견제하는 파장을 주고 있다고 판단했을 것이다. 이러한 중국의 전략적 상황인식은 북한으로 하여금 더 이상 군사적 긴장을 하게 해서는 안 된다는 의도 아래 6자회담의 틀로 끌어들이기 위한 의도로 추정된다. [33]

중국의 대북 정책 전망은 북한의 국제적 고립을 완화하고, 경제회생을 지원하며, 정권의 안정을 지지하면서 경제협력과 정치적 신뢰를 영향력 행사의 지렛대로 사용할 것이다. 또한 북·중 관계에 있어서 중국의 독자적 해결책은 경제협력과 안보를 분리하여 접근하는 원칙을 견지하고, 6자회담이 한반도 안보이슈를 논의할 수 있는 유일하면서 실효성 있는 창구로 판단하고 있다. 중국은 ① 북

---

33) 정경영, "한중정상회담이 성공하는 길," 『중앙일보』, 2013년 6월 6일자.

한에 개혁과 개방을 독려하고, ② 특정 개혁의 물꼬를 트고 북한 경제의 어려움을 극복할 수 있도록 적정수준의 지원을 제공하며, ③ 2개 공동경제특구에 대한 실질적인 진전과 기타 주력 협력사업을 추진하는 것이다. 동시에 중국은 한반도 안정 유지를 위해 북한의 도발적 행태를 억제할 수 있는 방안을 강구하고 있다.

중국은 미국과의 경쟁, 갈등관계가 악화되거나 중·일관계가 악화되는 상황에서 한국의 전략적 가치를 중시[34]하여 북한뿐 아니라 한반도 전체를 중국에 호의적인 완충지역으로 전환하기 위해 한·중관계를 경제교류협력뿐 아니라 문화 및 안보협력을 강화하려 할 것이다. 이를 통해 한반도가 중국의 지속적 경제발전과 글로벌 리더십을 발휘할 수 있는 계기로 활용하려 할 것이다.

3. 일본

역대 일본정부는 한반도 통일에 대해 굳이 반대하고 있지 않았으나, 일본의 위협세력이 될 가능성에 대해 민감한 반응을 보이고 있다. 민주주의와 시장경제, 법치주의, 인권 등의 보편적 가치를 공유하고 있는 한국과의 우호협력을 지속시켜 나가겠다는 데는 변함이 없다.

일본은 북한이 사실상 핵과 미사일 보유국이고 10만여 명의 특

---

34) 김흥규, "시진핑 시기 미중관계 변화와 대북 핵정책," 북한전략정보서비스센터 민주평통 양천구협의회 공동 주최 『북한 '핵병진노선'과 중국 대북핵정책의 딜레마』세미나, 2013. 10. 8, 프레스센터.

수전 부대와 잠수함 등 비대칭전력을 보유하고 있는 위협국가로 인식, 일본이 재무장할 수 있는 명분을 주고 있다.

일본은 한국과 중국의 반대에도 불구하고 우경화로 치닫고 있는데는 중국의 위협에 대비하기 위한 것뿐 아니라 한반도 통일국가의 위협을 견제할 수 있는 전략을 구사하고 있는 것으로 판단된다.

일본은 북한과의 납치자 문제로 북·일관계가 진전되는 데 최대의 걸림돌이었으나 김정은이 납치자 문제를 전향적으로 접근할 때, 원산지역특구 공동개발 등 북한과의 경제협력을 가시화할 수도 있을 것이다. 한국과 중국과의 소원한 관계에 있는 일본이 3차 핵실험으로 북한이 한국은 물론 국제사회, 중국까지도 경제적 지원을 받기 어려운 상황에서 북한 경제발전을 위한 외부의 지원이 절실한 북한과 이해관계가 맞아 떨어져, 북·일간 교류협력 강화 및 국교 정상화를 추진함으로써 한반도에 대한 영향력을 행사할 수도 있을 것이다.

4. 러시아

러시아 정부는 한반도가 미국 또는 중국 주도의 영향력 및 세력권으로 흡수되는 것을 원하지 않는다. 동시에 남북한이 평화적인 방법에 의해 통일이 되는 것에 대해 반대하지 않는다. 러시아는 남북한으로부터 지지를 확보함으로써 구소련의 동북아의 영향력을 회복하기 위한 노력을 가일층 강화하고 있다.

2013년 5월 취임한 제3기 러시아 푸틴 대통령의 대한반도 정책을 북핵문제, 권력승계, 남·북·러 3국간 경협에 주안점을 두고 논의하면, 첫째, 북한의 핵무장화 수용불가와 북한 체제 안정을 중시하는 외교정책을 추진하고 있다. 북핵 문제 관련 러시아는 북한의 핵무장을 수용할 수 없다는 일관된 입장을 취하고 있으며, 핵실험과 장거리 미사일 발사시험은 핵무장화로 이어지게 되는 것으로 반대하고 있다. 동시에 미국 주도 대북제재에 대해서는 적극적으로 참여하지 않고 있다. 북한의 핵 비확산과 북한 체제의 안정을 우선시하는 러시아의 외교정책은 세 차례의 북한의 핵실험과 6차례의 미사일 발사시험을 전후한 유엔안보리 성명과 결의과정에도 잘 나타나있다. 예컨대 2009년 5월 25일 북한이 핵실험을 했을 때 러시아는 분노하였으며, 북한의 무책임한 행동을 비난하면서, 북한의 미사일 낙탄이 러시아 지역 주민들에게 떨어졌을 때 심대한 희생을 초래하게 될 것이라는 성명을 발표하였으며 동시에 유엔안보리 결의안 채택과정에서 유엔헌장 41조 군사제재를 배제하기 위해 중국과 공조했다.

둘째, 천안함·연평도 사태시 러시아는 독자적 행보를 해왔다는 점이다. 천안함·연평도 사태 관련 러시아는 보다 자유스러운 행보를 보여 왔다. 러시아의 독자적 행보는 천안함 관련 별도의 조사단을 파견, 어뢰폭발이 아닌 기뢰 가능성이 크다는 조사결과에 대해 묵인하면서 미국과 한국 정부의 체면을 유지하게 하는 한편 유엔 안보리 의장성명서 작성시 이를 반영하였고, 연평도 사태시 평화적 해결을 통해 사태악화를 방지하는 노력을 통해서도 나타났다.

〈그림 1-4〉 TSR-TKR 및 TCR-TKR 네트워크

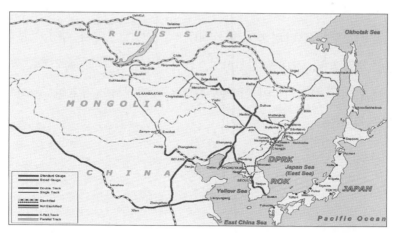

출처: "Rail Links of the Trans Korean Mainline with Trans Siberia and Trans China Routes," http://www.transsibcouncil.com/en/tsm.transkorea. html.

　셋째, 남·북·러 3국간 경제협력으로 2011년 8월 김정일은 4번째 북·러 정상회담을 통해 러시아의 가스파이프라인이 북한을 통과하여 남한으로 연결하고, 〈그림 1-4〉에서 보는 바와 같이 한반도종단철도 TKR, Trans-Korea Railroad 및 러시아횡단철도 TSR, Trans-Siberia Railroad 연결 프로젝트 등 3국간 경협에 합의했다. 이러한 합의가 실현된다면 한반도 긴장 완화라는 측면에서 정치적 의미가 지대하다.

　러시아와 한국은 향후 연해주 농업경제특구 개발, 남·북·러 가스관 건설, 철도연결 사업, 전력망 연결사업 등 대형 프로젝트를 공동으로 추진하여 성사될 경우 북한의 식량 및 전력난 해소는 물론 한반도 통일 여건 조성에 지각변동이 일어날 수 있을 것이다.

넷째, 러시아는 한반도에 대한 영향력 회복을 위해 그 동안 북·중간 협력의 걸림돌이었던 80억 달러의 부채를 탕감하였고 김정일 사망 전 2011년 8월 메드베데프 ^{Dmitry Medvedev}와 정상회담에서 경제협력, 가스관 건설사업, 전력송신망 건설 및 철도연결 등에 합의를 하였다. 이 합의는 김정은 체제에서도 유효한 것으로 판단된다.

제3절
남북한의 통일정책

1. 통일정책 비교

남북한 통일은 단지 한반도 분단 이전으로의 복귀를 의미하지 않고 창조적 미래의 창출이라는 보편적인 합의에 의해 이루어져야 한다. 남북한은 통일 정책에 근본적인 차이가 있고 통일에 접근하는 자세에도 많은 편차가 있다. 과연 이러한 차이를 어떻게 좁혀서 통일을 이루어낼 것인가를 찾아나서는 것이 본 절에서 논의하는 목적이다.

통일은 민족의 생존과 안전을 위해 필연적으로 성취되어야 하며, 민족의 발전과 번영을 위해서도 동북아는 물론 세계의 평화를 위해서도 통일은 구현되어야 한다.

〈표 1-3〉남북한의 통일정책 비교에서 보는 바와 같이 통일을 보는 남북한의 시각과 추진방법에 현격한 차이가 존재한다. 첫째, 통일의 개념을 한국은 헌법 제4조에 의해 자유민주주의 기본질서에 입각한 평화 통일정책을 수립하고 이를 추진한다는 개념인 데 비해 북한은 조선노동당 규약에 의거 "온 사회의 주체사상화와 공산주의 사회를 건설하는 데 있다"고 명시함으로써 전한반도의 공산화에 두고 있다.

〈표 1-3〉 남북한의 통일정책 비교

분 류	한 국	북 한
통일의 개념	자유민주적 기본질서에 의한 통일	전한반도의 공산화
통일의 목표	국가적 통일(1민족 1국가)	연방제
통일의 주체	민족	노동자 계급
통일 방안	민족공동체 통일방안	고려연방공화국 창설
통일의 원칙	자주, 평화, 민주	자주, 평화통일, 민족대단결
통일 과정	남북연합 통일민주공화국	남조선혁명 흡수통일

출처: 육군사관학교, 『북한학: 정치, 군사, 통일의 역동성』 (서울: 황금알, 2006), p. 516.

둘째, 통일의 목표에 대해 남한은 1민족 1국가의 국가적 통일에 두고 있으나 북한은 연방제를 수립하는 데 있다. 셋째, 통일의 주체에 대해 남한은 민족이 주체가 되어야 하는 데 비해 북한은 노동자 계급에 두고 있다. 넷째, 통일방안에 대해 남한은 한민족공동체 통일방안을 추구하는 데 반해 북한은 고려연방공화국의 창설을 통일방안으로 제시하고 있다. 다섯째, 통일의 원칙 측면에서 남한은 자주, 평화, 민주의 원칙을 북한은 자주, 평화통일, 민족대단결을 내세우고 있다. 마지막으로 통일과정은 남한은 남북연합 통일민주공화국에, 북한은 남조선 혁명 흡수통일에 의해서 이루어진다고 보고 있다.

2. 통일접근자세 비교

남북한은 그 동안 서로 대조적인 입장을 표명하면서 통일협상에서 팽팽한 평행선을 그어왔다. 한국은 기능주의적 통일론에 입각, 민족공동체로서의 조건을 회복하는 데 역점을 두어왔다면 북한은 구조주의적 통일론에 기초하여 하나의 국가를 이룬 후에 민족공동체와 민족 동질성을 회복한다는 논리였다.

〈표 1-4〉 남북한의 통일접근자세 비교

분 류	한 국	북 한
전제조건	없음	선결조건
상호인정	동반자적 관계	체제부정
대화기구	실질적 협의기구	군중대회
교류, 협력	신뢰구축과 병행해 실시	연방제 실시 이후

출처: 육군사관학교, 위의 책, p. 516.

이처럼 대조적인 접근법이 나타나게 된 배경은 양측이 안고 있는 근본적인 우려감이 작용한 것으로 볼 수 있다. 한국은 6·25전쟁의 경험에서 안보문제에서의 경각심이 우선적으로 고려하게 되었고, 북한은 체제붕괴의 가능성을 방지하는 데 집착했다.

〈표 1-4〉에서 보는 바와 같이 남북한의 통일에 대한 접근 자세를 비교할 때 첫째, 남한은 전제조건 없이 통일을 협의하자고 하나 북한은 주한미군 철수, 국가보안법 폐지 등을 전제 조건으로 내세

우고 있다. 둘째, 상호 인정 측면에서 남한은 동반자적인 관계인데 비해, 북한은 남한체제를 부정한다. 셋째, 대화기구면에서 남북한이 합의를 한 협의기구를 통해 통일문제를 논의하자는 입장인 데 비해, 북한은 군중대회를 통해 국내정치를 통해 추진하려는 성향이 강하다. 마지막으로 교류협력 측면에서 남한은 신뢰구축을 병행하면서 실시하자는 데 비해 북한은 연방제를 실시한 이후 하자는 입장이다.

제4절
핵심적인 국가이익과 국가목표

1. 국가이익

통일을 달성하기 위해서는 국가이익과 국가목표가 중대한 기준이 된다. 국가의 생존, 번영과 발전 등 어떠한 안보환경하에서도 지향해야 할 가치를 의미하는 국가이익과 국가가 지향해야 할 국가목표를 통일과정에 그리고 통일목표에 반영할 것인가라는 차원에서 논의가 필요하다.

국가이익은 주권국가가 대외정책 차원에서 사용해온 개념이었다. 오늘날에서는 국내적 차원에서의 공공이익도 포함하여 포괄적인 의미로 사용되고 있으며, 국가가치를 구현하는 기반으로 결정된다.[35]

국가의 생존과 번영, 발전을 위해 지향해야 할 가치인 국가이익은 대한민국의 헌법에 근거하여 다음의 다섯 가지로 정의할 수 있다.[36]

첫째, 국가안전보장으로 국민, 영토, 주권 수호를 통해 국가존립을 보장하는 것이다. 둘째, 자유민주주의와 인권신장으로 자유,

---

35) 하정열, 『국가전략론』 (서울: 박영사, 2012), p. 26.
36) 대한민국헌법, [시행 1988. 2. 25.] [헌법 제10호, 1987. 10. 29, 전부개정], http://www.law.go.kr/법령/대한민국헌법.

평등, 인간의 존엄성 등 기본적인 가치와 민주주의를 유지, 발전시키는 것이다. 셋째, 경제발전과 복리증진으로 국민경제의 번영과 국민의 복지를 향상시키는 것이다. 넷째, 한반도의 평화적 통일이다. 이를 위해 평화공존의 남북관계 정립과 통일국가를 건설하는 것이다. 마지막으로 세계평화와 인류공영에 기여하는 것이다. 국제 역할확대와 인류 보편적 가치를 추구함으로써 실현이 가능하다.

한 국가가 국민에서 제공해야 할 기본적인 임무를 충족시키는 것은 결코 쉬운 일이 아니다. 국내의 공공질서를 유지하고, 외세의 적대행위 및 침략을 방위하기 위하여 개발된 중추적 개념이 바로 공공이익의 개념과 국가이익의 개념이다. 국내에서 효율적인 정치체제를 구축하고, 또 이를 보호하기 위해 국가이익을 위한 대외정책을 펴게 된다. 이는 국가이익에 기반을 둔 대외정책만이 국민과 영토, 그리고 국가의 핵심적 가치를 잘 보호할 수 있다는 논리에 따른 것이다.[37]

2. 국가목표

국가목표는 국가이익을 구현하고 신장시키기 위해 국가가 달성하고자 하는 목표를 의미한다. 국가목표는 국가이익을 구현하기 위한 필요한 요건으로 국가이익의 하위개념이며, 국가이익의 중

---

37) 하정열, 앞의 책, 2009, pp. 31-32.

진, 보호, 획득에 필요한 행위와 상황으로 정의할 수 있다. 국가목표는 한 나라의 국가체제가 크게 변화하지 않는 한 정권교체에 별다른 영향을 받지 않는 지속적인 성격을 띠고 있으나, 국가목표를 실현하기 위한 국가전략은 선택의 문제로서 정권에 따라 또는 정치지도자에 따라 변화될 수 있는 가변적인 것이다. 정치지도자나 정권의 철학과 비전, 그리고 의지에 따라 다를 수 있으며, 그 성과도 다르게 나타나게 마련이다. 일반적으로 국가의 핵심적인 목표는 생존과 번영이다.[38]

대한민국의 국가목표는 "자유민주주의 이념하에 국가를 보위하고, 조국을 평화적으로 통일하여 영구적 독립을 보전하고, 국민의 자유와 권리를 보장하고, 국민생활의 균등한 향상을 기하여 복지사회를 실현하며, 국제적 지위를 향상시켜 국위를 선양하고, 항구적인 세계평화에 이바지하는 것이다.[39]

국가목표를 구현하기 위한 안보전략은[40] 첫째, 한반도의 안정과 평화유지이다. 우리 자체의 방위역량과 한미동맹을 바탕으로 한반도의 안정을 유지하고, 남북간 교류협력과 주변국과의 다양한 협력을 통해 한반도의 평화를 보장하는 것이다.

둘째, 국민안전 보장 및 국가번영 기반 구축이다. 다양한 안보위협으로부터 국민 생활의 안전을 보장하고, 동시에 국가번영의 기

38) 하정열, 위의 책, 2009, pp. 32-33.
39) 대한민국 헌법 전문; 대한민국 국방부, 『국방백서 1995-1996』(서울: 국방부, 1995), pp. 17-18.
40) 대한민국 국방부, 『국방백서 2012』(서울: 국방부, 2012), pp. 34-35.

반이 되는 경제·사회적 안전을 확보하는 것이다.

셋째, 국제역량 및 위상 제고이다. 세계평화, 자유민주주의와
공동번영에 적극적으로 기여하고, 국제사회와 협력을 강화하여 연
성강국으로 도약하는 것이다.

제5절
통일촉진 및 제약환경 평가

1. 세계 및 동북아 정세

지금까지 논의한 대내외 정세평가를 통해서 통일의 촉진요소는 무엇이며, 제약환경은 무엇인가를 도출하여 촉진요소를 활용하고 제약요소는 해소책을 강구하여 통일을 성취할 수 있도록 해야 할 것이다. 세계 및 동북아 정세를 평가했을 때 한국의 국가안보전략과 통일정책 수립에 던져 주는 시사점은 아래와 같다.

첫째, 미·중 관계에서 미국의 대중 군사견제가 지속될 경우 한국 등 주변국의 대미동맹이 대중 전략과 충돌할 가능성이 높다. 특히 한국은 대미안보의존과 대중 경제의존간의 구조적 충돌로 인해 외교전략의 어려움이 가중될 것이다. 향후 미국이 영토분쟁, 역사해석 문제 등에서 역외중립적 입장을 고수할 경우 아시아 재균형전략과 충돌할 가능성이 크다. 특히 한·일간 갈등이 지속될 경우 동맹네트워크를 강화하려는 미국의 노력이 좌초될 가능성도 있다.[41] 한편, 특히 중국이 미국의 국력을 추월하는 경우 한국이 의도하든

---

41) 전재성, "미국의 아시아 정책과 동북아 질서," 동아시아국제전략연구소 주최 『오바마 2기 행정부의 외교 안보정책 전망과 함의』 제5회 한반도전문가포럼, 2012. 12. 1.

의도하지 않든 중국 주도 세력질서에 편입되는 상황에서 한국이 주도하는 통일은 더욱 어려워질 수 있다.[42]

둘째, 일본의 우경화에 대해서는 우려되는 바가 크다. 일본의 재무장과 인접국에 감당할 수 없는 고통을 주었던 제국주의적 DNA가 극우적 민족주의로 부활할 때 동북아에 긴장은 물론 영토분쟁을 둘러싸고 무력충돌로 비화될 가능성을 배제할 수 없다. 특히 일본의 우경화와 센카쿠분쟁으로 중국의 군사력 증강의 명분을 주고 있으며, 일본의 우경화가 미국과 잠재적 대립을 겪고 있는 중국에 충돌의 빌미도 제공해 주고 있다. 상존하는 북한이라는 불안요소에 한·일 및 중·일간 대립이 거세지고 독도와 댜오위다오 등 영토분쟁을 겪고 있는 지역의 위기상황이 커질 경우 동북아 구도는 급격히 요동칠 것이며, 이러한 상황은 통일에 저해적인 요소로 작용할 가능성을 배제할 수 없다. 미·중과 함께 일본을 동북아의 협력의 틀로 끌어들이는 총체적인 노력이 요구되는 이유다.

셋째, 경제 차원에서 미국 주도 TPP에 참여와 함께, 중국과 FTA 체결 병행전략을 추진하고 북·중·러 국경지역개발에 적극 참여할 필요가 있다. 오바마 2기 행정부의 환태평양경제동반자협정TPP을 조기에 추진하려는 것은 중국을 견제함으로써 경제영토를 확장하기 위한 것이다. 따라서 한국은 아태국가들과의 FTA인 TPP 가입을 통해 환태평양RIMPAC 국가들까지도 경제영토를 확장시키고, 중국과의 지난해 교역이 2,151억 달러로 미국과 일본의

---

42) 임민혁, "미 의회 고구려가 당의 지방정권이라는 중국, 한반도 통일 막을 가능성," 「조선일보」, 2013년 1월 2일자.

교역량을 합한 것보다 큰 것을 고려할 때 중국과의 FTA 체결도 추진하는 것이 바람직 할 것이다. 또한 중국과 함께 북한 개발에 공동으로 참여함으로써 북한의 대북 경제의존도 심화에 따른 정치적인 영향력을 배제하는 노력이 요구된다. 더 나아가 남·북·러 간에 연해주 농업경제 특구 및 가스관 건설, TKR-TSR 철도연결 등의 노력을 동시에 추진할 필요가 있다.

셋째, 환경분야에서 기후변화로 인한 자연재해 최소화를 위한 대비책을 강구할 필요가 있다. 특히 북한의 백두산 화산의 폭발시 영변 핵시설의 방사성 누출 가능성, 북한 국토의 황폐화에 따른 자연재해로 상상할 수 없는 인명과 재산 피해가 발생할 가능성에 대한 대비책이 강구되어야 한다. 인터넷, SNS, 핸드폰 등을 통한 정보유입은 북한 주민들의 통일에 대한 의식을 확산시킬 수 있는 방안이 될 것이다.

넷째, 726만에 달하는 해외동포, 미·중·일·러 등 해외에서 공부하고 있는 25만여 명의 유학생, 한국 내 114만여 명의 외국인 등은 한반도 통일을 이루는 인적 네트워크로서 중요한 역할을 할 수 있을 것이다.

한편 5차례의 한·중·일 정상회담을 거치면서 2008년도 금융위기에 공동으로 대처해왔고, 2012도 3국간 정상회담에서 한·중·일 FTA 협의를 개시하기로 합의하였으며, 또한 중국의 쓰촨과 일본의 쓰나미 등 참혹한 재앙을 경험하면서 지역 내 자연재해에 대하여 공동대처하기로 합의하였다. 특히 북한 핵 미사일에 대해 중국을 포함하여 국제사회가 공동대처해야 한다는 위협인식이 확산되고 있다. 특히 2011년 9월 서울에 한·중·일 3국 협력사무실을 개소한 것은 역내 평화협력을 제도화시키는 데 진일보한 조치가 아닐 수 없다. 이명박정부는 G20정상회의와 핵안보정상회의 주최국으로 외교역량을 발휘하여 왔다. 또한 박근혜정부는 한미, 한·중, 한·러정상회담을 통해서 강력한 안보를 바탕으로 대화와 교류협력을 통한 신뢰를 회복하여 남북관계를 정상화시키겠다는 한반도 신뢰프로세스와 동북아의 자연재해, 원자력 안전 및 환경악화 등 역내 국가간 비군사적 분야에 공동대처함으로써 안정되고 유리한 통일여건을 구축하겠다는 동북아평화협력 구상이 주변국으로부터 긍정적인 반응과 호의적인 지지를 이끌어낸 것으로 평가된다. 변화된 세계 및 동북아 정세의 전략환경을 고려하면서 한국의 안보통일전략을 발전시키고 강력한 외교안보역량을 발휘하고 해외동포와 유학생은 물론 한국 내 외국인 등 인적 자산을 통일 우호자산으로 육성하여 적극적으로 네트워크화한다면 평화적인 방법에 의해 통일 한반도를 구현하는 데 기여할 것이다.

2. 북한 정세

한편, 북한은 3차 핵실험 이후 김정은 체제가 채택한 전략인 '경제건설, 핵무력건설 병진노선'은 한국의 대북 및 통일정책 추진에 양면성이 있는 도전을 주고 있다. 핵공격을 감행하거나 핵 무력 사용 위협을 통해 노동당 규약에 명시된 전 한반도의 사회주의 통일을 시도할 수도 있을 것이다. 동시에 장거리 미사일 발사와 3차 핵실험 성공을 김정은의 영도 위대성으로 인식토록하여 통치기반을 확고히 하면서 경제 전반에 걸친 인민생활 향상을 위해서 매진함으로써 북한 경제를 소생시켜 남북한의 경제적 격차를 좁힐 수 있는 여건이 조성된다면 천문학적인 통일비용이 감소될 수도 있을 것이다. 한편 우리 사회 내 남남갈등을 조장하는 방식으로 한반도 평화협정체제의 이슈를 부각시켜, '우리민족끼리'의 민족공조에 의한 "반미자주, 반전평화, 민족대단결" 대남선전을 노골화시켜 결국 북·미간 불가침협정이나 평화협정의 체결을 할 경우, 베트남전 파리평화협정에서 교훈처럼 주한미군 철수와 유엔사 해체로 이어져 북한에 의한 무력통일 가능성을 배제할 수 없을 것이기 때문에 평화협정 체결에 신중을 기해야 할 것이다. 또한 북한은 인민민주주의 혁명전략에 의해 대한민국의 국헌 기본질서와 체제, 민주주의, 시장경제, 인권, 법의 지배 등 가치에 끊임없이 도전해왔다. 2013년 9월 이석기 사태는 북한에 우리사회가 얼마나 용공분자들에 의해 노출되어 있는가를 극명하게 보여주고 있다. 대한민국에서 태어난 것을 불행하게 생각하도록 하는 역사인식을 바로잡는 노력과 함께 강력한 안보와 국민의 안보의식을 강화하고 국가 차원에서 통합적인 대비책 강구가 절실하다.

3. 주변국의 한반도 정책

미·중·일·러 공히 한반도의 통일을 지지하면서도 우려하는 측면이 있음을 직시하여 통일정책을 수립하고 통일외교를 전개해야 한다.

미국은 지역 패권국의 부상을 차단하고, 대량살상무기 비확산이라는 미국 주도 세계질서 유지라는 차원에서 한반도 통일이 중요한 의미를 가질 수 있다. 그러나 통일한국의 등장이 한미동맹의 약화요인으로 작용하거나 통일한반도가 중국에 경도되는 것에 대해 우려한다. 미국의 한·미·일 3자관계 강화라는 전략적 구상에 차질을 빚을 것을 우려한다면 한반도 통일에 유보적 자세를 보일 수 있다. [43] 북한 재건을 위한 미국의 과도한 물적·인적 비용에 대한 부담과 주한미군과 한미동맹에 대한 반미 정서가 확산될 것에 대한 우려 등을 해소할 수 있는 방안을 강구해야 할 것이다.

중국은 한반도 현상변경에 따른 혼란과 불안정을 우려할 것이고, 통일과정에서 한·미, 한·일, 한·미·일 군사협력 강화와 통일 이후 한미동맹이 지속되고 특히 주한미군이 현 휴전선 이북지역에

---

43) 3rd Armitarge and Nye Report, "U.S-Japan Alliance: Anchoring Stability in Asia," Aug 15, 2013.

배치되거나, 통일 이후 고구려 고토 회복을 주장할 것을 우려하고 있다. 북한 붕괴과정에서 중국의 경제적 부담과 북·중간 경제협력 합의사항을 파기하거나, 대량탈북자의 중국 유입 등에 대해 우려를 하고 있다.

일본은 통일한반도에 대해 일본 및 미국과의 관계가 소원해지거나 통일 이후 친중적 대외정책으로 선회하거나 핵무장을 추구할 경우를 우려한다. 북한지역에 대한 청구권 자금 규모를 과도하게 요구하거나 한국측이 자금지원 요청을 확대하거나, 독도 영유권 주장을 강화하고, 배타적 민족주의가 고양되고 반일감정이 분출되는 것을 우려한다.

러시아는 한반도 통일과정에서 러시아가 배제된 상황에서 통일을 추진하거나, 미국의 일방주의적 동북아 질서 형성 가능성을 우려하고, 핵무장한 통일한반도가 반려 형성 가능성을 우려할 것이다. 또한 주변국에게 통일비용이 파급되고, 급속한 통일 진행시 역내 경제적 불안정 요인이 증가되거나 난민 유입과 사회적 갈등 가능성에 대해 우려하고 있다.[44]

---

44) 박종철, 고보준, 김서진, 박영준, 신상진, 이승주, 황기식, 『통일한국에 대한 국적 우려해소와 편익』 (서울: 통일연구원, 2012), pp. 161-342.

4. 남북한 통일정책 및 통일접근자세

마지막으로, 남북한 통일정책 및 통일접근자세에 대한 평가와 함의다. 한국과 북한의 통일정책은 단선적인 기능주의와 구조주의를 대립시킨 양상을 보였다. 북한의 경우 남북한의 이질화가 심각해진 상황에서 군사적인 대남적화통일에 입각한 구조주의적인 연방주의 통일론이었으며, 한국의 통일정책이 정권교체에 따라 비교적 융통성을 가지고 변화하려고 노력한 것에 비해 지나치게 경직된 선통일론이었다. 한국의 통일정책은 유엔결의에 의거 1948년 8월 15일 한반도에서 유일 합법적인 대한민국 정부가 수립되었지만 같은 해 9월 9일 평양에는 소련의 후원을 받는 조선민주주의인민공화국이 수립됨으로써 사실상 한반도에 1민족 2체제가 시작되었다. 그 후 통일에 관한 한국 정부는 목표와 접근에서 서로 다른 특성을 보여왔다.[45]

또한 남북한 통일을 접근하는 자세 측면에서 평가한다면, 한국의 통일방안이 북한의 입장을 수용하려는 방향으로 변화되어 온 반면, 북한의 입장은 지나치게 비타협적이고 고정된 관념에 얽매여 있으며, 중요한 것은 어느 쪽이 전쟁의 위험을 줄여 나가려 하는가에 대한 문제이다. 특히 어느 쪽이 국제사회에서 더 신뢰받고 있느냐의 문제이다. 한국의 신뢰도는 급상승하는 데 비해 북한은 정반

---

[45] 육군사관학교, 앞의 책, 2006, pp. 488-501.

대의 방향으로 치닫고 있다. 한편, 정통성 차원에서 얼마나 국민의
복지와 안녕을 위한 국가적 책무를 효과적으로 수행하느냐의 차원
에서 볼 때 명확하게 차이가 난다. 또한 통일문제는 인도주의적인
문제를 우선 해결해야 할 과제로서 이산가족 문제를 이데올로기에
의해 이용하지 말아야 한다. 마지막으로 엄청난 통일비용을 감소
할 수 있도록 시간이 걸리더라도 기능주의적 접근이 요구된다. 남
북한의 경제적 격차를 줄일 수 있도록 남북 경제교류협력을 확대하
여 북한의 경제를 회복하여 점진적으로 통일을 접근하는 것이 필요
하다.[46]

---

46) 육군사관학교, 위의 책, 2006, pp. 488-520.

제2장
평화통일전략의 목표 및 방향

평화통일은 우리 조국이 번영하고 일류국가로 발돋움하기 위한 필수적인 조건이다. 경제적으로 남북이 통합되어야만 인구, 자원 등 모든 면에서 비로소 하나의 독립된 발전이 가능한 경제권을 형성할 수 있다. 평화통일을 위한 여건과 기반을 강화하기 위해서는, 통일을 상정한 경제적 능력 강화에 역량을 집중해야 한다. 분단시대의 끝이 아직도 멀다면 우리가 가깝게 만들어야 한다. 그것이 민족사적인 전통을 계승한 대한민국의 사명이다. 통일은 우리민족의 숙명이자 우리시대에 반드시 풀어야 할 과제이다. 통일을 향한 역사적 책임을 다하는 것이 바로 대한민국의 헌법정신을 구현하는 참다운 길이다. 이 장에서는 평화통일의 목표와 추진기조 및 추진방향을 국가전략적 차원에서 검토해 보기로 한다.

제1절 평화통일전략의 목표

제2절 평화통일전략의 추진기조

제3절 평화통일전략의 추진방향

제1절 평화통일전략의 목표

1. 평화로운 민족영역의 통합 달성
2. 공동이익을 추구하는 민족공동체 형성
3. 평화통일된 자유·민주·복지국가 수립
4. 균형발전과 화합·단결된 일류 통일국가 건설

제2절 평화통일전략의 추진기조

1. 민족공동체통일방안의 기본이념 구현
2. 화해협력정책의 투명성·일관성 보장
3. 상호주의전략의 신축성·균형성 유지
4. 사실상의 통일과 제도적 통일의 병행 추진
5. 선 평화정착 후 평화통일 달성
6. 통일비용의 법적·제도적 준비

제3절 평화통일전략의 추진방향

1. 안보 : 자주적 협력안보체제 구축
2. 외교 : 평화통일을 위한 국제환경 조성
3. 정치 : 평화와 번영의 민족공동체 형성
4. 경제 : 더불어 잘 사는 경제공동체 구성
5. 사회 : 화합과 통합의 일류사회 실현
6. 문화 : 민족혼 및 민족문화 창달

제1절
평화통일전략의 목표

1. 평화로운 민족영역의 통합 달성

평화통일은 지리적인 측면에서 보면 분리된 생활권과 분할된 국토를 하나로 하는 국토통일을 의미한다. 지리적 개념의 통일은 민족 구성원 누구나 한반도 내의 어느 곳이든 자유롭게 왕래하고 거주하는 단일생활권을 마련한다는 의미를 내포하고 있다.[47]

한민족은 반만년 동안 한반도(韓半島)와 만주라는 지리적 공간 속에서 대부분 하나의 생활권을 형성하며 살아왔다. 역사적 흐름에 따라 일시적으로 분열되기도 하였지만, 주류는 단일공간에서 살아온 단일민족이다. 통일의 과정에서 우리민족의 희생을 최소화하기 위해서는 어떤 경우라도 통일을 폭력에 의존해서는 안 되며, 비민주적인 통일국가의 출현도 막아야 한다. 즉 민족사회 구성원 모두의 평화가 보장되는 통일이어야 한다.

남북한이 위치한 한반도는 지구상에서 가장 큰 바다와 가장 큰

---

47) 제2장 평화통일의 목표와 방향은 하정열, 『대한민국 안보전략론』 (서울: 황금알, 2012)에서 인용하였다.

대륙에 연한 북반구 중위도에 위치하며, 대륙과 해양으로 진출이
용이하다. 우리는 세계화에 따른 세계질서 개편의 큰 흐름을 타고
한반도의 지정학적 잠재력을 활용하여 한민족의 활동공간을 확대
시킬 계기를 마련해야 한다. 한반도를 과거의 수동적 공간에서 미
래의 능동적 공간으로 전환시키는 의지와 힘이 필요하다.

세계화시대에는 영토領土, Territory 의 개념이 경제권의 개념으로
희석될 가능성이 있다. 그러나 통일을 해야 하는 한민족의 입장에
서는 주권이 미치는 배타적 공간범위로서의 영토와 국경을 중시해
야 할 것이다. 이는 한반도와 그 부속도서 및 영공과 영해를 포함
하는 개념이다.[48]

대한민국 헌법 제3조에서도 "대한민국의 영토는 한반도와 부속
도서로 한다"고 명시하고 있다. 즉 통일국토의 모습은 일차적으로
통일되는 시점에서의 남북한 영토의 모습을 합한 것이다. 따라서
분단하의 남한과 북한의 모습은 통일국토의 모습을 결정짓는 기초
가 될 것이다.

통일한국의 모습을 바람직한 것으로 그리려면, 남한과 북한의
땅을 통일이 되는 시점까지 어떤 모습으로 만들어 가느냐가 중요하
다. 그러나 통일 후 국토통합의 문제점으로는 공간적 이중구조로
인한 일체성 결여, 남북한 지역간 불균형의 문제가 있다. 토지 소
유제도의 혼란 및 이용질서의 문란, 자연환경 파손 및 문화 공간

---

48) 국가는 영토를 기초로 하는 일정한 공간에 대하여 '배타적 지배권(領域主權)'을 갖
는다. 이 공간은 영토를 중심으로 그 주위에 있는 바다의 부분인 영해(領海)와 영토 및
영해상공의 하늘 부분인 영공(領空) 등 3개의 부분으로서 성립되는 공간이다.

훼손, 국경지대 및 해양에 대한 관리의 어려움, 종합적인 계획 부재로 국토이용의 혼란 초래 등의 많은 요인들도 고려되어야 한다.

통일을 준비하는 우리는 남북한이 안고 있는 기존의 공간문제를 해결하면서 세계화, 지방화, 분권화 및 친환경화 등의 추세에 대응하며 통일 후 건강한 국토를 만들어 나가는 틀을 준비해야 한다. 즉 정권을 초월하는 종합적인 국토개발계획을 수립하여 북한과 함께 범민족적으로 가꾸어 나가야 한다.

오랜 기간의 전쟁 끝에 통일을 달성한 베트남은 통일이 된 이후에도 국토의 황폐화와 생산시설의 파괴뿐 아니라 막대한 인명피해에 따른 고통을 겪고 있다. 이러한 사례는 무력에 의한 통일이 얼마나 막대한 피해를 초래하는지 예시해 준다. 반면에 평화적인 국토통합을 달성한 독일의 경우에는 기간시설의 집중투자를 통해 낙후된 동독지역을 개발하여 조화로운 국토발전을 추진하고 있다.

우리가 평화통일을 구현하기 위해 노력하고 있음에도 불구하고 통일의 시기와 그에 이르는 과정에는 많은 불확실성이 내재되어 있다. 북한의 급변사태 등을 포함한 여러가지의 시나리오를 상정할 수 있을 것이다. 어느 시나리오가 전개될 것인지는 기본적으로 북한의 변화의지와 개혁 · 개방의 방향 및 속도에 의해 좌우될 것이다. 하지만, 우리의 평화통일의 의지와 평화적 방법론에 입각한 행동의 양상도 평화통일을 달성하는 데 중요한 요소로 작용할 것이다.

중장기적인 측면에서 본다면, 세계화에 따라 국제협력이 증진되고 지역간 협력도 강화되어 한반도 주변에 평화체제가 정착될 가능성이 높아질 것이다. 세계적으로 개방화가 확대되면서 북한도 생존과 번영을 위해 고립체제에서 개방체제로 전환하려 노력할 것이다. 국내적으로도 국가경쟁력의 강화와 부의 축적으로 북한을 흡수할 수 있는 여력이 증가하여 퍼주기의 논란은 잠재워질 것이다. 그리고 북한을 민족적 차원에서 통합하려는 노력은 지속될 것이다. 이러한 환경적 요인과 노력 등으로 통일의 촉진환경을 조성하기가 더욱 용이해질 것이며, 향후 20년 내에 통일이 될 수도 있을 것이다.

평화로운 민족영역의 통합을 위해서는 무엇보다 군의 역할이 중요하다. 평화통일이라 할지라도 군이 피통합지역(북한)에 배치되어 안정을 유지하면서 북한군을 인수해야 하기 때문이다. 따라서 통일 이후의 시점까지를 바라보면서 국토통합전략을 수립해야 한다. 특히 어려운 여건 속에서도 한 건의 큰 사고 없이 동독군을 흡수 통합한 서독군의 사례를 분석할 필요가 있다.

2. 공동이익을 추구하는 민족공동체 형성

남북한이 공동으로 평화적인 통일을 모색한 것은 크게 3단계로 나누어 볼 수 있다. 먼저 제1단계는 7.4공동성명이다. 남북한은 세계적인 데탕트 분위기 속에서 1972년 자주 · 평화 · 민족대단결이라는 '7.4공동성명 체제'에 들어갔다. 그러나 공동성명 체제의 생명은 길지 않았다. 남한은 유신체제로 접어들었고, 북한은 김일성 유일지도체제를 강화하면서 냉전구조는 더욱 고착되었다. 제2단계는 1991년의 '기본합의서 체제'였다. 그러나 이 체제의 생명도 길지 않았다. 북한이 1993년 팀스피리트 훈련 실시를 구실로 하여 남북 고위급회담을 거부했기 때문이다. 제3단계는 '6.15 공동선언 체제'이다. 그런데 이 체제도 화해와 도발이라는 북한의 화전양면 전략에 대해 이명박정부가 '비핵개방 3000'이라는 원칙에 입각한 대북정책을 내세우면서 중단되었다.

우리가 진정한 평화통일을 추진하기 위해서는 민족공동체 복원을 위한 노력이 중요하다. 평화통일은 국가존망의 이익보다 우선순위가 높은 민족존망의 이익이기 때문이다. 민족공동체는 민족의 공동이익을 추구해야 한다. 그 길이 평화통일을 이루는 가장 바람직한 길이다. 남북한 양측은 통일을 위해 민족이익을 위한 새로운 형태의 정치체제를 수용할 각오가 되어 있어야 한다.

통일이 절대적인 국가이익이 될 수 없다는 사실은 한국인의 절대 다수가 공산정권하의 통일을 원치 않는다는 점으로 미루어 알 수 있다. 절대적이고 대한민국에서 가장 우선되어야 할 국가이익이 될 수 있는 경우의 통일이란 민족의 생존이 보장되고 인권이 보장되는 자유민주주의체제나 이와 유사한 체제하의 통일을 의미한다. 생존, 즉 자기존재가 없는 상태에서의 통일은 존재할 수 없다.

생존이익은 국가 최고의 존망의 이익이며 '우리'의 존재가 있는 데서 통일의 여망과 통일에 대한 최고의 가치도 부여할 수 있다. '우리' 없는 통일은 있을 수 없다. 이것은 북한의 경우도 마찬가지이다. 북한 공산주의체제하에서 절대 다수의 인민이 북한의 체제가 상대적으로 남한의 체제보다 우월하고, 그리하여 북한체제 쪽으로 남한이 통일이 되어야 한다고 믿는다면 그들에게 있어 북한의 존망의 이익은 국가최고의 목표일 수밖에 없다. 그러나 근현대사는 자유민주주의와 시장경제체제의 우월함을 보여 주었다.

평화통일을 추진하는 과정에서 단일민족의 전통은 발전적으로 이어져야 한다. 반세기를 훌쩍 넘어선 분단사는 우리 민족의 역사와 전통이 외부세력의 강요로 중단된 부끄러운 역사이다.

한반도의 분단구조는 정치, 경제, 사회와 문화 등 다방면에 걸쳐 갈등과 모순을 심화시키고 있다. 남북 분단의 고통과 불안은 종식되어야 한다. 한국전쟁이라는 동족상잔의 비극, 이산가족의 생이별, 중무장한 군사적 대치 등은 조속히 해결되어야 한다. 평화통일을 위한 일관된 노력만이 동족상잔의 재발을 막고, 국제사회에서 적극적 개념의 평화가 정착되도록 유도할 수 있을 것이다. 따라서 남북 사이의 화해, 교류협력과 평화는 반드시 제도화되고 정착되어야 한다.

통일이 실현되면 우리는 국제사회의 주역으로 부상할 수도 있다. 남북한이 통일되면, 우리는 세계 10위권의 경제대국이 될 수 있다. 북한의 잠재력과 노동력 그리고 자원이 통합되어 민족의 경제역량이 확대될 것이다. 우리가 지정학적인 위치를 적극적으로 활용한다면, 우리는 국제사회에서 보다 폭넓은 국가역량을 발휘할 수 있을 것이다.

정치 · 경제적으로 이루어진 통일 못지않게 사회 · 문화적으로도 공동체 의식을 가질 수 있는 실질적인 통합노력도 신중하게 추진되어야 한다. 단순히 사회 · 문화적인 이질성을 극복하여 동질성을 회복하는 분단 이전 상태의 회복이 아니라, 온 민족이 하나되어

보다 밝은 미래를 만들어 나갈 수 있는 창조적인 대통합과정이 병행되어야 한다. 통합은 시스템을 합치는 체제통합과, 사람의 마음을 합치는 사회통합으로 나눠 보는 것이 맞다.

독일은 체제통합에는 성공하였다. 세계와 유럽 경제의 위기 속에서도 독일경제는 성장을 지속하고 있다. 2005년 한때 12.5%까지 치솟았던 실업률이 2012년 2월 현재 5.7%로 독일 통일 이후 제일 낮다. 청년실업률은 8.9%로 유로존 국가 평균의 절반 미만이다. 반면 2011년 수출액은 1조 4756억 달러로 사상 최대였고, 경상수지 흑자는 중국을 제치고 세계 1위이다.[49] 그러나 사회통합에는 상당한 어려움을 겪었다. 이러한 독일의 통일사례는 우리에게 시사하는 바가 매우 크다.[50]

남북한은 통일과정에서 함께 승리하며 민족 공동번영의 보람을 누려야 한다. 즉 상생공영(相生共榮)해야 한다. 평화와 번영을 실현하는 민족공동체를 구현하기 위해서는 남북 공동의 가치와 정체성을 창조하고 가꾸어 가는 것이 중요하다. 남북으로 분단되어

---

49) 『조선일보』, 2012년 4월 21일자.
50) 통일독일 20년의 성과는 섣불리 단정할 수는 없지만 한마디로 정치·경제적 통합의 성공과 사회·문화적 통합의 실패로 결산될 수 있다. 통일이라는 거대한 시대사적 사건도 결국은 인간의 문제로 귀착되며, 인간을 배려하지 않는 통일은 결코 성공할 수 없다. 통일은 종잇장 위에서 체결되는 것이 아니라 사람과 사람 '사이'에서 완결되는 것이다. 민족의 신화를 앞세운 낭만적인 민족주의 담론만으로는 통일 이후의 사회·문화적 갈등을 해결하기 어렵다는 것이 독일 통일 20년 (1990~2010년)의 냉정한 교훈이기 때문이다. 1990년 통일 이후 약 20년이 흐른 지금까지 동·서독 사이에는 '마음의 불연속선'이 존재한다. 즉 오씨(Ossi)란 말에는 서독인들이 동독(Ost) 사람을 얕잡아 보는 경멸의 감정이 잔뜩 묻어난다면, 베씨(Wessi)에는 동독인들이 서독(West) 사람들을 바라보는 불편한 감정이 녹아 있다. 그러나 20년이 지나면서 통일에 대한 평가는 긍정적으로 변화하고 있다.

있어도 민족의 동질성과 통일성의 범위를 확대시켜 나가는 조치가 필요하다. 이를 위해 남북한 사이에 평화를 정착시키고 교류와 협력을 적극적으로 증대시켜 민족공동체를 복원하면서 남북한 사이의 연계를 증대시키는 것이 중요하다.

역사적 경험으로부터 우리는 사회의 한 부분이 배타적으로 이익을 추구할 때 이는 곧 마찰과 갈등을 유발하였음을 인식해야 한다. 특히 남북한간에 인식의 괴리가 있는 민주주의와 복지사회, 평화, 인권 등에 대해서 이견을 줄이고 공통의 영역을 확장해 나가야 할 것이다. 번영·발전의 민족공동체 달성을 위해서는 남북이 상호 이해의 폭을 넓히고 공통의 이익과 가치영역을 확대해 나가야 한다. 두레, 향약, 품앗이 등에서 볼 수 있듯이 한민족은 전통적으로 높은 공동체 의식과 가치영역을 지니고 있다. 이를 확대해 나갈 때 평화통일도 가능할 것이다. 특히 남북한간에는 지역감정을 극복하고 함께 살아가는 공동체의식을 회복할 때 통일한국 사회가 건강하고 성숙될 수 있다.

통일이 포기할 수 없는 민족적 과제라고 해서 어떤 통일이든지 성급히 받아들일 수는 없다. 통일은 한민족의 이상을 실현할 수 있는 것이어야 하며, 민족사회를 가장 바람직하게 건설할 수 있어야 한다. 그 길은 결코 쉽지 않다. 따라서 국가전략 차원의 종합적이고 체계적인 준비가 요구된다.

3. 평화통일된 자유 · 민주 · 복지국가 수립

　한반도의 통일국가는 민족구성원 모두에게 자유와 복지, 인간의 존엄성을 보장하는 자유민주국가가 되어야 한다. 자유란 분단으로 인한 민족 구성원 모두의 고통과 불편이 사라지고, 자율과 창의가 존중되며, 정치와 경제적인 권리를 확보하는 상태를 의미한다. 복지는 민족의 총체적 역량이 크게 신장되어 풍요로운 경제를 이루고 그 혜택이 민족구성원 모두에게 골고루 돌아가는 것을 의미한다. 인간의 존엄성이란 분단으로 인한 인간적 고통과 억압이 해소되고, 법질서와 정의의 기초 위에서 기본적 인권이 존중되는 상태를 의미한다.

　그리고 통일국가는 정치적으로는 자유민주주의체제를, 경제적으로는 시장경제체제를 바탕으로 한 인간다운 삶을 실현할 수 있는 선진민주주의 사회의 실현을 지향해야 한다. 민족통일을 지향하면서 우리가 그려볼 수 있는 가장 바람직한 것은 민주주의 이념에 입각하여 정치적 갈등과 정쟁을 처리해 나가는 '민주공동체(民主共同體)'이다. 남북한간 자유민주주의와 시장경제를 계승 · 발전시키는 일이 중요한 목표가 되어야 하는 이유는 그 역사적 적실성(適實性)으로부터 연유한다. 자유민주체제에 기반을 두지 않는 어떠한 통일도 우리 민족에게 진정한 행복과 번영을 가져다 줄 수 없기 때문이다.[51]

　민주주의는 대한민국의 국가이념(國家理念)으로 표방해 온 자유민주주의 기본정신이며, 체제를 불문하고 북한을 포함한 국민국가들이 대외적으로 표방하는 정치이념이다. 우리의 삶은 자유롭고, 인간다워야 한다. 우리는 인간의 존엄성에 대한 평등한 권리가 존중되는 기본바탕 위에서 서로 협력하면서 자유롭게 살아가는 터전을 마련해야 할 것이다. 통일 한반도에서 우리 민족이 인간다운 삶을 위해서 필요한 정치이념은 자유민주주의가 타당할 것이다.[52]

통일 한반도에서 정치적 자유보장을 위한 기본 가치가 구현될 때 다원주의와 공정성 및 공공성 등의 가치도 빛을 발할 수 있다. 자본주의 사회도 평등의 가치를 보다 더 많이 구현할 수 있는 복지국가로의 발전을 계속하고 있다. 즉 자유와 평등의 조화에 기반을 둔 공정성 원리를 적용하고 있다.

한반도의 민족분단을 해소하고 민족번영을 이루는 데 있어서 자유로운 삶이 갖는 의미는 각별하다. 왜냐하면 경쟁적 체제 이념을 극복하여 열린 사고를 가능케 해주는 것이 바로 자유로운 삶이기 때문이다.

평화통일은 단순한 국가통합이 아니라, 한민족 모두의 삶의 질을 높이는 데 목표를 두고 민족 구성원의 삶의 터전을 하나로 만드는 것이어야 한다. 통일은 분단 이전으로의 회귀가 아니라 미래의

---

51) 북한이 '수령제'에 입각한 유일체제 즉 '우리식 사회주의'를 고수하고, 남북이 중무장한 군사력으로 대치하고 있는 상황에서 자유민주주의체제에 바탕을 두지 않는 통일논의는 바로 북한의 대남 통일전선전술과 '통일' 슬로건하의 남한사회 교란전술에 이용당할 개연성이 매우 높을 것이다.

52) 기본적이고 항구적인 국가목표를 달성하기 위해서 객관적, 현실적인 가치판단에 입각한 국가이익을 감안하여 국가의지를 결정함으로써 이를 운용하는 일에 국가의 기본방침이 책정되어야 한다.

만남을 보고 설계하는 것이다. 즉 자유, 민주와 복지가 보장되는 안보가 튼튼한 민족국가를 건설해야 한다.

통일국가는 분단으로 인한 남북한 이질감과 생활격차를 극복하며, 민족공동체를 재창조할 수 있는 적극적인 통합정책을 추진하는 선진 민주국가가 되어야 한다. 통일된 민족공동체는 통일국가 구성원들의 삶을 질적으로 드높일 뿐 아니라, 대외적으로는 세계화·지식정보화시대를 선도하고 세계평화와 인류공영에 기여하는 국가로 발돋움해야 한다.

한반도 통일은 분단 이전 상태로 되돌아가는 것일 수는 없다. 왜냐하면 반세기 이상의 역사흐름에 따라 너무 많은 것이 변했기 때문이다. 남북한의 분단체제를 극복한다는 것은 단순히 통일만 하면 되는 것이 아니고 통일하는 과정에서 현재의 남과 북 어느 쪽보다도 더 나은 사회가 한반도에 건설되어야 진정한 분단체제의 극복이라 할 수 있을 것이다.[53]

4. 균형발전과 화합 · 단결된 일류 통일국가 건설

통일된 국가는 일류국가가 되어야 한다. 통일된 한민족은 화합하고 단결된 가운데 균형발전을 해야 한다. 이것은 우리가 상정한 남북연합체제에서 분단체제를 어떻게 극복하고 통일준비를 잘 하느냐에 달려 있다.

---

53) 백낙청 외, 『21세기의 한반도 구상』 (창비, 2004), pp. 289–291.

민족공동체통일과정에서 남북연합단계는 하나의 완전한 통일국가 건설을 목표로 추구해 나가는 과정에서 남북한이 잠정적인 연합을 구성하여 평화를 제도화하고, 민족공동생활권을 형성하면서, 사회적·문화적·경제적공동체를 이루어 나가는 과도기적 통일체제를 말한다.[54] 이러한 과도기적 통일체제로서의 남북연합단계는 남북이 서로 다른 체제와 정부하에서 통일지향적인 협력관계를 통해 통일과정을 관리해 나가는 단계이다.[55]

큰 틀에서 보면, 한반도의 분단은 3단계로 구분된다. 1945년의 국토분단과 1948년의 국가분단, 그리고 6·25전쟁을 겪으면서 발생한 민족적·사회적인 분단이다.

대한민국의 공식적인 통일방안인 '민족공동체 통일방안'은 이러한 분단을 극복하고 하나의 민족공동체를 건설하는 것을 목표로 점진적·단계적으로 통일을 이루어 나가야 한다는 기조 위에서 통일과정을 화해협력단계, 남북연합단계, 통일국가 완성단계로 설정하였다.

여기서 남북연합단계는 교류협력을 통해 신뢰구축과 평화공존이 정착되고 제도화된 상황에서 남북한이 통일 될 때까지 통일기반을 조성하면서 준비하는 시기이다.

---

54) 통일부, 『통일백서』, 2002, p. 44.
55) 남북연합단계의 '남북연합(南北聯合)'이라는 것은 교류와 협력을 통해 민족의 공존공영, 민족사회의 동질화, 민족공존의 생활권을 형성하며 궁극적으로 단일국가로의 통일의 기반을 조성하고 준비하는 역할을 수행하는 것이다. 즉 통일이전의 과도체제로서 특수한 기능적 결합체를 의미한다. 따라서 이 단계는 남북한의 통합과정을 안정적이고 질서 있게 관리하면서 민족공동체를 구축해 나가야 한다.

안보 분야에서 남북한은 군사적 신뢰구축을 더욱 심화시켜 상호 간에 협력하는 차원으로 발전시키고, 군사전략을 순수한 방어위주의 전략으로 전환할 필요가 있다.

정치 분야에서는 남북한 합의에 의해 가능한 신속하게 남북정상회의, 남북각료회의, 남북평의회, 남북재판소 등의 공동정부 기구를 설치해야 한다. 또한 이 기구들에게 실질적 기능을 발휘할 수 있는 권한을 부여하여 완전한 통일을 이루기 위한 과제를 해결토록 해야 한다.

경제 분야는 실제적으로 공동의 이익을 실현시키는 합의도출이 가장 쉬운 부분이므로 공동투자와 합작생산체제의 활성화, 자연자원의 공동개발과 국토의 통합 관리, 관세동맹의 추진과 화폐의 통합문제를 점진적으로 심도 깊게 추진해 나가야 한다.

사회 · 문화 분야에서는 급격한 변화보다는 남북한의 사회적 이질감에서 오는 심각한 갈등을 완충할 수 있는 제도와 장치가 마련되어야 한다.

이러한 과정에서 통일 후 북한 지역을 어떻게 발전시켜 남한지역과 균형을 이룰 것인지를 심도 깊게 토의하고, 계획을 발전시켜야 한다. 통일 후 남북한 양 지역이 균형발전을 이루지 못할 경우 북한주민들의 소외감은 증폭되고, 남한지역으로 이동이 가속화되며, 갈등이 고조될 것이다. 이는 사회문제로 비화하여 과거 독일이 통일초기에 경험한 것처럼 서로를 미워하고 경계하는 대상으로 바라보게 될 것이다.

한반도가 통일 후 일류국가로 도약하기 위해서는 통일 후유증을 가능한 빨리 극복해야 한다. 서로간에 입장을 이해해주고, 화합하고 단결하여 국가목표를 달성할 수 있는 길로 나아가야 한다. 이때는 무엇보다 국가지도자의 역할이 매우 중요하다. 국가가 나아갈 방향을 명확하게 제시하고, 서로를 보듬을 수 있는 통합정책을 추진하면서, 서로 어깨동무를 하고 함께 나아가야 할 것이다.

통일독일은 통일 이후 균형발전을 위해 동독지역에 약 2조 달러를 집중적으로 투자했음에도 불구하고, 동독인 Ossi 들은 상대적인 열등감과 소외감을 느끼며, 서독인 Wessi 을 불신하였다. 그러나 통일 후 20년 이상이 경과한 시점에서야 오씨 Ossi 의 소외감은 독일인에 대한 자긍심으로 변화하고 있다.

평화통일전략의 추진기조

1. 민족공동체통일방안의 기본이념 구현

대한민국의 공식적인 통일방안은 '민족공동체통일방안'이다. 평화통일은 한반도의 냉전종식과 평화체제를 정착시켜 '민족공동체통일방안'에 의해서 3단계 통일전략을 실천해 나감으로써 달성될 수 있을 것이다. 이 과정에서 평화통일의 결정적 변수는 북한체제의 변화이다. 그 변화된 상황에 융통성 있게 임기응변할 수 있는 '신축대응전략(伸縮對應戰略)'이 필요하다.

우리의 통일방안인 '민족공동체통일방안'의 특징으로는 통일의 기본철학으로 자유민주주의를, 통일의 주체로서 민족구성원 모두를, 통일과정에서 민족공동체 건설을 우선적으로 강조하는 것과 통일 국가의 구체적인 미래상을 제시하고 있다는 점을 들 수 있다.

이것은 '평화공존', '남북연합', '완전통일'에 이르는 3단계 통일전략을 바탕으로 하고 있다. 민족공동체통일방안은 통일의 과정을 기능주의적 통일방안에 입각하여 점진적, 단계적으로 하고 있다.

제1단계인 평화공존단계는 분단 이후의 적대적 냉전 상태를 종식시키고, 평화적인 공존관계를 실현하는 단계로서 평화통일을 위한 우선적인 당면목표이다. 한반도의 냉전종식과 평화체제를 구축함으로써 남북한간의 평화적인 공존을 현실화하는 단계로서, 평화통일의 가장 중요한 국면이며 당면한 핵심목표이다.

제2단계인 남북연합단계는 남북한이 상호 협력적인 공존관계를 지속하다 보면, 민족공동체의 입장에서 남북이 상호 지원하는 관계로 발전할 수 있게 될 것을 가정하고 있다. 이는 국가연합의 형태를 취하는 단계에 해당된다.

제3단계인 완전통일단계는 남북연합은 국가연합의 형태지만, 민족공동체 차원에서 '1국가 2정부' 형태의 연방국가 단계를 거쳐 완전통일에 이르거나, 또는 곧바로 '1국가 1정부' 형태로 완전히 통일되는 단계에 의해서 평화통일을 완성할 수 있게 될 것을 전제로 하고 있다.

평화통일을 달성하기 위한 당면한 핵심과업은 민족공동체 통일방안에 입각한 3단계 전략을 추진함에 있어서, 한반도의 냉전종식과 평화체제를 구축하여 남북한이 민족공동체적 토대 위에서 신뢰와 협력을 지속시켜 나갈 수 있는 환경을 만드는 것이다. 즉 평화통일의 선행조건이 되는 한반도의 냉전종식과 평화체제를 구축하는 문제가 가장 중요하다.

이러한 통일방안은 붕괴론적인 시각보다는 변화론적인 시각에 기반을 두고 있다. 그러나 이러한 과정은 매우 더디고 어려울 수 있다. 많은 함정이 도사리고 있다. 특히 신뢰를 중시하지 않고 약속을 수시로 어기는 불량국가인 북한을 상대하는 일은 쉽지 않음을 확인할 수 있었다. 그렇다고 포기할 수는 없다. 우리는 북한을 관리하면서 우리가 원하는 방향으로 조금씩 움직이도록 적극적이고 능동적으로 통일전략을 추진해야 한다. 왜냐하면 통일은 포기할 수 없는 가치이며, 일류국가로 도약하기 위해 달성해야 할 목표이기 때문이다. 그 과정에서 북한체제가 붕괴한다면, 급변사태계획이라는 예비 또는 우발계획을 추진하면 되는 것이다.

2. 화해협력정책의 투명성 · 일관성 보장

화해협력정책이 성공하기 위해서는 평화통일전략을 전략적인 사안과 정책적인 사안으로 구분하여 투명성과 일관성의 원칙하에 추진해 나가야 한다.

대한민국이 제대로 된 대북전략을 추진하기 위해서는 두 가지 관점에 유의해야 한다. 첫째, '북한주민'과 '북한정권'을 구분하여 대처하는 것이다. 둘째, '통일전략적인 사안'과 '대북정책적인 문제'를 혼동하지 않는 것이다. 국민적 합의에 따라 공식적으로 수립된 통일전략은 정권교체와 관계없이 투명하고 일관되게 추진해야 한다. 반면 국가의 생존에 직결되지 않는 정책적 수준의 사항들은 정부가 시의 적절하게 조절해 가면서 유연하게 추진할 수 있어야 한다.

국민들은 북한을 강하게 불신하며 통일의 필요성을 확신하지 못하고 있다. 정부의 통일정책에 대해서도 의혹을 갖고 있으며, 통일비용에 대해서는 많은 두려움을 느끼고 있다.

화해협력정책의 추진원칙은 남북한간의 불신과 적대감 해소 및 민족동질성 회복을 위해 보다 많은 접촉과 교류를 통해 이해의 폭을 넓히고, 쌍방이 필요로 하여 합의 가능한 분야부터 교류협력을 활성화해야 한다. 민족 상호 이익과 복리를 도모하고, 북한의 무력도발 위협을 근원적으로 약화 및 해소할 수 있도록 추진해야 할 것이다. 이를 위해 한반도 차원에서는 '안보와 화해' 또는 '억제와 포용' 그리고 국제적으로는 '양자주의와 다자주의'를 상호보완적으로 조화롭게 병행 추구하는 '이중 접근전략'이 필요하다.

대한민국은 확고한 대북 억제력을 유지한 가운데 냉전구조를 해체해 나가야 한다. 우리는 지난 반세기 동안 한반도를 지배해 온 남북대결 주의에서 벗어나 확고한 안보기반 위에서 남북한 간 교류협력의 시대를 열어 나가야 한다. 확고한 안보기반은 강력한 대북 억제력에 의해 뒷받침되며, 억제력은 튼튼한 국방력에 의해 보장된다. 또한 강력한 대북 억제력은 자신감 있고 유연한 대북정책을 구사할 수 있는 밑바탕이 된다. 대화 없는 대북 억제력이 맹목적이라면, 대북 억제력 없는 대화는 더욱 위험하다는 사실을 분단의 역사가 우리에게 일깨워 주고 있다.

북한이 미사일과 핵능력 등 비대칭전력을 강화하고 있는 것은 아직도 체제 생존논리를 남북관계와 전반적인 국제관계의 개선을 통해서가 아니라 군사위협태세의 강화에서 찾고 있음을 의미한다. 따라서 강력한 대북 억제력의 확보는 우리가 추구하고 있는 평화와 화해협력의 대북정책을 추진하기 위한 가장 필수적인 요건이다.

한반도의 냉전구조는 전쟁위험을 내포하고 있으며, 대내외적으로 소모적인 경쟁을 강요하고 있다. 이는 남북한 모두가 이루어야 할 번영과 발전을 결정적으로 저해하는 요인이다. 따라서 전쟁억제와 냉전구조의 해체는 한반도의 안정과 평화를 위한 선결과제이다. 우리는 대북 억제력을 통해 전쟁을 예방하는 가운데, 남북한 간의 화해와 군사적 신뢰관계를 조성해 나가야 한다. 그리고 남북한과 미국, 중국을 포함하는 4자회담을 원만하게 추진하여 현재의 정전협정체제를 새로운 평화체제로 전환하기 위해 적극적으로 노력해야 한다.

대한민국의 국가안보는 주로 북한이라고 하는 동족에 의해 위협되고 있다. 외국인의 입장에서 보면 그것이 우리 국민의 내전적(內戰的) 성격이 강하다는 특수한 환경하에 있어, 통일문제와 안보문제는 분리될 수 있는 사안이 아니다. 오히려 소극적인 의미가 아닌 적극적인 의미에서 우리의 현 단계 안보목표의 핵심은 바로 국가통일과 민족통일이기 때문에 그 두 가지는 하나의 목표로 향해 나아가는 두 개의 축이다.

우리에게 있어 북한은 안보상 위협요인인 동시에 평화통일을 달성해야 한다는 대전제하에서 본다면 대립과 경쟁의 관계에서 궁극적으로는 화합하고 포용하는 관계로 발전시켜 나가야 할 대상이라고 하는 민족적인 숙명도 고려하지 않을 수 없는 상황이다. 그러나 통일 후 우리의 안보전략의 대상은 러시아와 중국, 일본 그리고 궁극적으로는 미국까지도 포함이 되는 보다 범위도 넓고 성격도 다른 포괄적인 문제가 될 수 있을 것이다.

남북한은 화해와 협력을 추구하면서 냉전구조를 해체해 나가야 한다. 우리는 남북한간의 뿌리 깊은 상호 불신을 해소해 나가기 위해 정경분리 원칙에 따라 적극적인 상호 경제교류와 협력은 물론 언론, 문화, 종교, 예술과 체육 등 여러 분야에서의 교류를 적극 추진할 필요가 있다. 남북한은 이미 합의 서명된 '남북기본합의서' 의 틀 안에서 서로에게 이익이 되는 공존과 공영의 관계를 실현할 수 있을 것이다. 따라서 우리는 남북기본합의서의 정신에 입각하여 북한이 스스로 변화를 추구할 수 있는 여건을 조성하는 한편, 화해와 협력의 확충을 통해 남북관계 개선과 평화공존 기반을 공고히 해 나가야 할 것이다. 비록 북한이 앞으로 단시일 내에 도발적이며 위협적인 대남전략을 평화지향적인 것으로 전환시킬 가능성은 크지 않다 하더라도, 장기적인 관점에서 화해와 협력을 대북정책의 기조로 유지해 나가야 할 것이다. 우리가 남북기본합의서의 준수를 강조하는 것은 변화하지 않으려는 북한을 압박하는 심리적인 효과가 매우 크다.

민족공동체통일방안의 목표는 북한을 '붕괴론적 시각' 보다는 개방과 시장경제로의 변화가 불가피하다는 '변화론적 시각' 에 기초하여, 화해와 협력을 통해 남북관계를 평화적으로 개선하고 통일지향적인 평화공존을 이루는 것이다.[56] 교류와 협력을 통해 북한이 통일을 맞을 수 있는 체력을 갖추도록 해야 된다. 지금 당장 남북한이 통일이 되면 북한의 빈곤과 경직된 사회체제가 엄청난 충격

---

56) 김대중정부는 남북관계 개선을 이룩하기 위한 원칙으로 무력도발 불용, 흡수통일 배제, 화해협력 적극 추진 등 3가지 원칙을 제시하였다. 김대중정부의 대북정책은 '포용정책' 이다. '햇볕정책' 은 대북정책의 비유적 표현이고, '화해협력정책' 은 대북정책의 내용을 담고 있다. 여기서 제시하는 '화해협력정책' 은 전반적인 내용을 포괄하는 개념이다.

으로 다가와서 감당하기 어려울 것이다. 다만 일방적으로 퍼주고, 그냥 물고기를 나눠주는 것이 아니라 북한의 인권문제를 개선시키면서 물고기 잡는 법을 가르쳐 주어야 한다.

북한 사회를 개혁과 개방으로 이끌기 위해서는 북한 경제를 튼튼하게 해주면서 최소한의 생존환경을 보장할 수 있도록 북한정권에 압박을 가해야 한다. 그리고 북한 주민 스스로 이대로는 발전할 수는 없다고 느끼게 해야 한다. 헬싱키 프로세스는 오늘날의 남북관계에 많은 함의를 던져준다.[57)]

아마 7.4공동성명이나, 남북기본합의서, 6.15공동선언 10.4 공동선언 등 남북한간 합의문들에 헬싱키협약처럼 북한인권 조항을 포함시켰더라면 남북관계의 성격은 달라졌을 것이다. 남한의 지도자들이 대한민국의 국가이념인 자유 · 인권 문제를 거론하지 않은 것은 잘못이었다.

경제적인 분야에서의 교류협력의 활성화는 '남북한 경제공동체' 형성의 토대를 마련하는 데 주안점을 두어야 할 것이다. 북한의 개방을 유도할 수 있는 유인동기를 제공하면서, 북한 경제체제의 변화를 유도해야 한다. 우리는 남북한 간의 공동이익을 증진해가면서, 경제적 상호 의존관계를 심화시켜 나가야 한다. 남북 경제체제간의 이질성을 해소하고, 상호 보완적으로 성장을 도모해야 한다. 이를

---

57) 1975년 미국과 서유럽 국가들은 옛 소련 및 동유럽 국가들과 안보회의를 개최, 안보와 인권 조항이 모두 포함된 헬싱키협약을 만들어 냈다. 이 인권 조항을 근거로 지속적으로 노력한 끝에 서방 국가들은 아무도 예측하지 못한 공산체제 붕괴와 동유럽 해방을 이끌어낼 수 있었고, 이 역사적 과정을 '헬싱키 프로세스(Helsinki Process)'라 부른다. 결국 헬싱키 프로세스의 원동력은 보편적 인권에 대한 신념이었다. 이 신념이 철권통치의 저항을 극복하고, 최종 승리를 거둔 것이다.

추진하는 원칙은 상호 연계성, 보완성과 실현가능성 등을 기준하여 우선순위를 정하고, 체계적이고 일관성 있게 추진해야 한다.

사회 · 문화적인 공동체 형성을 위해서는 남북한이 조화와 균형을 모색하는 가운데 상호 보완적 체제 수렴을 통해 이질성을 해소하고 동질성을 극대화시키는 방안을 모색해 나가야 할 것이다. 이는 공존을 바탕으로 한 상호간의 교류를 통해 이루어질 수 있을 것이다. 남과 북이 서로를 알고 이해할 수 있는 기회가 확충되어야 한다. 한민족 고유의 민족적 · 문화적인 정체성을 회복해 나가면서 다원주의, 합리주의, 자율성 등의 현대사회의 보편적 요소를 증대시켜 미래 지향적인 민족동질성 형성을 위해 노력해야 한다.

각 정부는 통일방안을 수립하여 추진하여 왔으나, 투명성과 일관성의 부족으로 수행과정에서 많은 문제점이 발생하였다. 첫째, 통일정책 내용 면에서는 상대방에 대한 인식과 공작적 발상, 일관성 부족, 경합되는 목표간에 우선순위 불명확 등의 문제가 있었다. 둘째, 통일정책 결정상의 문제로 정책결정 구조의 결함, 정보의 부족과 신속한 정보공유체제의 부재 등의 문제가 있었다. 셋째, 통일정책 집행에서는 전략적 사고의 부재, 능동적 자세의 부족, 사안별 즉흥적이고 감성적인 대응과 여론 추종자세 등의 문제가 있었다. 넷째, 상호주의에 대한 남북한간 또는 추진 주체세력간의 인식의 차이로 대북 협상전략에 많은 논란이 있다.

정부의 통일전략과 정책은 국가전략의 큰 틀 속에서 국민과 정부가 일체감을 이룰 때 가장 효과적으로 추진될 수 있다. 국민과 정부가 하나가 되기 위해서는 정책의 투명성이 요구된다. 따라서 정부는 국민에게 통일전략을 투명하게 제시하는 것이 중요하다. 이를 통해 국민의 이해와 지지를 얻게 되고, 국민적 합의를 바탕으로 통일전략과 정책이 강력히 추진될 수 있다. 그리고 통일전략의 혼선을 최소화하고 국력의 결집을 위해서는 명확한 목표와 기조를 바탕으로 전략과 정책의 일관성이 유지되어야 한다. 이렇게 될 때 전략과 정책의 효율성이 보장될 수 있다.

우리는 상존하는 남북한간의 모순관계를 극복하면서 평화통일을 달성해야 한다. 이를 위해서는 우리는 추구하는 가치와 목표에 대한 신뢰를 갖고 통일정책의 일관성을 유지해야 한다. 즉 북한의 변화를 유도하기 위한 대북지원은 특정 정당이나 정권 그리고 외부의 간섭에 상관없이 비등점沸騰點, Boiling Point의 원리를 이용하여 지속적으로 실시되어야 한다.

통일전략이 투명성을 상실하면 국민의 신뢰를 잃게 된다. 일관성을 상실하면 북한이 우리에게 신뢰를 얻지 못하는 것처럼, 우리도 북한의 신뢰를 잃게 된다. 따라서 상호주의전략을 적절히 활용해야 한다.

3. 상호주의전략의 신축성 · 균형성 유지

대한민국이 평화통일의 기반을 확충해 나가기 위해서는 양자 및 다자간 국제협력을 강화해 나가야 한다. 탈냉전과 세계화의 추세는 우리에게 국제협력의 강화를 통해 안보와 번영 및 발전을 도모할 수 있는 기회가 되는 동시에 다양한 분야에서 우리의 국익증진에 부정적인 영향을 줄 수도 있다. 탈냉전 상황하에서는 정치적·이념적·군사적 이해관계보다는 경제적 이해관계에 입각한 상호주의相互主義, Reciprocity 58)가 적용된다. 이러한 상호주의는 남북한 관계에도 적용된다. 59)

우리가 남북관계에 상호주의를 적용할 때는 어느 분야를 엄격한 상호주의를 적용할 것인지, 어느 분야는 포괄적 상호주의 혹은 신축적 상호주의에 따라 협상을 추진해 나갈 것인지에 대한 공감대를 형성해야 한다. 60)

---

58) 상대국의 시장개방 정도에 맞추어서 자국의 시장개방을 결정하려는 입장으로서, 상대방의 이익의 양보만큼 자국의 이익도 양보한다는 태도를 말한다.

59) 2006년 설문조사에서 대북정책 기조가 상호주의여야 한다는 의견이 68%였고, 지원을 통해 개방을 유도해야 한다는 의견은 21%로 나타났다. 2005년과 비교해 '상호주의'는 5%포인트 높아졌고, '개방 유도'는 7%포인트 낮아졌다. 적대 및 경계 대상으로 간주해야 한다는 응답은 12%였다. 남북통일이 이뤄져야 한다는 응답은 2005년보다 다소 줄었다. 반드시(12%) 또는 가급적(42%) 통일되어야 한다는 의견이 54%로 2005년 61%에 비해 7%포인트 낮아졌다. 가까운 시일 내에 통일이 이뤄질 것이란 예상도 크게 줄었다. 5년 이내 2%, 6-10년 이내 11%, 11-20년 이내 19%로 우리 국민 32%가 향후 20년 이내에 통일이 이뤄질 것이라고 예상했다. 통일 비용으로 인해 세금이 더 늘어나는 것에 대해선 48%가 부담하겠다는 의사를 표명했다. '기꺼이' 부담하겠다는 응답이 6%고, '약간' 부담하겠다는 응답이 42%였다. 통일 비용 부담 의사는 2002년과 2003년에 각각 53%였고, 2004년 56%, 2005년 46%였다(중앙일보, 2006년 9월 2일).

60) 상호주의는 결코 냉전적인 접근이 아니다. 탈냉전 시대에 들어와서도 대부분의 국가는 상호주의에 입각해 국제관계를 형성·유지·발전시켜 나간다. 남북관계가 '민족 내부의 특수 관계'라고 하지만, 관계 형성의 보편적 진리마저도 부정되는 관계는 아니라고 하겠다. 반면 기본을 무시할 경우, 변칙과 비정상이 터를 잡게 된다는 점에 유의해야 한다. 6자회담에서 합의된 '행동 대 행동의 원칙'이란 것도 기실 상호주의의 다른 표현이라 할 수 있다. 그렇다고 지나치게 경직적인 상호주의로 나가자는 말은 아니다. 안보 문제는 '원칙'을 갖고 엄격한 상호주의로 대처하되, 인도적 지원과 사회문화 분야는 유연성을 가미한 포괄적 상호주의에 따라, 그리고 경제 분야는 상호이익이 되도록 신축적인 상호주의로 안정적이고 질서 있게 운영해 나가면 된다. 이런 점에서 균형 있는 대북 접근전략이 필요하다.

정부에서 상호주의를 적용할 때는 신축성이 있어야 한다. 즉 전략과 정책의 일관성은 유지하되, 변화하는 상황에 신축적으로 그리고 능동적으로 대처해 나가야 한다. 상황에 수동적으로 이끌려 가기보다는 상황을 이끌어가는 적극적이며 능동적인 노력을 통해서만이 궁극적으로 우리가 설정한 목표를 달성할 수 있을 것이다.

신축성 못지않게 균형성의 유지도 중요하다. 평화통일목표를 성공적으로 달성하기 위해서는 다양한 분야의 전략과 정책이 균형의 원칙 하에서 유기적인 조화를 이루면서 추진되어야 한다.

이제는 대북정책의 개선과 보완이 필요한 시점이다. 포용이냐, 압박이냐는 소모적 논란을 뒤로 하고 올바른 화해협력의 길을 모색해야 한다. 향후 우리 정부의 대북정책은 북핵문제를 현명하게 처리하면서 평화공존의 명제 위에서 북한이 국제사회의 책임 있는 일원이 되도록 앞에서 끌고, 뒤에서 미는 방식이 되어야 할 것이다. 북한체제의 점진적 변화 위에 남과 북의 '준비된' 통일 또한 가능해질 것이기 때문이다.

통일을 지향하는 남북한은 상호 교류와 협력을 활성화하고, 상호 신뢰를 구축하며 냉전구조의 산물인 적대와 불신 및 대립 관계를 최소화하고, 남북화해와 불가침을 제도적으로 정착시켜 나가면서 진정한 평화적 공존을 추구해 나가야 한다. 남북한이 상호체제를 인정하고 존중하는 가운데 분단 상태를 평화적으로 관리하면서 경제, 사회, 문화 등 각 분야의 교류와 협력을 통해 서로간의 적대감과 불신을 해소해 나가야 한다. 즉 남북한 양측은 쌍방의 실질적 관계개선을 진전시켜 나가는 지혜를 가져야 한다.

한반도 신뢰프로세스가 정착되면, 남북이 함께 '민족경제발전계획'과 같은 중장기 로드맵을 수립해 추진하는 것이 바람직하다. 개성공단도 중요하지만 북한의 핵심 경제지역에서 지속가능한 산업협력의 대안을 찾아야 한다. 민간기업의 개척정신에만 맡겨 둘 일이 아니다. 공공성을 갖춘 공사가 나서야 한다. 국가기관은 민간기업 대북사업을 지원하면서 북한 경제에서 파급 효과가 큰 업종과 공장을 선정해 투자해야 한다.

안보문제 해결과 경협의 확장 사이에서 균형이 이뤄져야 한다. 핵 해법이 수반되지 않는 무책임한 경협 확장론을 경계하고, '북핵 불용' 원칙에 볼모가 되는 대북전략도 유의해야 한다. 경협과 북핵 문제의 연계냐, 병행이냐는 단순 이분법에서 벗어나 교류협력의 진전과 핵문제 해결이 선순환하는 '탄력적 연계'를 실천해야 한다.

남북한의 정치체제간에 화해와 협력관계가 일관되고 균형적으로 유지되어야 평화적 통일이 가능하다. 분단 기간중 기존의 대립과 갈등 관계는 격화될 수도 있고 완화될 수도 있다. 분단시기에 화해·협력관계를 공고히 하면 할수록 평화적 통일의 가능성은 높아질 것이다. 화해와 협력관계에 기초하여 꾸준한 교류와 협력을 발전시킬 때에만 민족의 동질성이 보존될 수 있으며 통일에의 의지가 강화될 수 있을 것이다. 사실상의 통일과 제도적인 통일이 병행해서 추진되어야 하는 이유이다.

4. 사실상의 통일과 제도적 통일의 병행 추진

대한민국의 안보전략의 당면목표는 한반도에서 전쟁을 방지하고, 평화공존을 실현하며 통일의 기반을 다지는 것이다. 남북한이 지리적 통합과 주권의 통합을 의미하는 완전한 통일을 당장 이루기는 어려우므로 우선 제도적 통일이 가능할 수 있는 상황을 만들어 내는 것을 목표로 추진해 나가는 것이다. 남북이 상호교류와 협력을 심화시켜 사실상의 통일을 점진적이고 단계적으로 구현해 나가는 것이다.

한반도의 통일은 원론적으로 보면 국가주의와 민족주의의 통합적 수렴이다. 단계적으로는 분단역사의 전개순서를 되돌아가는 과정을 밟아야 한다. 되돌아가자면 무엇보다 먼저 6·25로 갈린 민족 분단을 봉합해야 하는데, 여기엔 상호 신뢰구축이 중요하다.

남북한은 서로 상이한 제도와 사상을 가진 채 반세기 이상을 적대적인 관계를 유지해 왔다. 북한은 집단적이고 권위주의적 통제체제를 유지하고 있으며, 계급성과 혁명성을 강조하면서 농업 중심적 사회를 형성하고 있다. 이에 반해 대한민국은 다원화된 자유민주주의 사회를 지향하고 있으며, 산업사회와 도시사회적인 성격이 강하다.

사실상의 통일 상황은 남북한간에 정치, 외교, 경제, 사회, 문화 등 모든 방면에서 교류협력이 제도화되고, 군사적 긴장이 해소되어 평화체제가 정착된 상황이다.[61] 이런 상황이 되면 남북 주민간의 적대감은 해소될 것이며, 두 개의 상이한 사회체제도 빠른 속도로 동질화 과정에 들어설 것이다. 남북연합을 통해 남북한간에 상생공영의 분위기가 정착되고 통일여건이 성숙되면 마지막 단계인 통일국가 단계로 접어들 수 있을 것이다.

통일국가란 남북연합단계에서 구축된 민족공동의 생활권을 바탕으로 남북한 두 체제의 기구와 제도를 완전히 통합한 정치공동체로서 '1민족 1체제 1국가'의 단일국가를 의미한다. 통일국가는 단일민족 국가로서 7천 5백만 민족 구성원 모두가 주인이 되며, 개개인의 자유와 복지 및 인간존엄성이 보장되는 선진 민주국가를 의미한다. 통일국가의 완성은 통일헌법(統一憲法)이 제정되어 발효되는 때가 기점이 될 것이다. 즉 통일헌법이 이행되고 실천되는 단계이다.

통일국가의 가장 중요한 통합과제는 무엇보다도 국가체제의 완비이다. 새로운 관료체제를 구축하여 통일국가의 기틀을 확립해야 한다. 실질적인 통합단계 또는 통일초기에는 남북한 기존조직을 기반으로 하며, 새로운 환경에 맞는 행정조직으로 개편하는 방법이 효율적일 것이다.

경제적 측면에서 보면, 북한이 시장경제체제로 전환되는 과정에서 국영기업의 민영화, 재산소유권, 고용문제 등을 둘러싼 갈등과 막대한 통일비용에 따른 경제적인 혼란이 예상된다.[62] 따라서 화해·협력단계나 남북연합단계에서 가능한 많은 분야에서 북한 경제체제를 시장경제체제로 변화시켜 남북경제가 유기적으로 결합되

---

61) 통일부, 앞의 책, 2002, p. 48.

고 통일비용이 최소화되도록 노력해야 한다.

사회적 측면에서는 북한 주민이 자유민주주의와 시장경제체제에 적응하지 못하는 가치관의 갈등과 심리적 불안, 정치적 소외감 등을 치유토록 노력해야 한다. 이를 위해서는 민족적 정체성 확립과 지속적인 시민교육이 중요하다. 두 사회의 갈등이 해소되고 동질성이 회복되어야 진정한 실질적인 통일이 달성되고, 내외적 위협으로부터 안정된 통합을 이루게 된다.[63]

남북연합의 형태에서 통일국가로 들어서는 시점은 평화통일의 전 과정을 통틀어 가장 중요한 시기이다. 왜냐하면 이 시기에 통일을 완수하기 위한 통일과제가 집중되어 있기 때문이다. 사실상의 통일단계는 남북연합체제의 제도화가 심화되고 공고해지는 남북연합의 성숙기부터 시작된다. 제도적 통일을 이루기 이전에 남북한 양 체제가 실질적인 부분에서 유기적인 상호작용과 자체적인 체제의 결합에 따른 부작용이 최소화된 상태에서 두 체제를 물리적으로 결합해 나가야 한다.

---

62) 앞으로 경제발전과 튼튼한 재정을 통해 통일비용을 마련해야 하지만 유사시는 재원 마련 방법으로 국채발행, 증세, 그리고 이를 혼합한 방안이 있다. 국채발행을 통해 재원을 조달하는 방안은 당 세대에게는 추가 부담이 없다는 장점이 있다. 세금을 늘리지 않기 때문에 국민 저항도 줄일 수 있다. 실제로 장기불황 탈출을 위한 경기부양 재원을 주로 국채발행으로 조달해온 일본 사례도 있다. 증세를 통한 방안은 세율 인상이나 통일세 등 새로운 세목을 신설해 연간 GDP중 1~2%에 해당하는 세금을 거둬들이는 것이다. 이는 재정의 지속가능성을 유지하고 당면한 과제에 대해 현 세대가 비용을 치름으로써 해결한다는 긍정적인 면이 있다.
63) 독일의 통일을 보면 형식적 제도통합은 어느 정도 손쉽게 달성하였으나, 사회통합은 통일 후 약 20년이 지난 시점에서 어느 정도 해결할 수 있었다.

남북한은 통일국가로의 이행절차와 경과조치 등에 대해 협의하여 최종적으로 '통일조약(統一條約)'을 채택해야 한다. 통일조약은 형식상으로 국가간의 조약과 같은 절차를 거쳐 체결되어야 할 것이다. 통일조약은 통일을 달성하기 위한 절차로서 민족내부간의 법적 합의문이라는 특성을 지닌다. 남북한은 통일헌법안을 마련해야 하는데, 통일헌법은 통일국가의 이념과 국가의 기본질서를 정하는 근간으로 통일단계에서 가장 중요한 요소이다. 통일헌법과 병행하여 남북한 간 법과 제도의 통합이 실시되어야 한다. 남북이 물리적인 결합을 하기 이전에 남북한간 법과 제도의 통합과 정비는 체제의 동질성 확보에 매우 중요한 요소이다.

남북한 군대의 통합 문제는 평화통일이 성공하느냐 그렇지 못하느냐를 결정하는 가장 핵심적 사안이다. 따라서 남북한은 통합단계에서 남북한 군사통합의 기본틀뿐 아니라 절차적 문제도 합의해야 한다.[64]

남북한이 법적·제도적 통일을 달성한 후에는 생활조건의 균형적 발전과 내적 통합이라는 과제의 수행이 중요하다. 통일 직후에는 상이한 체제, 제도와 문화의 과거 유산들이 아직 존속하고 있으므로, 여러 갈등이 발생할 여지가 많다.

이러한 남북한 통합에 대한 여러 제도적 문제 해결이 중요하지만, 중장기적으로는 양측 지역의 균형적 발전을 위한 투자와 노력

---

[64] 독일군의 군사적인 통합은 가장 성공적이고 평화적으로 이루어진 모범사례로서 우리도 이를 적극적으로 활용할 필요가 있을 것이다(하정열, 『한반도 통일 후 군사통합방안』, 팔복원, 2002, 참조).

이 필요하다. 즉 양측 지역의 경제·생활수준의 격차를 해소하기 위해서는 장기간에 걸친 의식적인 노력이 중요하다. 통일은 단순히 지리적 통합을 의미하는 것이 아니라 이질화되었던 민족이 다시 동질화되어 가고 민족공동체를 재구성하는 과정이다. 이 과정에서 단순히 법적·제도적 통일을 통해 국가를 합치는 것보다 민족의 재통합을 이루는 것이 더 긴 시간과 더 많은 노력이 필요한 작업임을 잊어서는 안 될 것이다.

우리는 독일의 성공적인 통일사례를 눈여겨보아야 한다. 독일은 브란트수상의 동방정책 이후 사실상의 통일을 향해 20여 년 노력을 강화하다가, 콜수상이 결정적인 시기를 낚아채 제도적인 통일을 완성하였다.

5. 선 평화정착 후 평화통일 달성

한반도 통일은 평화적인 방법으로 달성되어야 한다. 베트남 사례는 전쟁에 의한 통일이 얼마나 막대한 피해를 초래하는지를 예시하고 있다. 전쟁은 국토를 황폐화시키고, 생산시설을 파괴하며, 막대한 인명피해를 초래하고, 주민들 사이의 이질감과 적대감을 증폭시킨다. 전쟁으로 인한 마음의 상처로 통일정부에 대해 국민들이 자발적으로 동의할 수 없는 상황에 직면하게 되어, 강압적인 수단이 동원될 수 있다.

어떻게든 통일만 되면 좋다는 '통일지상주의(統一至上主義)'는 지극히 순진한 발상이라 할 수 있다. 베트남은 평화를 보장하는 제도적 장치가 없는 상태에서 평화협정(平和協定)을 체결하여 전쟁을 유발하였다. 즉 남베트남은 북베트남의 통일전선전술의 희생양이 되었다고 해도 과언이 아니다. 전쟁과 강압적 수단에 의존한 통일은 우리가 선택할 수 있는 대안이 아님을 명확히 인식할 필요가 있다. 그런 의미에서 대남 적화통일을 주장하는 북한의 무력도발을 막기 위해 튼튼한 안보태세 유지는 필수적이다.

북한과 관련된 문제는 민족문제지만 동시에 국제관계와 연계된 문제이다. 또한 평화공존을 위한 핵심과제지만 대한민국의 안보를 위협하는 군사·안보문제이기도 하다. 대한민국 정부가 북한이 군사적 위협을 하는 데도 불구하고, 이를 민족문제로 보고 이에 대한 대응방안마저 평화공존 차원에서 접근한다면 북한은 미사일과 핵도박을 계속하게 될 것이고, 우리는 북한에 인질과 같은 존재가 될 것이다. 대한민국 정부는 평화와 안정은 그 어떠한 이유로도 파괴되어서는 안 된다는 분명한 원칙과 강력한 의지를 북한에 전달함은 물론 그것에 합당한 대응을 해 나가야 할 것이다.

대북 안보전략의 일차적 목표는 남북관계를 안정적으로 관리해서 한반도를 전쟁의 위험으로부터 지켜내는 것이다. 그러자면 남한은 북한의 행동을, 북한은 남한의 행동을 서로 예측할 수 있어야 한다. 서로를 예측할 수 있게 하는 토대는 상대의 이런 행동에 대해서는 우리가 이렇게 나갈 것이라는 것을 명확히 알게 해주는 것이다. 그래서 남북관계에서 원칙이 중요한 것이다. 이 원칙의 길이 멀리는 통일의 길로 이어지는 것이다.

이 단계에서의 주요 과제인 남북한간의 불신 제거, 적대관계의 청산, 평화 체제로의 전환 등은 다음 단계인 남북연합을 형성하기 위한 전제조건이다. 화해협력단계에서 가장 중요한 것은 교류를 제도화시키는 것이며, 이것은 정치 · 군사적 신뢰구축의 토대 위에서만 가능하다.

정치 · 군사적인 신뢰구축을 위해서는 남북한간에 만들어진 최고의 합작품이라는 평가를 받는 남북기본합의서와 '부속합의서(附屬合議書)'를 실효성 있게 추진하는 것이 중요하다. '6.15 남북공동선언'의 실천방안 중 가장 미흡했던 부분도 남북한 군간의 신뢰구축과 군축으로 지적되고 있다. 앞으로도 남북한 상호간의 신뢰와 협력에 치명적 장애 요인으로 남북한 군비통제와 한반도 평화체제에 관한 합의문제가 될 것이다. '남북기본합의서' 및 '불가침분야 부속합의서'에 따라 군사적 신뢰구축방안이 추진되어야 한다.

한반도에서는 미완의 통일이 분단보다 위험할 수도 있다. 무력에 의한 통일은 오히려 외세를 개입시키는 동족상잔의 비극을 낳을 뿐 아니라 한민족의 자멸을 가져 올 수도 있을 것이다. 따라서 통일 그 자체의 실현을 너무 서두르기보다는 분단 상황을 안정적으로 관리하면서 그 바탕 위에서 평화통일로 나아가야 할 것이다. 통일은 평화적이고 점진적으로 달성되어야 한다. 가장 바람직한 통일은 평화와 공존의 틀을 마련한 후, 경제 · 사회 · 문화 등 부분간의 통합을 거치고, 최종적으로는 단일국가체제라는 통합된 정치체제를 구축하는 것이다.

통일문제를 다루는 데 있어서 우리가 간과할 수 없는 것은 국가이익과 더불어 민족의 이익을 동시에 고려해야 한다는 점이다. 통일의 주체이며 대상인 한민족은 한반도의 남과 북의 두 개의 정치체제로 나누어져 있는 상태이다. 따라서 한쪽 당사자인 대한민국은 분단현실을 반영하여 민족이익을 고려해야 할 의무와 권리가 있다.

그러므로 대한민국은 국가이익 추구라는 현실적인 목표와 북한을 고려한 민족이익의 추구라는 당위성을 동시에 수용해야 하는 어려운 문제에 직면해 있다. 중요한 것은 민족이익을 추구하되 국가존망의 이익을 희생할 수는 없다는 사실이다.[65]

---

65) 이 문제를 구영록 교수는 다음과 같이 밝히고 있다. '우리'라는 존재를 살리는 틀 속에서 민족통일이라는 최고의 민족이익이 추구되어야 한다. 민족이익의 최상의 목표가 통일이라는 절대적인 대의이기 때문에 대한민국은 어떠한 위험과 모험을 하는 한이 있더라도 이를 감수하고 곧 통일해야 한다는 극단적인 주장은 국가이익을 위태롭게 할 뿐만 아니라, 민족을 번영된 조국에서 살 수 있게 하는 민족이익을 달성할 수도 없게 만들 것이다.

통일을 달성하는 것도 중요하지만 어떠한 방식으로 어떠한 형태의 통일을 이룰 것인가 하는 점은 더욱 중요하다. 통일이 절대적인 가치이기 때문에 수단과 방법을 가리지 않고 통일을 이루어야 한다는 주장은 받아들일 수 없다. 적어도 대한민국의 국가가치가 반영되고 국가이익과 국가목표가 달성될 수 있는 통일이어야만 한다. 즉, 민족 대다수가 번영된 조국에서 행복한 삶을 영위할 수 있는 그러한 통일이어야 하는 것이다.

남북한이 국가이익과 민족이익을 동시에 실천할 수 있는 방법은 보다 자유롭고 풍요로우며 행복한 삶을 창출하는 우월한 체제가 주축이 되어 통일을 이루어 나가되 쌍방이 기능주의적 접근방법을 통하여 정치, 경제, 사회면에서 수렴과정을 거침으로써 통일의 후유증을 없애는 것이라는 주장이 설득력을 갖는다. 아울러 남북한간의 체제경쟁이 남한의 일방적인 승리로 끝났다는 사실은 남북통일이 우리의 주도로 진행될 수밖에 없으며 대한민국의 국민들이 보다 많은 책임과 의무를 가져야 한다는 점을 일깨워 준다.

안보위협도 국가간의 경제적 마찰과 갈등, 대량살상무기의 확산, 테러, 환경, 마약, 무기밀매, 국제범죄, 난민과 인권 등 인류공통의 문제를 중심으로 다양하게 제기되고 있다. 이처럼 다양한 분야에서 새로이 제기되는 안보위협에 효과적으로 대비하고, 한반도의 안정과 평화 그리고 국가의 번영과 발전에 유리한 국제환경을 조성하기 위해서는 우선 미국과의 안보동맹을 확고히 유지하는 가운데 일본, 중국과 러시아 등 역내 국가들과의 우호협력관계를 긴밀히 유지하며 발전시켜 나가야 한다. 아울러 동북아지역의 안정과 평화를 위해 역내 국가간의 다자간 대화와 협력 체제를 발전시켜 기존의 양자간 협력 체제를 보완하기 위한 노력을 병행해야 할 것이다. 이를 위해 우리는 세계 공동의 안보문제 해결을 위한 유엔 등 국제기구들의 국제적 노력에 적극 동참하여 국제사회의 일원으로서 책임과 역할을 다해야 할 것이다.

대체로 통일의 목표, 통일방안의 수립, 북핵문제의 해결 등은 국가 생존과 국민의 생명 및 재산에 직간접 영향을 주는 안보전략적 사안이라 볼 수 있다. 한편, 대북지원과 남북경협 사업은 남북관계의 진전과 특수성을 고려하면서 북한의 변화와 개방을 위해 활용할 수 있는 정책적 수단이다.

우리 대한민국은 국민의 합의와 지지를 바탕으로 내외의 도전과 위협을 슬기롭게 극복하고 번영과 발전의 기반을 다지기 위해 국가안보전략을 수립하고 있다. 그 일환으로 추진되는 평화통일전략이 명료하지 않거나, 분야별 또는 부처별로 제각기 유리되어 추진될 경우에는 그 전략은 실효성을 거두기 어려울 뿐 아니라 국민적 지지를 얻을 수도 없다.

6. 통일비용의 법적·제도적 준비

통일비용은 통일한국이 통일로 인해 부담해야 할 비용으로 통일된 이후 통일 정부가 10여 년 동안 북한의 경제를 남한 수준으로 끌어올리기 위해 투자해야 할 비용을 뜻한다. 통일비용은 사회간접자본 확충, 실업보상과 고용대책, 노후화된 산업시설의 교체와 신규시설 투자, 주택보수 등에 쓰이며 북한이 안고 있는 외채상환 비용도 포함된다.

한반도통일은 일시적 과업이 아니라 새로운 역사창조를 위한 지속적인 대장정이기 때문에 많은 통일비용이 소요된다. 우리보다 먼저 평화통일을 달성한 독일의 경우 1990년 초기 단계에서 심각한 후유증을 경험하였다. 통일독일은 동독지역에 매년 약 1,000억 달러씩을 투자하였으며, 통일 후 20년 동안 약 2조 달러가 투자된 것으로 집계되고 있다. 즉 이질적인 사회가 결합되는 과정에서 대규모 경제적인 지출은 피할 수 없는 상황으로 여겨진다.

따라서 통일을 준비하는 과정에서 재정 지출요인을 파악하고 필요한 재원을 조달할 수 있는 실질적인 방안이 모색되어야 할 것이다. 통일이라는 혜택은 장기간에 나타나는 반면 통일비용은 통일 전후 단기간에 집중적으로 이루어져야 한다. 그리고 이를 부담하는 계층과 수혜계층이 일치하지 않는다. 따라서 통일비용을 마련하기 위해서는 경제적 성장은 필수적인 요소이다.

그러나 비록 통일비용이 큰 것이라 할지라도 장기적으로 보면 그것이 분단에 따르는 비용과 고통보다 클 수는 없을 것이다. 군사적 대립에 따른 막대한 군사비와 각종 기회비용 등 분단관리에 소요되는 유무형의 경제적 손실을 감안할 때 통일은 결코 포기할 수 없는 남북한이 풀어야 할 민족적인 과제이다.[66] 즉 통일의 주인공인 우

---

66) 독일 통일 이후 가장 달라진 것이 무엇이냐고 독일인들에게 물어보면 "막대한 비용과 후유증이 따르고 있지만 우리가 이룬 값진 통일, 그 자체가 무엇과도 바꿀 수 없는 것"이라고 대답한다.

리가 우리 사회의 경제력을 키워 가면서 통일에 대비해야 한다. 그리고 경제교류와 환경보호, 민족문화의 재창조 등 다양한 측면에서 통일은 비용보다 새로운 기회를 창출할 가능성도 높다는 점을 인식해야 한다.

통일비용과 관련하여 20개 이상의 기관과 학자들이 다양한 의견을 제시하고 있다. 그리고 국민들은 이 다양한 의견에 혼돈되고 그 엄청난 비용에 일종의 통일 기피 내지는 공포증까지 갖게 되는 경향까지 생겼다. 그러나 이 비용 산출에는 개념이 명확치 않은데다 통일 후의 '민족발전을 위한 투자액'을 포함하고 있다. 그러나 투자가 소모적인 비용이 아니라는 것은 경제의 문외한도 다 알 수 있는 상식이다. 또 이런 통일비용과 부작용은 우리가 영원히 회피할 수 있는 것이 아니라 언젠가 한번은 소요될 비용이요, 겪어야 할 부담이다. 특히 기왕 겪어야 할 부담이라면 가급적 빨리 겪는 것이 훨씬 나은 그런 성격의 것이라는 데 유의할 필요가 있다. 통일시시가 늦어질수록 통일비용 역시 기하급수적으로 커질 것이라는 것은 대체로 공통된 결론이다.[67]

그러나 통일비용과 통일의 부작용을 고려할 때 잊어서는 안 되는 것이 있다. 우리가 분단되어 있음으로 해서 겪고 있는 엄청난 규모의 무의미한 소모성 비용과 극심한 국가적이고 국민적인 어려움에 관한 것이다. 따라서 남북한은 통일을 이루어 나가는 과정에서 분

---

67) 매일경제, 1997년 10월 23일자; 김희상, 『21세기 한국안보』, 전광, 2000, pp. 236-238, 참조.

단비용을 최소화하고 통일시 합리적이고 경제적인 통일작업이 이루어지도록 노력해야 한다. 이러한 통일비용은 통일준비단계에서부터 준비할 필요가 있다. 독일은 이러한 준비가 미흡하여 통일초기단계에서 많은 어려움을 겪었다.

우리가 통일비용과 기금문제를 연구하려면, 우리보다 앞서서 통일한 독일의 사례를 보다 면밀히 분석할 필요가 있다. 독일 통일기금은 1990년 5월 18일 양독 정부간에 체결된 화폐통합조약에 근거해 연방정부의 특별재산으로써 설립되었다. 이 기금의 목적은 1994년 말까지 과도기 동안 신연방주의 공공재정을 확보하기 위한 것이었다. 서독에는 연방정부와 주 정부 상호간에 부가가치세 배분 및 연방정부의 교부금 지원을 통해 각 주정부의 1인당 평균 조세수입이 동일하게 배분되도록 하는 재정균형제도가 있었다. 이를 통해 재정이 약한 주들은 조정교부금을 받아왔다. 그러나 이 제도를 적용할 경우 신연방주의 조세수입이 너무 낮기 때문에 지금까지 조정교부금을 지출해오던 주들은 몇 배나 많은 금액을 교부해야 할 형편이었다. 이 때문에 독일은 1994년까지 재정균형제도를 신연방주에 적용하지 않기로 하는 대신 독일 통일기금을 설립하여 신연방주의 공공재정을 지원하기로 하였다. 1995년 1월 1일부터 신연방주도 재정균형제도에 편입됨으로써 통일 후 재정제도의 완전한 통합이 이룩되었으며, 신연방주는 보다 지속적이고 안정적으로 재원을 지원받게 되었다.

통일기금은 1990년부터 94년까지 총 1,607억 마르크(약 80조원)이며, 이중 950억 마르크는 기채를 통해, 496억 마르크는 연방정부, 161억 마르크는 서독 주 정부의 보조금을 통해 조성되었다.

〈표 2-1〉 독일통일기금 조달 및 지출내역(단위: 억 마르크)

구 분		90년 하반기	91년	92년	93년	94년	총 액
총액		220	350	339	352	346	1607
조 달	예산	20	40	99	202	296	657
	기채	200	310	240	150	50	950
지 출	동독주(60%)		210	203	211	208	832
	지자체(40%)		140	136	141	138	555

1990년부터 1994년까지 신연방주와 동베를린은 이 기금으로부터 주민 수에 비례하여 지원을 받았다. 신 연방주는 자기 쪽에 지원된 재원의 40%를 그 주에 속해 있는 지방자치단체에 재배분하였다.

한반도에서는 급박하게 전개될 수 있는 통일에 대비한 비용을 어떻게 준비할 것인가에 대한 논의가 부족하다. 이명박정부에서 통일세의 정책화가 좌절된 후 '통일항아리'가 만들어졌으나 박근혜정부에서는 복지문제로 이마저 구현되지 못하고 있다. 정부 내에서 간헐적으로 진행되던 통일비용 논의가 최근 완전히 자취를 감췄다. 정부로서는 경기둔화 속에서 사회복지비와 교육비 지출이 꾸준히 늘면서 재정이 적자에 머물러 통일비용은 생각할 여력조차 없는 실정이다.

오랫동안 통일을 준비해온 독일만 해도 갑작스런 통일 이후 후유증에 시달렸다. 독일이 지난 1990년 통일을 이루기 전 서독 정부는 앞에서 설명한 대로 통일 비용으로 약 1조 마르크(약 500조원)을 예상했다. 하지만 이 예상은 빗나갔다. 1990년 통일 당시 동독의 1인당 총생산은 서독의 3분의 1 수준이었다. 이에 따라 독일은 통일비용으로 10년간 약 1000조원을 투입하고도 극심한 생산성 저하와 실업난으로 고통을 겪었다. 이것은 20년간 약 2000조원을 투입하고야 성장동력을 찾을 수 있었다.

통일로 인한 독일의 경제적 고통을 목격한 우리나라 정부는 1990년대 중반 국책연구기관을 통해 한반도 통일 비용을 산출하도록 했다. 통일비용의 추정규모는 연구자의 통일비용에 대한 개념 및 통일비용 산출과 관련한 기본가정이 달라 크게 차이가 난다. 예를 들어 통일이 되었을 때 남북한의 경제력 차이는 어느 정도인지, 그리고 통일 이후 북한지역의 소득수준을 어느 정도까지 끌어올리는 것을 목표로 하는지 등에 따라 추정결과가 달라진다.

한국개발연구원[KDI]은 재정지원과 사회간접자본 투자를 포함해 850억~2,400억 달러(76조~216조원)가 필요한 것으로 분석했고 대통령자문기구인 정책기획위원회는 사회간접자본 확충, 북한 주민에 대한 생계보조, 민간기업의 투자까지 합쳐 약 4,400억~1조 2,000억 달러(396조~1,080조원)로 추산했다.

통일부는 2011년 통일비용에 대한 연구에서 2020년을 목표로 한 단기형시나리오에서는 약 1,261조원을, 2030년을 목표로 한 중기형 시나리오에서는 2,836조원을, 2040년을 목표로 한 장기형 시나리오에서는 3,277조원의 통일비용을 최대치로 추산하였다.

　이 밖에 해외 관련 연구기관들 역시 한반도 통일비용을 추정하였는데, 골드먼삭스 등 주요 기관들이 추정한 통일비용은 통일 시기와 방법 등에 따라 10년간 최소 1,500억 달러(141조원)에서 최대 3조 5,000억 달러(3,290조원)에 달한다. 스탠더드 앤드 푸어스(S&P)는 2012년 "통일비용이 한국 GDP의 2~3배인 1,400조~2,100조원에 이를 것"이라고 내다봤다.

〈표 2-2〉 해외 조사기관 통일비용 추산 내용

조사기관	주요내용	발 표
골드만삭스	통일 후 10년 뒤 북한 1인당 GDP를 남한 수준으로 제고하기 위해 10년간 최소 1500억 달러에서 최대 3조 5천억 달러 소요	2000
무디스	통일 수 5년간 최대 1000억 달러소요	2003
피치	통일 수 10-15년간 매년 150억-200억 달러 소요	2003
홍콩HSBC	통일추기 매년 남한 GDP의 4.4%(약 236억 달)러 소요	2003
S&P	총 통일 비용 GDP의 2-3배인 1400조-2100조원 소요	2012

　비록 통일 비용의 구체적인 액수는 달랐지만 천문학적 자금이 소요될 것이라는 데는 일치했다. 이 때문에 통일에 대한 거부감이 확산되는 등 우리 사회 내부에 상당한 파장을 몰고 왔다. 이렇듯 통일비용이 워낙 방대한만큼 북한경제가 어느 정도 회복된 후 점진적으로 통합하는 게 유리하다고 주장하는 일부 전문가들도 있다.

　현재 통일과 통일 비용에는 두 가지 주장이 대립하고 있다. 우선

통일 비용이 엄청난만큼 통일에 소극적인 입장을 보이는 여론이다. 반면, 통일 비용은 현재 우리가 부담하고 있는 분단 비용으로 상당 부분 상쇄할 수 있는만큼 비용 때문에 수동적인 자세를 가질 필요가 없다는 의견이 있다.

통일 비용은 '통일 편익Unification benefit' 과 동시에 고려하면 이해가 분명해진다. 통일 편익은 분단 비용 해소에 따른 이익과 함께 통일 한국의 비전과 관련해 미래에 발생할 이익을 포함한다. 이런 점에서 통일은 그 자체가 '미래재(未來材)' 의 성격을 지닌다.

결국 통일 비용과 편익이라는 경제적 측면과 동북아의 국제정치적 측면이 종합적으로 고려돼야 통일에 대한 비전이 확실하게 제시될 것이다. 남북한 경협은 이러한 상황을 고려해 북한에 단순히 물고기를 던져주는 방식이 아니라 물고기 잡는 방식을 알려주는 경제구조 개선에 기여하는 쪽으로 진행돼야 한다. 통일비용을 최소화하기 위해서는 북한의 경제적 난관을 해소시키는 방향으로 남북한 경제협력을 확대함으로써 통일의 후유증을 줄일 수 있다는 것이다. 그러나 한반도에서의 통일비용이 아무리 많아도 장기적으로 보면, 분단체제를 유지하기 위해 드는 분단비용보다는 적게 든다.

대북 지원에 대한 인도적 측면과 수익적 측면을 구분해 경협이 통일 과정에서 비용을 절감하는 사전투자로 진행돼야 한다. 현재 한국은 경제가 어려워지고 북한핵과 천안함사태 등으로 통일에 대한 심도 있는 대안을 제시하지 못하고 있다. 그러나 선진국으로 가는 길목에서 통일은 도전이나 기회가 될 수 있다. 이제 정부에서도 점진적인 통일의 모습과 과정 등에 따른 통일비용을 준비해나가야 할 것이다.

하지만 남북이 대치상태에 있을 경우 유발되는 군비 등 '분단 비용'의 부담이 상당한 점을 감안하면 남북한 관계개선과 경협을 기반으로 북한이 개혁·개방을 통해 스스로 성장할 수 있도록 해줘야 한다는 목소리가 높아지고 있다. 만일 북한이 스스로 성장하지 못한 상태에서 느닷없이 붕괴될 경우 우리나라가 부담해야 비용은 상상을 초월한다. 남북관계를 단순히 긴장완화 차원이 아니라 통일까지 내다보며 긴 안목에서 차근차근 준비하는 것이 필요한 이유가 바로 여기에 있다.

통일비용의 준비를 위해 정부차원에서 통일세를 거둘 필요가 있다. 통일세는 다음과 같은 여섯 가지의 큰 장점이 있다. 첫째, 정부에는 통일에 대한 자신감을 준다. 둘째, 국민들에게는 나도 통일준비에 참여하고 있다는 긍지와 자부심을 준다. 셋째, 북한 김정은과 그 체제에는 두려움의 대상이 된다. 넷째, 북한주민에게는 동경과 안도의 대상이 된다. 다섯째, 세계를 향해서는 통일을 준비하는 한국민의 의지를 알릴 수 있다. 여섯째, 통일이 미래의 과제가 아닌 현재 진행형의 과제라는 인식을 줄 수 있다. 특히 '통일기금법'을 제정하면, 통일을 위한 경제적인 준비를 점진적으로 해나갈 수 있을 뿐만 아니라 북한정권과 북한주민을 자극하여 북한의 변화를 촉진할 수 있는 요소로 작용할 것이다.

문제는 통일세의 거출 방식이다. 국민들은 직접세에 부담을 느낄 수 있다. 경제가 어려워지면 그 부담은 더욱 커진다. 따라서 부가가치세와 절충하여 간접세의 형식으로 큰 부담 없이 거두는 방안이 최선의 안이 될 수 있다. 여야가 합의하에 통일세 항목을 신설하여 조금씩 모아 간다면 통일의 종자돈이 될 것이다.

우리가 통일에 대비한 통일비용을 조금씩 준비해나갈 때 통일은 소리 없이 우리에게 다가설 수 있을 것이다. 이를 위해서는 정부차원에서 주도적으로 준비를 해야 하지만 민간차원에서의 준비도 병행되어야 할 것이다.

통일전략은 국가안보전략의 큰 틀에서 추진되어야 한다. 국가지도자는 시대적인 소명의식을 갖고 헌법에 명시된 의무와 책임을 성실히 수행해야 한다.

제3절
평화통일전략의 추진방향

1. 안보: 자주적 협력안보체제 구축

한반도 통일의 실질적 의미는 남북한 체제통합의 최종적 형태로서 남북한 주민의 단일 생활공동체를 형성한 상태라고 규정할 수 있을 것이다. 즉 "1민족 1국가 1체제 1정부의 단일 주권국가의 상태"가 달성되는 것을 의미한다.

통일 이후 대내환경의 안보적 의미는 '동북아 5대국 체제'를 이끄는 '준 강대국'으로서 걸맞은 안보전략을 요구하고 있다. 이를 위해서는 주변국들의 저항과 의심의 대상이 아니면서 외교력과 군사력을 발휘하는 역량을 보유해야 한다.

통일을 위해서는 주변국의 협력과 사실상의 승인이 전제가 되어야 하므로 이 문제는 지역 안보협력체 내에서 합의도출을 할 수 있도록 노력해야 할 것이다. 독일의 통일과정에서 서독이 미국과 소련의 사실상의 승인을 얻어낸 것은 기존의 유럽안보협력기구[68]와 같은 다자간 안보협력체가 근간으로 작용하였음을 잊어서는 안 된다. 북한의 핵 미사일 등 대량살상무기 문제 해결에서도 동북아 지역의 다자안보협력체제의 구축이 필요하다.

통일이 달성될 때까지의 안보정책의 목표는 평시에는 전쟁을 억제하고 유사시에는 승리하는 것이다. 따라서 한국은 북한의 무력침공에 대해 이를 방어할 수 있고, 북한의 무력행위를 억지 할 수 있는 군사력을 확보해야 한다.

따라서 한국은 자주국방 정책을 계속 추진하고, 안보협력을 강화해 나가야 한다. 남북한 관계는 화해협력을 근간으로 발전시키며, 주변 4국을 활용하는 안보정책은 통일이 될 때까지 지속적으로 추진해야 한다. 정치, 군사, 경제적 취약성은 안보의 위협으로 가시화 될 수 있다. 안보위협에 대처하기 위해서는 독자적인 역량으로 모자라는 경우가 많을 수도 있다. 따라서 국제적인 역량을 효율적으로 결집하여 대처해야 한다. 한반도의 평화통일을 달성하기 위해서는 지역 내 안보의 주된 축인 한 · 미 동맹과 미 · 일 동맹을 바탕으로 한 아 · 태 지역 내 다자간 안보대화와 협력의 활성화가 필요하다.

통일 이후 대외환경의 안보적 의미는 정치적으로 한미 동맹관계 및 주한미군의 위상 변화, 미국과 중국 간의 군사 · 정치적 관계 변화, 이에 대한 일본과 러시아의 반응 등 동북아 안보구도에 필연적인 변화가 초래될 것이다. 즉 통일한국에 결코 유리하지 않을 전략 환경에 직면할 가능성이 높다. 주변국들로부터 오는 잠재적 위협

---

68) CSCE(Conference on Security and Cooperation in Europe)는 1994년 12월 5일 부다페스트 정상회담 선언에 의해 1995년 1월 1일부로 그 명칭이 OSCE (Organization for Security and Cooperation in Europe)로 변경되었다. 이는 종래의 회의나 포럼형태에서 분쟁의 예방과 해결을 추진하는 기구로의 위상을 격상시킴으로써 그 기능과 조직을 강화하고자 하는 데 그 목적이 있다.

은 오히려 증대될 것이며 위협과 도전은 경제, 사회, 환경, 정보 등 포괄적인 위협으로 확대될 수 있다.

'통일'의 장기안보전략에 대한 시사점은 통일한국이 국가위상을 자주적으로 결정해야 한다는 점이다. 통일한국의 안보전략 주요 변수인 동북아 안보환경, 한국과 주변 국가들과의 안보협력 관계, 한미동맹의 존속 여부와 통일한국의 군사력 수준 등을 자주적으로 판단해야 한다. 통일 이후 변화된 대내외 안보환경을 능동적으로 망라하여 위협분석을 선행해야 한다.

통일한국군의 군사목표는 포괄적 안보를 추구하며, 한반도 중심의 전략에서 벗어나 지역적이고 국제적 위상을 높이는 데 두고 독자적인 방위충분성 전력을 확보해 나가야 할 것이다. 통일한국군은 소수정예의 상비군과 동원군 체제 건설을 위하여 군사독트린과 군사혁신을 극대화시키는 방향으로 군사통합을 구현해 나가야 한다.

안보전략의 기본과제는 소극적으로는 통일한국의 주권과 영토를 수호하는 것이며, 적극적으로는 이익을 주장하고 증진하는 데 있다. 즉 국가안보와 국제정치적 영향력 확보가 주 목표이다.

통일한국이 21C 주변국의 위협에 효율적으로 대응하기 위해서는 대외적인 군사협력을 확대하고, 군의 현대화를 통하여 방위능력을 개선하며, 국방 관리체계를 혁신해 나가야 할 것이다.

2. 외교: 평화통일을 위한 국제환경 조성

21세기의 국제질서는 도전인 동시에 기회이다. 한반도의 통일이 국제정치적인 문제이고 지역 내에서 적지 않는 파장을 일으킬 현상의 변경임을 감안할 때 평화통일을 위해서는 국제 정치적 여건의 조성이 필요하다. 한국의 국제적 영향력은 국력에 비해 아직도 부족하며, 국제적 게임의 규칙을 제정하는 데 참여하기보다는 제정된 규칙을 강요받고 있는 실정이다. 따라서 우리는 국력에 맞는 영향력을 확보하여 평화통일을 위해 적절히 활용해야 할 것이다.

대한민국은 통일 이전과 이후로 구분하여 외교전략(外交戰略)을 운용해야 한다. 통일 이전의 외교목표는 북한의 대외관계 '정상화'를 유도하여 북한이 주변국을 포함한 세계 주요국가와의 정상적인 외교관계를 수립할 수 있도록 지원해야 할 것이다. 통일 이후의 외교전략은 냉전의 시대보다도 더 어렵고 복잡한 외교환경 속에서 일관되고 통합되며 효율적으로 추진되어야 한다.

세계화시대에는 안보, 경제, 외교정책이 다층구조를 이루고 상호연계 되어 있다. 따라서 각 정책 간의 상충성을 줄이고 이를 전체적으로 조망할 수 있는 다차원적이고 종합적인 정책이 요구된다. 따라서 그동안 긍정적인 방향으로 변화하고 있는 지역 정세를 주도적으로 활용하여 한·미 안보동맹을 유지하면서 주변국들과의 균형외교를 취하여 동북아 평화체제 구상을 구체화하여야 한다.

평화통일을 위한 여건과 기반을 강화하기 위하여, 외교적으로 사전에 충분한 협력관계를 조성해야 한다. 특히 정부지도자를 포함한 외교담당 인력과 조직의 전문성과 합리성을 발휘하도록 조성해야 한다.

북한의 개방과 국제화를 지원하여 북한 외교형태의 예측 가능성을 높여 나가야 한다. 한반도 냉전구조해체를 위해서는 북한이 국제사회에서 정상적으로 활동할 수 있도록 여건을 지원해야 할 것이다. 북한의 핵개발 및 대량살상무기 비확산에 대한 북한측의 의지와 투명성을 유도하여, '벼랑 끝 외교'를 중단하고 외교고립을 탈피하도록 지원해야 한다.

평화통일을 지원하고 보장하기 위한 통일외교를 적극적으로 추진해야 한다. 주변국들이 한반도 통일에 거부 및 방해세력이 되지 않도록 오해를 불식시키고, 협력을 증진하는 등 여건을 조성해야 한다. '통일한국의 외교노선(外交路線)'을 조기에 표명하고, 지역안정과 협력사업 추진 등 주변국들을 통일지원세력으로 만드는 노력을 병행해 나가야 한다.

평화통일을 위해 한국외교의 가장 중요한 과제는 독립국가로서의 한국의 생존을 보장하면서 통일을 위한 국제정치적 여건을 조성하는 것이다. 이를 위해서는 많은 개연성에 대처할 수 있는 탄력적인 전략이 요구된다. 평화통일을 위한 환경조성을 위한 외교는 다원화, 다변화, 다자화를 통해 국가위상을 제고하고, 주변 4국을 포함한 세계 각국이 통일의 필요성을 이해하고 평화통일을 위한 협력을 할 수 있도록 유도해야 한다. 한국은 외교적 역량을 그 어느때 보다 더 발휘하여 전통적 동맹국과의 유대를 더욱 강화해 나가면서, 기타 국가들과 협조체제를 새롭게 다져 나감으로써 새로운 국제질서에 능동적이고 창의적으로 대처해야 할 것이다.

통일 이후의 외교목표는 통일의 공고화를 위한 대외협력을 유지하면서 통일과정을 효율적으로 수습하고, 대내외의 반통일적 세력을 차단할 수 있도록 미국을 비롯하여 중국과 러시아 및 일본의 지속적 협력과 지지를 확보하면서 5국체제의 동북아 평화 및 안정에 기여해야 한다. 한반도 통일로 인해 동북아지역에서 큰 역학변동이 발생하지 않도록 통일정부가 능동적이고 적극적으로 정치, 경

〈그림 2-1〉 평화통일을 위한 중장기 외교목표와 추진방향

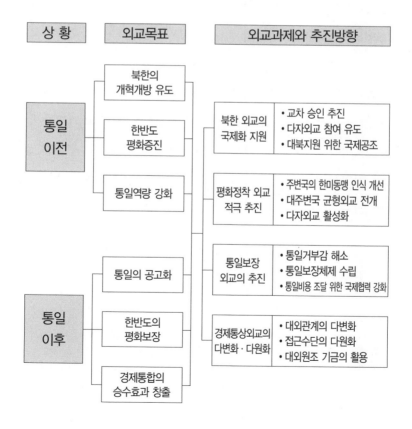

제, 군사 및 문화 분야에 걸쳐 국가 간의 협력 체제를 추구함으로써 통일한국의 역량을 과시해야 한다.

국제환경의 변화에 대하여 적실성 있는 통일외교의 기조를 제대로 수립하기 위해서는 통일을 위한 정치적, 경제적, 사회적 기반의 확립이 우선적으로 필요하다. 이러한 국내적 기반의 확립 위에서 일관되고 자주적인 통일정책과 통일외교정책을 수립하고 추진해야만 소모적인 시행착오를 피할 수 있고, 통일목표를 실현하는 과정에서 예상치 못한 난관에 봉착하더라도 장기적인 안목과 인내로써 이를 극복할 수 있다. 즉 일관된 원칙을 가지고 자주적인 외교정책을 추진하면, 정부에 대한 국민의 신뢰도가 높아지기 때문에 정책 추진에 힘을 받을 수 있을 것이다.[69]

우리 외교가 주변 열강외교와 비교하여 더 길고 넓은 시공간을 활용하여 군사력과 경제력 같은 전통적인 힘과 정보, 지식과 같은 21세기 힘을 누구보다도 조화 있게 추진하는 창조적 외교를 실시할 수 있을 때, 통일전후의 자주외교의 길은 자연스럽게 열릴 것이다. 평화통일을 위한 중장기 외교 전략의 주요 과제는 〈그림 2-1〉과 같다.

---

69) 백학순 편, 『남북한 통일외교의 구조와 전략』 (서울: 세종연구소, 1997), p. 202.

3. 정치: 평화와 번영의 민족공동체 형성

우리가 평화통일전략을 추진함에 있어서 가장 중요한 요소는 올바른 대 북한관계를 정립하기 위해 일관되게 기본원칙을 준수해야 한다는 점이다. 이 기본원칙은 국민적 공감대를 바탕으로 수립된 3단계 통일방안이다. 이것은 한국의 정부 교체, 북한 내부의 변화, 또는 남북한 관계 변화 등 많은 발생 가능한 변수들을 소화하면서 점진적이고 지속적으로 추진되어야 한다.

남북한 관계에서는 평화공존을 일차적 목표로 접근해야 한다. 조기 통일보다는 상호 병립 가능한 정상적인 국가관계 발전에 일차적인 목표를 설정해야 한다.

통일은 가능한 평화적이고 자주적이며 능동적으로 추진되어야 한다. 우리는 북한에 비하여 주도성과 능동성을 발휘하여, 남북한 관계를 사안에 따라 일희일비하는 '전술적(戰術的)차원'에서 한반도 평화 및 한민족공동체 형성을 위한 '전략적(戰略的)차원'으로 격상시켜야 한다.

남북한 관계 발전을 위한 전략적 기반은 남북기본합의서 내용의 실질적 이행에 두어야 한다. 남북한간에 화해 및 교류의 제도적인 추진을 추구해야 한다. 한국이 주도적인 대북 교류협력을 통한 적대의식 해소와 분단의 평화적 관리를 도모하기 위해서는 신축적이고 포괄적인 '상호주의전략(相互主義戰略)'이 필요하다. 남북관계는 체제이념, 경제방식, 이윤보장 및 제도가 상이하여 이를 해결하기 위해서는 정부의 주도적인 역할 수행이 불가피할 것이다.

화해협력의 성숙단계에서는 정부와 민간차원에서 서로간에 '협력적 분담' 방식으로 전환하여 정경분리(政經分離) 및 상호주의를 신축적으로 적용할 필요성이 증가할 것이다. 북한의 민간경제교류를 위한 제도가 구비되고 신뢰가 형성되면, 경제교류 및 협력사업의 대부분은 민간부문이 담당하도록 하되, 정부차원에서는 소수의 대규모 사회 간접자본 투자사업에 집중하여 정경연계(政經連繫)와 상호주의를 적용해야 할 것이다.

남북한은 한반도에 평화공존이 유지될 수 있는 여건을 조성해 나가야 한다. 1992년 체결한 남북기본합의서 내용의 실질적인 이행을 추구하여야 한다. 그리고 남북한 합의에 의한 평화통일의 추진체로서 남북한 정상회담을 정례화해야 한다.

〈표 2-3〉 바람직한 한국의 장기 대북 접근체계

상 황	남북한 관계	국가형태	국가특성	운영방식
정전체제	여건조성	개별국가	1민족 2국가 2체제 2정부	남북한 정부의 주권행사
	화해협력			
평화체제	평화공존			
		남북연합	1민족 2국가 2체제 2정부	남북한 협의기구 운영
통일체제		통일국가	1민족 2국가 2체제 2정부	통일정부의 주권행사

남북한 당사자간의 한반도 평화협정 체결도 추진되어야 한다. 남북한 기본합의서 정신에 입각하여 정전협정 체제를 한반도 평화협

정 체제로 전환하는 노력이 중요하다. 남북한간 평화협정 체결과 이에 대한 미국과 중국의 보장, 나아가서 유엔이 보장하는 소위 '2+2 방식'을 고수하되, 보조차원에서 미·북 평화협정 체결 또는 다른 형태의 한반도 평화협정도 수용할 수 있도록 검토해야 한다.

남북한간의 군축은 남북한 연합의 필요충분조건으로 설정하여 추진해야 한다. 평화체제가 정착되면 남북한은 군사비 증가를 상호 자제하여 자본이 긴급하게 소요되는 식량증산, 전력생산 및 소비제품 생산에 투자할 기회를 보장해야 할 것이다. 기초적인 군사적 신뢰구축 조치가 달성되는 시점이 되면, 군비통제 문제를 적극적으로 해결하는 접근이 필요할 것이다.

우리는 한반도 냉전구조해체를 위한 국제적 협조를 확보해야 한다. 이를 위해서는 주변국과의 적극적인 협력관계를 유지하고, 대북 전쟁 억지력을 외교차원에서 확보하는 한편, 한반도의 냉전구조 해체를 위해서 주변국과의 관계를 더욱 강화해야 한다. 한반도의 지정학 및 지경학적 유리점을 활용하여, 남북한 관계의 진전이 조기에 지역 다자안보 협력체제의 발족에 유리하도록 여건을 조성해 나가야 한다.

국제기구에 남북 공동 참여도 적극적으로 추진해야 한다. 북한이 국제사회에서 정상적인 국가로서 활동하고 인정받음으로써 대량살상무기 확산 및 수출, 테러지원, 마약불법 거래, 군사력 운용을 자제하는 등 국제규범과 질서에 입각하여 정상적인 대내외 정책을 펴도록 유도해야 한다.

한국정치의 핵심은 통일과정과 통일 이후의 통일 한국의 민주적 관리에 있다. 즉 한국정치의 목표는 궁극적으로 남과 북이 양 체제의 상극성(相剋性)을 극복하고, 수용 가능한 합리적인 체제를 만들어 통일 국가를 평화적으로 이룩하는 것이다. 이를 위해 과도한 국가집중의 위험을 방지하면서, 국가의 효율성을 극대화하도록 노력해야 한다. 대의정치와 경쟁적 민주체제의 확립, 건전한 시민사회의 육성, 민주공동체의 확산, 분권적 정부운영체제 정착은 매우 중요한 요소이다. 우리는 통일한국을 전제로 한 민주공동체의 이상을 실현시켜 가는 과정에서 자유로운 삶, 모두가 함께 하는 인간다운 삶을 달성토록 노력해야 한다.

우리는 통일에 이르는 길을 예측하면서 그 과정이 평화적이고 민주적으로 이루어지도록 북한을 유도하고 설득해야 한다. 분단의 장벽을 허물고 민족통일을 성공적으로 이룩하려면 남과 북은 지금까지의 체제이념, 정치제도, 사회관행 등을 재검토하면서 합리적인 방향으로 전환을 모색해 나가야 한다. 우리는 통일의 시대에 대비하여 북한의 체제와 주민들을 포용할 수 있는 정치이념과 국가체제를 정착시켜야 할 것이다. 정치발전의 요체는 정당성 있는 정치제도와 과정을 통해 사회의 다양한 요구와 갈등이 조정되고 해소되어 사회·정치적으로 안정되고, 국민 각자의 자유와 창의가 사회적 공동선(共同善)의 추구와 효율적으로 조화되어야 한다.

평화통일을 통한 번영된 조국을 구현하기 위해서는 우리가 현재 직면하고 있고, 통일 이후에도 직면할 수밖에 없는 갈등 문제를 효율적으로 완화하고 해소시키는 정책적 배려가 필요하다. 과거의 한국의 국난을 되돌아보면, 국내역량을 미래지향적으로 결집할 수 있는 강력한 정치지도세력의 부재는 국내역량의 분열을 초래하였다. 따라서 건강한 정치지도세력의 등장으로 국론통일이 이루어져야 할 것이다.

4. 경제: 더불어 잘 사는 경제공동체 구성

평화적인 통일을 달성하기 위해서는 통일의 주체인 한국이 경제분야에서 경쟁력을 우선적으로 확보하여야 한다. 한국 경제가 장기 국가안보전략의 통합적 추진의 촉진 및 지지 요인이 되기 위해서는 국제경쟁에서 이겨야 하며, 이를 위해 취약한 경제운영 구조를 개선해 나가야 한다. 최소한 10년 이상의 장기과업으로 자원의 효율적인 배비와 활용을 보장하는 시장원리의 운용에 불필요하고 방해되는 각종 규제를 철폐하고, 민간기업의 자유의지를 장려해야 한다.

통일의 과정에서도 지식과 정보가 가장 중요한 경제적 자원이 될 것이며, 자본과 기술의 이동이 자유로운 국제 자본주의 시장에서 진정한 국가경쟁력의 결정요소는 인적자본의 질이 될 것이다.

우리는 한민족 경제공동체의 구현을 위해 노력해야 한다. 준 강대국의 위상 확보 및 강화를 위하여 한민족의 공동체적인 경제활동을 장려해야 한다. 해외동포를 한국이 세계적 위상을 확보하는 교두보(橋頭堡)이자 민족자산으로 간주하여 국가안보전략 차원에서 보호해야 할 것이다. 한국어 교육의 기회를 대폭 확충해야 한다. 특히, 동북아, 동남아, 중앙아시아, 시베리아 및 서남아시아

지역에 거주하는 한민족을 대상으로 하여 경제협력 및 자원조달의 계기를 확장시켜 나가야 한다.

한반도가 동북아 지역의 물류 중심의 역할을 할 수 있는 기반을 조성해 나가야 한다. 통일 한반도는 지경학적 이점을 극대화하여 환태평양시대의 중심으로 부상할 수 있을 것이다. 통상국가, 정보국가, 교역국가, 문화국가, 관광국가로서의 이미지를 통일 한반도에 재현해야 한다. 대륙과 해양을 연결하는 교통과 통신의 중심축 역할과 동아시아 전역에 걸쳐 센터로서 기능을 강화해 나가야 한다.

지역경제협력을 강화하고 동북아 또는 동아시아의 자유무역지대 창설을 주도하면서 한편으로는 '대중화경제권(大中華經濟圈)' 및 '대동아공영권(大東亞公營圈)'의 통합을 위하여 주변 강대국간 협력 및 조정 역할을 수행해야 한다. 한반도 전체를 교통과 통신의 거점화를 추진하기 위해 남북한에 걸쳐 교통 통신망의 첨단효율화 사업을 지속적으로 추진해야 한다. 유라시아를 연계하는 육상 운송로의 시발점으로서 세계적인 지역주의 추세를 활용하는 방안으로서 '시베리아횡단철도TSR'와 '중국횡단철도TCR'를 한반도종단 철도망과 연결하여 운용하여야 한다.

통일한국의 경제도 수출주도형이 될 수밖에 없을 것이다. 따라서 국제화와 시장경쟁을 통해서 발전할 수밖에 없음으로 개방화 정책이 요구된다. 국제화와 개방화 정책은 정치로부터 경제 영역의 독립을 촉진시키고 사회부분의 독자성과 자율성을 제고시킬 수 있다. 왜냐하면 다자적이고 개방적인 국제질서 속에서 주도적인 입장을 취할 수 있는 국가는 그 국가의 국내 상황이 다자적이고 개방적인 협력에 적응력 있는 국가여야 하기 때문이다.

미래 경제 환경의 주요 특징은 경쟁의 세계화와 경제주권의 약화 현상이 강화되고 있는 점이다. 이는 필연적으로 개방의 가속화, 국제자본 역할의 중요성 증대, 무역시장 구조의 다변화 등을 초래하며, 통일 전 남북 교역과 통일 후 잘 사는 경제공동체 달성에 많은 영향을 줄 것이다. 통일의 시점에서는 효율적인 자원배분과 북한지역의 중점개발이라는 차원에서 일정 기간 동안 국가 주도형 개발전략에 의거 정부의 적극적인 개입과 산업구조 조정이 필요할 것이다. 그러나 장기적인 관점에서는 시장경제체제의 정착에 기여토록 정책의 효율적 운용이 필요하다.

5. 사회: 화합과 통합의 일류사회 실현

한반도의 평화통일을 위해서는 대한민국이 먼저 선진사회를 이룩하여야 한다. 선진사회가 되기 위해서는 제도적인 개혁과 사회구성원들의 의식개혁을 동시에 추진해야 한다. 이를 위해 우리가 역점을 두어야 할 사항은 긍정적인 자아의식의 확립과 건전한 공동체 의식의 확산, 도덕의식의 강조 등을 통한 장기적인 관점에서의 의식개혁운동이다.

한반도는 남북한간의 갈등 뿐 아니라 남남 갈등도 심각하다. 이러한 갈등은 계층(階層)간, 보혁(保革)간, 노사간, 세대간, 지역간 갈등으로 세분화되고 있다.

이러한 갈등상황은 단기적으로는 대립현상이 지속될 것이며, 궁극적으로는 융합과 공존의 단계로 이행할 것이다. 이렇게 보는 이 유는 국민의식 수준의 향상, 타협존중^{Positive Sum} 사회로의 지향, 정치의 민주화와 경제민주화의 상호 연계, 탈냉전 상황의 확산, 권 위주의적 세력의 쇠퇴 등을 들 수 있을 것이다.

우리는 민주주의 사회를 정착시키고 다방면에 걸친 개혁을 추진 하여 화합과 관용의 정신을 바탕으로 갈등요소를 극복하고 더불어 사는 자세를 기르는 것이 매우 중요하다.

왜냐하면 통일을 제대로 추진하기 위해서는 국민적 합의를 증진 해야 하며, 각 집단간 갈등을 넘어서 통일 인식의 공유가 필요하기 때문이다. 우리 내부의 복지와 사회적 균형을 위한 조치를 취하고, 북한 주민과 경제를 위한 투자와 원조를 실시하며 남북한간의 사회 적, 경제적 균형을 유지토록 노력해야 한다. 우리의 사회발전전략 은 경쟁력과 복지를 조화시키는 원칙을 지향해야 한다. 복지사회 의 기반은 풍요로운 사회를 전제로 하는만큼 경쟁력과 복지의 조화 가 사회발전전략의 원칙이 되어야 한다. 한국사회는 성장제일주의 산업화를 추구하며 양적 성장에만 주력하여 계층간의 사회적 격차 도 매우 커졌다. 사회 구성원 모두가 고루 잘 살고 안정된 삶을 누 릴 수 있는 질적 성장에 주력할 필요가 증대되는 시점이다.

세계는 정보화 추세 속에서 경제적, 사회적, 문화적으로 하나의 세계로 통합중이다. 우리가 이런 추세에 능동적인 주체가 되기 위 해서는 대내외적 환경변화에 대한 적응력을 키우고 사회갈등을 해 소할 수 있는 사회적 경쟁력 배양이 중요하다. 특히 남북갈등을 해 결하기 위해서는 지속적으로 화해협력 정책을 추진하면서 북한이 개방과 개혁을 지속적으로 추진하여 통일시 생존능력을 갖추도록 지원해야 할 것이다. 특히 남북 갈등이 위기로 치달아 통일한국의 체제 불안 요인이 되지 않도록 관리해야 한다.

모든 갈등이 상대를 생존공간에서 배제하는 제로섬게임 방식 보다는 상대방과의 공존을 전제로 하는 부분 승리의 관점으로 전개되어야 한다. 통일이전의 준비단계에서도 서로 다른 사고와 문화를 소유한 집단 혹은 세력간의 상생의 문화, 공존의 틀의 확립이 중요하다.

6. 문화: 민족혼 및 민족문화 창달

한반도의 통일시대는 오랜 기간 상이한 제도와 사상 속에서 보내온 남과 북 두 공동체가 하나가 되어 더불어 사는 시대를 의미한다. 문화면에서 통일은 문화적 이질성을 해소하고 동질화를 이루는 것이다. 우리 한민족은 같은 언어, 같은 전통과 관습을 가지고 살아왔다. 정치문화도 일반문화와 같은 틀 속에서 동질적 문화공동체 속에서 살아왔다. 그러나 분단 이후 자유민주주의 정치문화와 사회주의 정치문화 속에서 이념과 사상체계가 이질화되었다.

이렇게 이질화된 문화를 극복하고 동질화를 이루는 것이 문화적 개념의 통일이다. 남북한이 함께 민족혼을 바탕으로 한 새로운 문화 창조를 해나가야 한다. 21세기 통일시대에 대비해서 우리는 한민족 공동체 문화 발전을 위해 남북한의 문화를 발전적으로 통합하는 노력이 필요하다. 그리고 우리 선조의 문화를 복원하고, 문화적인 긍지를 국민들에게 심어줄 수 있는 문화정책의 설계가 필요하다.

　분단 이후 남북한 양측에서 독자적 발전을 추구해 온 문화를 하나로 통합하기 위해서는 우선 양측 문화의 정확한 실태파악이 요구된다. 언어의 이질화, 사회제도와 관습 등의 차이점을 먼저 인식하고 해결방안을 모색해야 한다. 남북한은 그동안 상당한 문화적인 격변기를 경험하였다. 남한에서는 산업화의 과정 속에서 전통문화가 많이 파괴되고 서구문화의 영향을 받아 생활문화나 의식구조에 많은 변화를 초래하였다. 북한은 전통문화를 의도적으로 단절시켰다. 전통문화는 봉건적 잔재로서 새로운 공산주의 사회건설에 장애요소가 된다고 판단하여 이를 철저히 배제하고, 그 위에 주체사상, 계급의식과 혁명성을 채색하였다. 따라서 통일 이후 문화적인 충격을 줄이고 사회통합을 위해서는 이질적으로 형성된 문화를 서로의 교류를 통해 공통 분모화 할 수 있는 방안이 필요하다.

　진정한 남북화해협력 시대를 바탕으로 평화통일을 달성하기 위해서는 우리 사회내부에서부터 서로의 입장을 존중하고 합의를 도출해 나가는 공존의 문화 창출 노력이 필요하다. 즉 문화적인 면에서 국민의 공동체의식을 함양하여 국민의 일체감과 동질성을 갖는 문화를 계승 발전시키는 노력이 요구된다. 한국의 문화가 올바로 정립되지 않으면 이질문화에 쉽게 동화되거나 사상적 혼란에 빠져 주체성을 상실하게 될 것이다.

〈표 2-4〉 평화통일전략 체계도

구 분	세 부 내 용
추진목표	• 평화로운 국토통합 달성 • 공동이익을 추구하는 민족공동체 형성 • 평화통일된 자유 · 민주 · 복지국가 수립 • 균형발전과 화합단결된 일류 통일국가 건설
추진기조	• 민족공동체통일방안의 기본이념 구현 • 화해협력정책의 투명성 · 일관성 보장 • 상호주의전략의 신축성 · 균형성 유지 • 사실상의 통일과 제도적 통일의 병행 추진 • 선 평화정착 후 평화통일 달성 • 통일비용의 법적 · 제도적 준비
추진과제	• 민족공동체 통일방안의 기본이념 구현 • 교류 · 협력사업의 확충과 인도적인 지원 강화 • 화해협력정책의 투명성 · 일관성 보장 • 국토의 균형발전과 통일인프라 구축 • 북한 인권개선 지원 • 상호주의전략의 신축성과 균형성 유지 • 냉전종식과 평화체제 정착 • 북한체제 변화 유도 • 남북관계의 안정적 관리 및 급변사태 대비 • 전쟁포로와 납북자 송환 • 민족공동생활권 형성 • 법적 · 제도적인 통합 추진 • 통일정책의 조화 유지 • 통일기금과 통일세의 법적 · 제도적 보장

정보화 세계화 시대에는 '민족원형(民族原型)'의 표현에 보편성이 요청되며, 삶의 질을 중시하고 문화와 정보를 가치 있게 여기며 문화적 감각이 풍부한 개성 있는 인간을 요구한다. 특히 국가 간의 문화교류가 빈번해지고 문화가 다양화 되고, 현대화 될수록

우리 민족의 문화적 정체성을 확립하고 이를 바탕으로 새로운 문화를 창조하기 위한 노력이 필요하다. 따라서 우리는 표준화 및 현대화 사업을 지속적으로 추진하면서 과학적이고 체계적으로 관리해 나가야 할 것이다.

21세기에는 안보국가, 번영국가일 뿐만 아니라 지식국가, 문화국가라야 생존하면서 통일과 세계의 역사를 주도할 수 있을 것이다. 따라서 우리는 안보와 번영의 무대와 함께 지식과 문화의 무대에도 통합적인 그물망을 쳐야 할 것이다. 지금까지 기술한 평화통일전략을 추진목표, 추진기조와 추진과제를 체계화하면 〈표 2-4〉 평화통일전략 체계도와 같다.

제3장
튼튼한 안보태세 확립방안

튼튼한 안보는 평화통일 구현을 위해 갖추어야 할 우선적인 조건이라 할 수 있다. 박근혜정부가 추구하는 한반도 신뢰프로세스도 튼튼한 안보를 바탕으로 하고 있다는 점은 바로 이러한 중요성을 반영한 것이라 할 것이다. 그렇다면 튼튼한 안보태세를 어떻게 확립할 수 있을 것인가? 이 장에서는 안보태세 확립을 위한 방안으로 우리의 안보전략을 중심으로 검토하려 한다. 안보전략의 목표와 추진기조, 추진방향을 점검하고 이와 함께 평화를 수호하고 창출할 수 있는 역량을 어떻게 확보해 나갈 것인가 주요과제에 대해서도 함께 다루기로 한다.

제1절 안보전략의 목표

제2절 안보전략의 추진기조

제3절 안보전략의 추진과제

제1절 안보전략의 목표

1. 핵심적 국가이익의 보호
2. 대한민국의 주권수호
3. 한반도 평화통일 기반 조성
4. 지역의 안정과 세계평화에 기여

제2절 안보전략의 추진기조

1. 국가 기본역량의 확충
2. 확고한 안보태세 유지 발전
3. 긴장완화와 교류협력의 병행 추진
4. 공고한 평화상태 정착
5. 평화적인 통일과 독립 보장
6. 다자간 지역안보체제 구축

제3절 안보전략의 추진과제

1. 자주적 국방역량과 방위충분성 전력의 확보
2. 영토수호와 평화관리능력 배양
3. 튼튼한 국방태세 확립
4. 견고한 군사동맹 발전
5. 군사적 신뢰구축과 한반도 평화체제 정착 지원

제1절
안보전략의 목표[70]

1. 핵심적인 국가이익의 보호

안보전략에 있어 가장 우선적인 목표는 역시 '핵심적인 국가이익을 보호'하는 일이라 할 수 있다. "모든 국가는 국가이익을 보호하며, 이 국가이익을 구현하기 위하여 힘 또는 권력을 추구한다"는 것이 한스 모겐소[Hans J. Morgenthau] 교수의 국제정치에 관한 핵심적인 이론이다.[71]

대한민국에게 국가안보란 우리가 추구하는 국가이익 가운데 가장 우선순위가 높은 것이다. 왜냐하면 국가의 존망과 직결되는 것이기 때문이다. 즉, 국가안보란 국가생존이 걸린 문제이다. 만일 국가가 생존의 위협을 당하거나 또는 그 존속이 불확실해진다면, 국가가 평상시 추구해야 할 다른 국가이익들은 부수적인 존재가 되거나 희생될 수밖에 없다.

---

70) 안보전략목표의 전반적인 내용은 하정열, 앞의 책, 2009, pp. 289~297 내용을 참조하여 정리한 것임을 밝혀둔다.

71) Hans J. Morgenthau, 『Politics Among Nations; The Struggle for Power and Peace』(New York; Alfred A. Knof, Inc., 1973), p. 36.

어떤 국가든 국가의 존립이 국내외의 적대적인 집단에 의해 위협 당한다면, 헌법 또는 초헌법적 조치로 취할 수 있는 비상사태의 선포, 위수령, 혹은 계엄령 선포 등과 같은 극한적인 조치를 시행하게 된다. 국가의 존립 자체가 위태로운 지경에 이른 경우, 국가 존망의 위기에서 국가를 지키는 이익이이야말로 국가이익 중 최고의 우선순위를 차지할 뿐만 아니라 국가전략에 있어서도 최고의 가치를 지니게 된다.

종전의 개념으로는 국가가 외부로부터 국권이나 영토의 침탈로부터 방호하기 위하여 군사분야나 외교분야가 국가생존전략의 수단이었다. 그러나 지금은 국가와 국민의 생존이 외부의 침략뿐만 아니라 경제, 환경 등에 의해서도 위협 당하고 있다. 따라서 안보전략의 범위는 군사·외교분야를 넘어 생존에 해당되는 모든 분야로 확대 되었다 할 수 있다.

오늘날 국제사회의 모든 국가들은 자국의 이익을 확대하기 위하여 부단히 노력하고 있다. 모든 국가가 보편적으로 추구하고 있는 이익을 국가이익이라 하는데, 국가 이익 중에서 가장 중요한 것은 국가안보, 경제발전, 국가위신이라 할 수 있다.[72] 이들 세 가지 요

---

72) 로버트 오스굿(Robert Osgood)은 국가이익의 근본요소를 국가안보 또는 자기보호(self-preservation)라고 표현한다. 영토의 보전, 정치적 독립, 정치제도의 유지 등이 자기보존이며, 자급자족 능력, 국가위신, 민족적 영광 등은 국가이익의 추가적인 요소로 간주한다. 찰스 베어드(Charles A. Beard)는 국가이익의 핵심적 요소로 영토의 보전과 경제적 번영을 꼽고 있으며, 알렉산더 조지(Alexander L. George)와 로버트 코헨(Robert Keohane)은 국가안보, 정치적 자유, 경제적 번영 등을 포함시키고 있다. 한편 한스 모겐소(Hans Morgenthau)는 국가이익의 가장 중요한 요소로 국가안보를 지적하고, 국가안보는 영토의 보전, 정치제도의 유지, 민족문화의 창달 등을 포함하는 개념으로 설명한다.

소들은 상호 보완적인 성격을 가지고 있으며, 개별 국가의 국력을 가늠하는 척도가 되고 있다. 예컨대 경제발전이 이룩되면 군사력의 증강이 용이해지며, 군사력이 증강되면 국가안보가 강화될 수 있고, 국가안보와 경제발전의 증진은 결과적으로 국가의 위신을 높여준다. 따라서 모든 국가는 국가이익을 꾸준히 증대시켜 강력한 국력을 키우려고 노력하게 된다.[73]

대한민국은 국내적으로는 국가안보를 튼튼히 하는 일과 지속적인 경제성장, 한반도 차원에서는 북핵문제 해결과 남북간 항구적인 평화정착, 나아가 평화통일이라는 복수의 과제들을 안고 있지만, 동시에 동북아 차원에서도 평화와 번영질서 유지에 공헌해야 한다는 중차대한 과제를 안고 있다. 그런데 이러한 과제들은 긴밀하게 연동되어 있다. 동북아 차원의 평화 번영의 기반 없이 대한민국의 평화와 번영이 성립되기는 어려운 일이다. 더욱이 대한민국은 20세기의 국가위상과 달리 동북아 지역질서의 형성과 유지에 별다른 기여를 할 수 없는 약소국이 더 이상 아니기 때문이다.

이러한 차원에서 대한민국의 핵심적인 국가이익은 다음과 같이 정리될 수 있을 것이다. 우리의 존망은 물론, 이 땅에 평화통일을 달성하고, 자유와 복지가 보장되고 번영하는 부강한 국가와 품위 있는 사회를 건설하는 것이다. 우리는 이와 같은 국가이익에 대한 국내외로부터의 어떠한 위협에 대해서도 대응할 수 있어야 한다. 이를 위해서는 총력방위태세를 유지하고 전 국민이 참여하는 '총

---

73) 박준영, 『국제정치학』(서울 : 박영사, 2000), pp. 19-20.

력안보' 즉, 안보를 생활화하는 생활안보가 중요하다. 오늘날 국가안보의 개념이 포괄적인 안보관으로 변화됨에 따라 안보의 주체는 군이 아니라 바로 국민 전부라 할 수 있다. 민·관·군간의 협력과 화합은 국가 전반에 걸친 균형적인 발전을 통해 통일 이후 다중적인 불확실성에 적절히 대비할 수 있다.

국가의 생존을 위해서는 국민 모두가 각자가 누리고 있는 소중한 자유까지도 양보할 수 있다는 자세를 갖추었을 때 국가의 생존은 유지되고 국가이익은 보장될 수 있다. 대한민국은 인류의 평화와 안정을 위협하는 요소를 제거하기 위한 국제사회의 노력에 적극 동참하며, 생존과 안보 등 우리의 핵심 국가이익을 보호하는 데 최우선의 목표를 지향해야 할 것이다.

2. 대한민국의 주권 수호

다음으로 우리가 추구해야 할 안보목표는 '대한민국의 주권 수호'라 할 수 있다. 주권을 수호할 수 없거나, 정치적 자주권을 행사하지 못하는 나라는 국가 기능을 상실했다고 할 수 있을 것이다. 우리는 이미 일본에 우리의 주권을 침탈당했던 뼈아픈 역사를 가지고 있다. 국가주권의 수호를 위해서는 이를 지킬 수 있는 적절한 힘이 뒷받침되어야 한다. 통일 이전 북한의 직접적 위협이든 통일 이후 주변국의 잠재적인 위협이든 대한민국의 방위력으로 우리의 주권을 수호한다는 목표를 달성하겠다는 의지를 가져야 한다. 뿐만 아니라 이를 뒷받침할 수 있는 힘을 구비하기 위한 노력도 경주해야 한다. 우리 주권을 수호하는 과정에서 한미군사동맹Military Alliance 74)을 어떻게 잘 발전시킬 것인가에 대한 검토도 있어야 한다. 주권 수호를 위한 자주국방의 구현을 위해 장기국방정책을 수립하고 소요 군사력을 점진적으로 건설해 나가야 한다. 주권의 수호는 말이나 의지만으로 되는 것이 아니기 때문이다.

대한민국의 주권을 위협하는 실체는 바로 북한이다. 북한은 1945년 분단이후 대한민국을 전복하고 북한 중심의 통일을 추구하는 대남적화전략을 단 한 번도 포기하지 않고 있기 때문이다. 따라서 일차적인 목표는 바로 북한을 억제하고 위협을 제거하기 위한 역량을 구비해야 한다. 그러나 이것만으로는 만족할 수 없다. 더 나아가 향후 주변국의 잠재위협에 적극 대처할 수 있는 역량과 태세도 구비해 나가야 하는 것이 중요한 과제이다.

아울러, 대한민국은 세계 평화와 동북아 지역의 안정을 위해 국가 위상에 걸 맞는 책임과 역할을 수행할 수 있어야 한다. 즉 우호적인 주변 안보환경을 만들어 적대국가의 등장을 예방해야 한다. 한반도의 지정학적인 여건과 남북한간의 군사대치 상황을 고려해볼 때, 우리의 외교능력을 강화하기 위해서는 주변국가와의 우호협력관계를 더욱 증진시켜 나가야 한다.

---

74) 군사동맹이라는 2개 국가나 그 이상의 복수 국가간의 합의에 의하여 성립되는 집단적 안전보장의 한 형식으로서 군사적 공동행위를 맹약하는 제도적 장치 또는 사실적 관계를 말한다. 군사동맹은 크게 두 가지의 형태가 있는데, 하나는 방위조약에 입각한 공식적인 관계이고, 다른 하나는 상호군사지원이 법적인 근거는 없으나 일종의 기정사실로 되어 있는 경우이다. 전자에 해당하는 것이 한미안보관계이고, 후자에 해당되는 것이 미국과 이스라엘의 관계라 할 수 있다.

무엇보다 중요한 것은 북한의 대량살상무기^{WMD} 역량이 강화되고 확산되어 우리 안보를 위협함은 물론, 주변국을 자극하지 않도록 대비해야 한다. 그런 차원에서 북한 핵문제는 반드시 해결되어야 한다. 아울러 주변국의 도발을 억제하기 위해 최대한 노력해 나가면서 이를 격퇴할 수 있는 적정 수준의 억지력을 보유해 나가야 한다. 그래야만 우리가 추구하는 안보목표인 대한민국의 주권을 보호할 수 있을 것이다.

3. 한반도 평화통일 기반 조성

세 번째로 우리가 추구해야 할 안보목표는 '한반도에 평화를 창출하고 평화통일을 성취' 하는 것이다. 대한민국은 지금 세계화라는 새로운 국제환경 속에서 한반도의 평화와 국가의 번영, 발전의 기틀을 다져 평화통일의 기반을 확충해야 하는 역사적 시점에 서 있다. 2013년 2월 출범한 박근혜정부도 평화통일기반 조성이라는 목표를 내걸고 한반도 신뢰프로세스와 동북아평화협력구상이라는 양대 바퀴를 굴려가고 있다.

국가안보전략은 평화를 유지하고 유사시 전쟁에서 승리를 포함하여 국가의 생존을 유지 및 증진한다는 국가안보목표를 설정하고, 그 목표를 달성하기 위하여 군사력을 중심으로 국가 제 분야의 노력을 통합 및 조정한다. 국가안보전략은 국가의 생존 측면에 중점을 둔 국가전략의 다른 표현으로서, 군사력을 핵심으로 하는 국가의 총체적인 전략이다.[75]

북한의 대남적화전략의 불변과 대량살상무기 보유라는 전쟁위협 속에서 살고 있는 우리의 입장에서 안정된 평화를 창출하는 일은 매우 시급하고 중요한 일이다. 경제는 잘 사느냐 못 사느냐의 문제이지만 안보는 죽느냐 사느냐가 걸린 문제이다. 전쟁이 발발한다면 비록 승자라 할지라도 막대한 피해를 입게 되며, 패자는 모든 것을 송두리째 잃게 된다. 이것이 바로 평화를 지키는 일, 즉 안보가 가장 중요한 이유이다. 그렇기 때문에 오늘날 미국과 같은 최강대국들도 정예군사력을 육성하기 위해 혼신의 노력을 기울이고 있는 것이다. 전쟁을 방지하고 평화를 유지하기 위해서는 평시에 철저히 대비하는 길밖에 없다는 사실을 너무나 잘 알고 있기 때문이다.

우리는 단기적으로는 우선 한반도에 평화가 정착될 수 있도록 최선의 노력을 다해야 한다. 중장기적으로는 평화통일을 달성할 수 있도록 지속적인 노력을 경주해 나가야 한다. 한반도에 평화를 정착시키는 방안으로서는 이어지는 한반도 신뢰프로세스 분야에서 자세히 다루겠지만, 무엇보다 남북 간 대화와 교류협력의 폭을 확대시켜 나가는 것이 중요하다. 합의와 약속을 지켜 나가면서 신뢰를 차곡차곡 쌓아 나가는 것이 필요하다. 그 과정에서 당국간회담 즉, 비군사회담이나 군사회담을 정례화시켜 나가야 한다. 북한이 사실상 사문화시킨 남북기본합의서의 이행도 천명하고 이를 실천해 나가야 한다. 남북기본합의서의 이행은 상호에게 이익이 되며 특히 북한의 발전에 큰 이익이 된다는 사실을 적극 설득해 나갈 필요가

---

75) 박휘락, 『전쟁, 전략, 군사입문』 (서울 : 법문사, 2005), pp. 100-101.

있다. 이 모든 과정에서 한미간 긴밀한 공조가 수반되어야 한다.

특히, 군사적 신뢰구축조치를 추진하는 데 심혈을 기울여 나가야 한다. 남북기본합의서 12조와 13조에 명시되어 있는 초보적인 군사적 신뢰구축조치들을 한 가지씩 실천할 수 있도록 협의해 나가야 한다. 남북 최고군사당국자간 직통전화Hot-Line를 설치·운용하는 일을 우선 추진하는 것이 바람직하다.[76] 아울러 군 인사교류와 군사정보교환도 추진해야 한다. 2013년 5월 방미과정에서 박근혜 대통령이 DMZ세계평화공원을 제의한 바 있다. 이는 대결과 반목의 상징인 비무장지대를 평화의 상징으로 변화시켜 명실상부한 비무장지대(완충지대)가 될 수 있도록 하자는 제안이다. 이는 기본합의서 12조에 이미 합의한바 비무장지대의 평화적 이용에 해당되는 사안이라 할 수 있다. 신뢰구축조치의 진전에 따라 대규모 부대이동과 훈련의 상호통보 및 통제도 추진할 필요가 있다.

이상과 같은 초보적인 신뢰구축조치들이 성실하게 이행된다면, 이를 바탕으로 운용적 군비통제Operational Arms Control를 추진할 수 있을 것이다. 즉, 전방으로 추진 배치된 군사력 특히 북한의 장사정포나 기습공격부대를 후방으로 이동시켜 재배치하는 논의를 진행해 나갈 수 있을 것이다.

북한 핵을 포함하여 대량살상무기의 폐기와 관련된 문제는 한반도 평화정착을 위해 반드시 해결되어야 할 사안이다. 한반도의 평

---

76) 남북군사직통전화설치운용과 관련해서는 1992년 8월 남북기본합의서의 불가침분야 부속합의서에서 구체적으로 합의한 바 있다. 즉, 불가침분야 부속합의서 4장에서 동 합의서 타결 이후 50일 이내에 남측의 국방장관과 북측의 인민무력부장간 직통전화를 설치운영하기로 합의한 것이다.

화적 통일을 위한 주변국의 지지를 확보하기 위해서도 이는 반드시 넘어야 할 산이라 할 것이다. 지금까지 운영해온 6자회담을 비롯한 다자회담을 통해 해결하는 동시에, 남북간에 이미 합의한 한반도 비핵화를 위한 공동선언의 이행을 북한에 촉구하여 호응을 유도하는 노력도 지속해 나갈 필요가 있다.

남북간 군축 즉, 구조적 군비통제Structural Arms Control 와 관련된 문제는 향후 남북연합의 필요충분조건으로 설정하여 추진할 필요가 있다. 남북기본합의서에 규정된 초보적인 군사적 신뢰구축조치가 발전되는 단계가 되면, 군비통제문제도 적극 해결할 수 있는 여건이 도래할 수 있을 것이다.

현 정전협정체제를 평화협정체제로 전환하는 노력도 강구해 나가야 한다. 남과 북이 주 당사자가 되는 평화체제가 되어야 함은 물론이다. 남북기본합의서 5조에 명시된 바와 같이 공고한 평화상태를 구축하기 위하여 남과 북이 공동으로 노력해야 한다. 그날이 올 때까지 무엇보다 현재의 정전협정을 성실히 준수해야 한다. 뿐만 아니라 앞서 언급한바, 남북간 군사적 신뢰구축 조치들이 추진되어 신뢰조성에 실질적인 진전이 있어야 한다. 평화체제로의 전환을 위한 방안으로는 남과 북이 평화협정을 체결하고 미국과 중국이 이를 보장하는 형태가 바람직할 것으로 사료된다. 여기서 반드시 유념해야 할 것은 평화협정이 평화를 보장해 주는 것이 아니라는 점이다. 따라서 평화협정의 체결은 반드시 남북간에 실질적인 평화상태를 구축한 이후, 이를 문서로 확인하는 형태가 되어야 한다.

4. 지역의 안정과 세계 평화에 기여

끝으로 우리가 추구해야 할 안보전략 목표는 '지역의 안정과 세계평화에 기여'하는 것이다. 대한민국 헌법 제5조에서 "대한민국은 국제평화의 유지에 노력하고 침략적 전쟁을 부인한다"고 명기하고 있다. 이는 우리가 한반도의 평화뿐만 아니라 동북아 및 세계의 평화유지에 기여해야 할 의무를 강조한 것이다. 한반도 평화는 동북아시아 안정의 핵심이고 동북아의 안정은 세계평화와 안정의 기반이다. 그런데 세계와 동북아 및 한반도 안보환경의 변화는 우리에게 전략적 선택을 요구하는 몇 가지 중대한 과제를 제기하고 있다.

첫째, 세계화와 지식정보화의 추세 속에서 우리의 국익 증진을 위한 국력의 결집을 위해서는 무엇보다도 평화적인 안보환경이 보장되어야 한다. 그러나 북한에 의해 누적된 남북 상호간 불신과 냉전적 대결구도는 한반도는 물론, 동북아지역의 안보환경까지도 불안정하게 만들고 있다. 이러한 한반도 안보환경과 특히 북한의 공격적인 군사전략 불변은 우리로 하여금 대북 군사대비태세를 유지하도록 강요하고 있으며, 다른 한편으로는 한반도에 항구적인 평화환경을 조성해야 하는 매우 어려운 전략적 과제를 부여하고 있다.

둘째, 21세기 불확실성 시대의 세계는 국가간의 무한경쟁의 상황이라 할 것이다. 이러한 세계정세가 우리에게 주는 의미는 대한민국의 생존과 번영·발전을 위해서는 남북간의 화해와 협력을 통해 공존공영의 기반을 다져야 한다는 것이다. 이를 위해 남북한 모두 각각의 역량과 노력을 소모적인 대결을 위해서가 아니라 공생과 공영을 도모하는 데 이용토록 해야 할 것이다. 과거 냉전시기에 우리는 미국을 비롯한 서방진영의 지원에 의존하여 국가의 생존과 번영을 도모했다. 그러나 이제 우리는 이러한 국가들과의 유기적인 관계를 유지하면서도 스스로의 힘으로 남북관계를 개선하고, 공생과 공영을 보장하는 국제환경을 적극적으로 조성해 나가는 노력을 경주해야 한다..

셋째, 동북아 및 한반도 주변의 지역안보환경 역시 우리에게 자주적 안보 역량의 확충과 함께 국제 및 지역안보협력 Security Cooperation 77) 체제의 발전을 요구하고 있다. 특히 동북아지역에는 미·일·중·러 등 세계의 강국들이 위치하고 있다. 최근 이들 강대국들간에 진전되고 있는 상호 경제와 협력이라는 전략관계의 변화에 효과적으로 대응하는 문제는 우리의 안보와 직결되며, 우리의 남북관계 개선 노력에도 직간접적으로 관련되는 중요한 전략과제라 할 수 있다. 따라서 우리는 이러한 새로운 지역안보환경의 변화에 대한 이해를 바탕으로 기존의 양자관계와 병행하여 남북관계 개선 노력을 보완하고 지원할 수 있는 다자간 안보협력체제를 발전시켜 나갈 필요가 있다. 78) 또한 우리는 21세기 불확실한 안보환

---

77) 남북군사직통전화설치운용과 관련해서는 1992년 8월 남북기본합의서의 불가침분야 부속합의서에서 구체적으로 합의한 바 있다. 즉, 불가침분야 부속합의서 4장에서 동 합의서 타결이후 50일 이내에 남측의 국방장관과 북측의 인민무력부장간 직통전화를 설치운영하기로 합의한 것이다.
78) 이와 관련된 문제는 현재 박근혜정부가 추진하고 있는 이른바, 동북아협력구상에 포함되어 있다. 상세한 내용은 관련된 장에서 다루게 될 것이다.

경에 대한 능동적 적응을 통해 남북관계개선과 평화통일에 유리한 국제적 여건을 조성해 나가야 한다.

이와 같은 상황을 감안할 때, 우리의 선택은 역시 지역의 안정과 세계평화를 위해 기여하는 일이다. 우선 동북아의 안정과 주변 네 나라간의 긴장요인을 감소시켜 지역의 안정은 물론 세계평화에 기여하기 위해서도 평화정착이 이루어져야 한다. 한반도는 주변 네 나라의 이해관계가 첨예하게 엇갈려 있는 곳이다. 이들 나라들은 한반도 문제에 있어서 각자의 이해를 달리하며, 협력 · 경쟁 · 대립관계에 있다. 이 나라들은 각기 남북한을 그들의 목적과 이익을 위한 지렛대로 생각하고 있다. 그들 사이의 이해 충돌이 남북한간의 충돌까지를 내포하게 된다.[79)]

따라서 동북아 정세는 남북한 관계의 전개 상황에 따라 상당한 영향을 받을 수밖에 없다. 남북간의 분단과 긴장의 지속은 동북아 지역의 안정과 발전을 저해하고 정치 · 군사적 긴장을 심화시킬 것이다. 반면 남북관계가 협력과 통일로 향한 진전을 보인다면 이는 동북아 지역의 경제통합과 경제발전을 촉진하고 정치 · 군사적 긴장을 완화하는 데 순기능을 하게 될 것으로 기대된다.[80)]

앞으로 독도에 대한 일본의 야욕과 우경화 현상으로 인해 갈등이 더욱 고조될 가능성이 있다. 일본이 독도에 대한 도발의 수위를 높

---

79) 한국 근대사를 돌아보면, 청일전쟁, 러일전쟁, 6·25전쟁 등 여러 번의 군사적 충돌이 한반도와 관련해 일어났는데, 분단 상태라는 점을 고려할 때 그 시대와 유사한 충돌이 재현될 가능성이 상존해 있다.
80) 민병천, 『평화통일론』 (서울 : 대왕사, 2001), pp. 54-57.

인 배후에는 세계 2위의 막강한 해군으로 성장한 해상자위대의 존재를 거론하지 않을 수 없다. 일본 해군은 과거에는 상상할 수도 없었던 일을 하고 있다. 중동 해역에서 이라크전쟁을 수행하는 미국 해군에 대한 지원임무를 수행한 바 있다. 일본은 또한 대한민국에 도발할 경우 일본측의 행동을 규제할 수 있는 중재자로서 미국의 역할이 더 이상 존재하지 않는다고 생각할 수도 있다.

중국의 동북공정도 더욱 가시화될 우려가 있다. 그렇게 될 경우 우리와의 갈등과 충돌은 불가피할 것이다. 따라서 우리는 이에 대비한 준비를 내부적으로 철저히 해 나가면서 동북아의 평화정착에 중국을 적극 활용하는 외교전을 펼쳐 나가야 할 것이다.[81]

---

81) 지난 7월 박근혜 대통령의 첫 방중은 성공적인 것으로 평가되고 있다. 이는 대한민국에서 박근혜정부가 출범한 이후 첫 해외순방에 있어 미국 다음으로 일본이 아니라 중국을 택했다는 점, 그리고 중국의 시진핑체제가 출범하고 첫 정상간 만남을 통해 신뢰를 쌓았다는 점을 들 수 있다.

안보전략의 추진기조[82]

1. 국가기본역량의 확충

안보전략의 추진에 있어 그 첫 번째 기조는 '국가기본역량을 확충'하는 방향으로 나아가야 한다. 즉, 안보목표를 달성할 수 있는 힘, 국가역량을 확충하자는 것이다. 오늘날 안보의 개념은 군사적 차원에서부터 정치, 경제, 사회와 환경 등의 비군사적 차원으로 확대되고 있는 추세이다. 또한 안보연구에서 국내정치적 환경의 중요성에 대한 관심도 높아지고 있으며, 특히 정치적 불안정이 만연하고 있는 제3세계 국가 등에서는 안보에 대한 위협이 외부로부터만 가해지는 것이 아니라 주로 국내문제에 의해서 야기될 수 있다는 점이 연구의 대상으로 부각되고 있다. 이에 따라 세계 각국의 안보전략도 그 초점이 군사적 대결구도라는 단순영역으로부터 벗어나 점차 다각화되는 경향을 보이고 있다. 이른바 포괄적 안보 Comprehensive Security 의 개념이 보편화되고 있는 것이다. 이런 경향을 감안할 때, 국가의 기본역량이란 군사적 역량뿐 아니라 정치·

---

82) 안보전략 추진기조는 하정열, 앞의 책, 2009, pp. 297~309, 참조.

경제·사회·문화·과학기술 등 모든 영역의 역량의 종합체라 해야 할 것이다.

먼저 국가기본역량 발전이 왜 중요한지를 먼저 강조하려 한다. 국가의 기본역량은 국가전략의 방향 설정과 그 성패에 중요한 영향을 미친다. 현재 대한민국은 유무형의 국가역량을 보유하고 있다. 우리는 세계의 상위권에 속하는 경제력을 보유하고 있으며, 튼튼한 자위능력과 함께 한미안보협력체제를 바탕으로 하는 전쟁억제 능력을 유지하고 있다. 그동안 국제사회에서 축적한 외교력과 국제적인 협력네트워크 또한 우리의 귀중한 자산이다. 그리고 오랜 전통을 자랑하는 문화적인 유산도 우리가 보유하고 있는 값진 유산이다. 또한 무형의 국력요소인 과학기술력, 교육역량, 사회적 다원성에 기초한 체제통합 능력과 인류의 보편적인 가치이며 세계적인 추세인 자유민주주의와 시장경제체제를 조화롭게 병행 발전시키고 있는 것 또한 우리의 큰 강점이다.

하지만, 협소한 국토와 제한된 자원, 한반도의 지정학적인 조건, 남북 대치상황, 급격한 인구의 감소전망 등 우리의 국가역량의 강화를 제약하는 요인 또한 적지 않은 상황이다. 특히 부존자원이 별로 없는 우리나라가 경이적인 경제성장을 이뤄낸 것은 우수한 국민들, 즉 우수한 인적 자원 때문이었다. 이제 그 인적 자원의 감소가 국가 발전에 제동요인이 되고 있는 상황이다.[83] 또한 탈냉전과 세계화에 따른 무한경쟁시대에 능동적으로 대처하기에는 국내적인 여건이 아직도 미흡한 실정이다. 특히 국민이 공감하는 국가전략과 시대정신 및 국가사상이 정립되거나 담론화되지 못한 현실이다.

우리가 보유하고 있는 국가역량을 효율적으로 활용하고 잠재역량을 적극적으로 개발하여 우리의 국가이익을 구현하고 국가목표를 달성해야 한다. 부강한 일류국가로 발전하기 위해 시장경제체제의 강화를 통해 국가경쟁력을 제고한다는 것을 최우선과제로 설정하고 이를 지속적으로 추진하면서 국가역량을 높여나가야 한다.

우리 경제가 세계경제위기를 맞아 저성장단계로 진입하는 과정에서 국가역량을 높이기 위해 필수적으로 추진해야 할 중요한 과제는 정부의 혁신이다. 성장잠재력의 확충, 사회안전망 구축 및 국가균형발전 등으로 재정수요는 급증하는 데 비해 저성장과 고실업으로 재정능력은 취약하여 감축관리가 불가피하기 때문이다. 그리고 개발 및 고성장시대의 정부 주도형 패러다임을 탈피하고, 민간의 활력을 극대화하지 않으면 지속적인 성장을 달성하기도 힘들다.

불황기에는 사회간접자본의 확충, 과학기술혁신과 산업경쟁력 강화 등 국가기본역량을 높일 수 있는 대안들 가운데 정부혁신은 적은 투자로 비교적 높은 성과를 달성할 수 있는 장점이 있다. 따라서 구조조정과 제도개혁에 정부가 솔선수범함으로써 기업과 가계의 동참을 유도하는 것이 중요하다. 왜냐하면 권위주의적인 리더십이나 독점적이고 불투명한 정책결정, 편의적이고 자의적인 행

---

83) 우리나라의 출산율은 급격히 저하되고 있다. 2005년 1.08%로 최저점을 찍었다고 최근 들어 조금씩 상향추세를 보이고 있지만, 합계출산율이 2.1명 정도가 되어야 인구가 현상유지 된다. 역사적 사례를 보면, 출산율 저하와 전염병으로 로마제국의 인구가 격감하였다. 긴 로마제국의 국경을 지킬 인력마저도 부족한 실정이 되었다. 국경을 지키는 군인이 줄어들자 이민족의 침입이 잦아졌다. 결국 로마제국은 A.D.476년에 멸망하였다. 인구감소가 국방력 약화로 이어져 망국의 길을 재촉한 것이다.

정으로 온 국민의 힘과 마음을 결집하기는 어렵기 때문이다.

이른바 글로벌스탠더드^{Global Standard}에 입각한 시장경제가 제대로 작동하기 위해서는 절반의 성과에 머무르고 있는 일련의 구조개혁이 제대로 마무리 되어야 한다. 무엇보다도 공기업과 금융기관의 민영화가 활발히 추진되어야 하며, 번영발전전략과 산업정책에 대한 비전이 그려져야 미래경제의 향방에 대한 예측가능성을 높일수 있을 것이다. 그리고 우리 경제의 경쟁력을 제도적으로 뒷받침할 수 있는 인프라와 고부가가치 산업의 육성을 위한 연구개발비의 투자를 활성화하여 저효율의 경제체질을 탈피하고 경쟁력을 강화하여야 한다. 한마디로 우리나라 50대 기업들도 전형적인 고용 없는 성장을 경험하고 있는데, 어떻게 하면 고용 없는 성장을 고용 있는 성장으로 바꿀 것인가 하는 것이 국가역량 확충을 위한 큰 도전이라 할 것이다.

지금은 다양한 안보 위협과 번영 발전의 호기가 동시에 혼재하고 있는 불확실성의 특수상황이라 할 수 있다. 이러한 상황하에서 시대적 위협을 극복하고 민족사적 사명을 완수하려면 전 국민의 총체적인 지혜를 결집하여 국가적인 의지와 노력을 통합하고, 국가안보전략을 뒷받침할 수 있는 국가의 기본역량을 극대화해야 한다. 이를 위해서는 국가의 이념과 사상체계 및 시대정신에 대한 공론화 과정을 거쳐 국민들이 공감할 수 있는 국가전략과 안보전략의 개념을 정립해야 할 것이다. 즉, 국민들이 대한민국의 국가이익과 국가목표에 대한 공감대를 갖는다면 불확실성 시대에도 국가의 정체성은 확립될 수 있을 것이다.

2. 확고한 안보태세 유지 발전

두 번째 기조는 '확고한 안보태세의 유지 발전'에 두어야 할 것이다. 그렇다면 확고한 안보태세는 어떻게 유지되고 발전될 수 있을 것인가? 우리의 역사에서 그 교훈을 배울 수 있다. 역사란 과거와 현재의 기록이다. 역사에 대한 건전하고 올바른 이해 없이는 미래의 창조도 불가능하다. 역사를 통해 민족적 자긍심을 재인식하고 미래를 바람직하게 창조해 나갈 수 있기 때문이다. 대륙을 호령하던 초강대국 고구려의 힘의 바탕은 상무정신이었으며, 이는 역사적 시련을 극복하게 한 원동력이 된 것이다. 고토 회복을 염원하는 고려인들의 북진의지와 자주정신은 약40년 동안 7차에 걸쳐 계속된 몽고의 침략에 대항하는 줄기찬 저항정신으로 표출되었다. 특히 배중손을 지휘관으로 한 삼별초의 군대는 제주도에서 4년간에 걸친 항전을 벌였다.

우리는 국가이익을 수호하고 증진하는 방향에서 변화하는 상황에 냉철하게 대응해야 한다. 한국군은 한반도에서 전쟁을 억제해야 하며, 억제 실패시는 반드시 승리해야 하고, 한반도의 평화적 통일을 힘으로 뒷받침해야 한다. 현재 박근혜정부가 추진하고 있는 대북 화해협력정책은 튼튼한 안보태세에 바탕을 두고 남북간에 화해와 교류협력을 실시하여 한반도에 평화를 정착시키려는 정책적 노선이다. 튼튼한 안보태세가 확립될 때만 평화를 파괴하는 일체의 무력도발을 억지 및 응징할 수 있을 것이다. 안보는 국가의 번영을 지켜주는 보호막이며 발전의 기반이다. 안보 없는 조국은 존재하지 않는다. 우리는 역사에서 상무정신이 없는 국민이 무기와 장비만 가지고 그 국가를 지켜냈다는 이야기를 들어본 적이 없다. 국민들이 국방의 대의를 인정하고 내 나라는 내가 지킨다는 상무정신으로 충만할 때 우리나라의 안보태세는 확립되는 것이다.

지난 반 세기 동안 대한민국의 안보에 대한 위협의 근원은 북한이었다. 남북한 군사관계는 근본적으로 북한의 핵 등 대량살상무기 등의 위협이 지속되고 있지만, 북한의 경제난에 따른 전쟁수행능력 한계로 인해 전면전의 발발 가능성은 상대적으로 낮아지고 있다는 평가도 있다. 하지만, 다양한 정치군사적 목적을 달성하기 위한 북한의 국지도발 가능성은 상존하고 있으며, 남북간 군사적 신뢰구축 노력은 아주 초보적인 수준에도 이르지 못하고 있는 상황이다. [84)]

120만에 달하는 북한 군대에서 오는 군사적 위협뿐만 아니라, 남과 북은 이념과 민족, 이념과 체제의 차이로 대결상태를 유지해오고 있다. 북한은 핵무기를 개발하고 이를 이동시킬 수 있는 장거리미사일을 집요하게 개발해 오고 있다. 그리고 군사분계선 일대에 전진 배치된 장사정포를 근거로 서울불바다 운운하며 우리를 위협하고 있다. 특히 2013년 들어 북한은 한미연합 키리졸브훈련을 빌미로 최고사령부 담화를 통해 정전협정의 백지화 선언, 남북기

---

84) 남과 북은 1990년대 이후 수십 차례의 군사당국간 대화를 통해 상호 군사적 신뢰구축을 위해 노력하기로 합의하였지만, 북한의 소극적 태도로 인하여 남북기본합의서를 비롯한 합의사항들을 이행하지 못하고 있는 실정이다. 2002년 남북철도도로 연결과정에서 연결한 실무자간 직통전화 채널이 겨우 가동되고 있을 뿐이다.

본합의서 불가침합의 불이행 선언을 한 데 이어, 3월 11일에는 전쟁개시 선언을 한 바 있다. 개성공단 우리 인원들의 통행을 제한하더니 4월 10일에는 북한 근로자들을 일방적으로 철수시키고 공단을 잠정폐쇄조치하였다. 이처럼 북한은 수단과 방법을 가리지 않고 우리를 끊임없이 위협하고 있는 상황이다.

만일 이런 상황이 개선되지 않은 상태에서 2030년이 도래할 경우, 우리 국가이익과 국가목표를 방해할 수 있는 최대의 위협은 역시 북한의 군사적 위협이라 할 것이다. 아울러 동북아 지역 차원에서 보면 역내 대립과 갈등구도의 재현이라 할 수 있다. 우리는 이러한 위협요소를 국민들의 상무정신의 강화, 대한민국의 국력배양과 국력결집, 동맹과 우방관계의 확대, 지역질서 구성을 위한 적극적 구상의 제시와 협력체 결성 주도를 통해 억제하고 제거해 나가야 할 것이다.

굳건한 국방력은 전쟁을 예방하기 위해 필수적 요소이다. 강력한 대북 억제력이 뒷받침되지 않는 대화는 매우 위험하다. 평화정착을 위해서는 튼튼한 안보태세를 확립해야 한다.[85] 북한의 남침이나 무력도발을 격퇴할 수 있는 튼튼한 국방력을 유지할 때 결국 북한도 대남적화전략을 포기할 수밖에 없을 것이다.

북한의 체제위기가 심화될 경우, 북한은 국면전환을 위해 국가적인 차원의 무력도발을 감행할 가능성은 상존한다. 우리는 북한

---

85) 대북협상에 있어 우리의 강력한 억제력은 역시 협상력이 된다. 북한과 NLL관련 대립이 있었을 때, 우리는 강력한 억제력으로 북한에게 NLL인정과 준수를 강요할 수 있었다. 북한이 NLL을 감히 넘볼 수 없는 것은 강력한 한미연합억제력이 있기 때문이다.

의 어떤 도발에도 즉각 대처할 수 있는 양상별 대응책을 구체적으로 수립하고 훈련을 내실화하는 등 확고한 대비태세를 확립해야 한다. 우리는 북한의 다양한 도발에 적극 대응하기 위해 앞서 언급한 바 총력안보개념 하에 정부 각 부서가 유기적으로 협조하며, 중앙과 지방이 하나가 되어 움직이는 민·관·군 통합방위체제를 계속 강화시켜야 한다. 그리고 평화통일을 추구하는 과정에서 발생할 수도 있는 우발적 위기상황에 효과적으로 대처하면서 이 나라의 안전보장에 만전을 기할 수 있는 확고한 안보태세를 유지 발전시켜야 할 것이다.

3. 긴장완화와 교류협력의 병행 추진

세 번째의 기조는 '남북간 긴장완화와 교류협력의 병행추진'으로 하는 것이 바람직하다. 안보란 국력을 길러 전쟁을 억제하는 노력과 긴장완화와 교류협력을 통해 전쟁위협을 감소 또는 제거하는 노력이 병행될 때 비로소 강화될 수 있는 것이기 때문이다.

탈냉전의 세계사적 추세 속에서도 한반도를 중심으로 한 동북아 지역에는 여전히 냉전의 잔재가 상존하며, 북한은 이 지역의 핵심적 안보위협 요인으로 남아 있다. 북한은 여전히 막강한 재래식 무기를 보유하고 있으며 재래식 군비경쟁의 열세를 극복하기 위해 핵, 생물, 화학무기 등 대량살상무기와 미사일 개발에 주력해 왔다. 특히 핵과 미사일 문제는 우리나라는 물론 국제사회에 심대한 위협요인으로 대두되고 있다.

남북한이 직접 당사자로서 남북대화를 통해 한반도의 평화를 정착시키고, 그 바탕 위에서 교류와 협력을 증진시켜 남북관계를 개선하고 통일기반을 조성하려는 노력은 아직 그 결실을 보지 못하고 있다. 우리는 남북한 양자간의 접촉을 강화하면서 4자회담과 6자회담 등 동북아 집단안보체제 등의 대안을 병행하여 활용할 필요가 있다.

현 정전협정체제를 공고한 평화체제로 전환시키기 위한 노력도 경주해야 한다. 이를 위해서는 남과 북이 이미 합의한 기본합의서를 비롯한 기존 합의를 바탕으로 긴장을 완화시키고 실질적인 평화상태 구축을 위한 평화이니셔티브를 구사할 필요가 있다. 박근혜 정부가 추진하려는 한반도 신뢰프로세스가 바로 이러한 이니셔티브를 의미하는 것으로 이해된다. 국제사회의 지지도 필요하다. 앞으로 6자회담이 재개되어 북핵문제의 가시적 진전이 있을 경우, 9.19공동성명에 명시된바, 별도의 평화포럼을 개최하여 한반도에서 평화를 정착시키고 정전체제를 평화체제로 전환하는 문제를 본격 논의할 수 있을 것이다. 물론 이는 북한 핵문제의 해결을 전제로 하고 있다.

남북간 군사적 긴장완화는 남북군사회담을 통해 추진되어야 한다. 군사적인 긴장완화의 추진은 선이후난(先易後難) 원칙에 따라 합의와 이행이 용이한 분야부터 우선 추진하고, 상황 진전에 따라 신뢰구축과 군비제한 및 군비축소를 배합하여 추진하는 등 점진적이고 단계적으로 추진하는 것이 바람직하다.

이러한 개념하에서 군사적 긴장완화는 대략 다음과 같은 4단계로 추진될 수 있을 것이다.

우선 제1단계는 초보적인 신뢰구축단계로서 상호간에 군사직통전화를 설치 운영하고, 군사 학술 및 체육교류를 시작하며,[86) 서해해상충돌방지를 위한 의사소통채널을 확대 운영하며,[87) 남북간 교류협력 사업의 군사분야의 지원과 보장을 확대해 나가는 것이다.

제2단계는 신뢰구축의 본격화단계로서 남북군사공동위원회를 가동하고, 군 인사의 상호교류, 훈련통보 및 참관, 군사정보교환 등 신뢰구축 조치를 확대 추진하며, 군사분계선으로부터 일정 거리 내의 대규모 군사활동을 제한하고, 상징적인 군비제한과 군축 조치에 시범적으로 합의·시행하는 것이다.

제3단계는 군사적인 긴장완화 정착단계로서 대규모의 군사훈련과 부대활동을 통제하고 수도권 지역을 위협하는 장사정포를 후방지역으로 재배치하며, 비무장지대 내에 위치한 경계초소[GP : Guard Post]를 철수시키는 방안이다.

제4단계는 평화체제 구축단계로서 재래식 전력을 대규모 감축시키며, 북한의 대량살상무기를 감축 및 제거하는 단계이다. 이로

---

86) 그런 차원에서 남북간 신뢰구축 진전 과정을 보아가며, 2015년 대한민국에서 개최 예정인 세계군인체육대회의 일부 종목이라도 공동으로 개최하거나, 합의 가능한 종목에서 선수단을 공동으로 구성하는 방안을 적극 모색할 필요가 있다.
87) 2004년 '6.4합의서'에 따라 함정간 국제상선공통망을 이용한 통신에 합의한 바 있다. 상대측이 호출하면 응답하도록 되어 있는데, 북한 함정은 우리측의 호출에도 불구하고 거의 응답하지 않고, 자기들이 NLL 침범 등 필요시에만 부당통신으로 악용한 측면이 있다. 그렇지만 해상에서 충돌방지를 위한 의사소통은 확대해 나갈 필요가 있다. 충돌가능성이 높은 서해에서 남측의 2함대와 북측의 서해 함대사간 직통전화를 설치·운영하는 방안이 긴요하다.

써 남북간에 실질적인 평화상태가 구축되면 남과 북이 주 당사자가 되어 평화협정을 체결하고, 한미간의 긴밀한 공조하에 주한미군의 지위와 역할 변경을 검토하는 것이다.

적대관계가 평화공존 또는 우호협력관계로 이행되기 위해서는 이에 상응하는 교류와 협력이 필요하다. 그러나 북한을 상대로 교류와 협력을 추진할 경우 가장 유념해야 할 것은 안보전략과 통일전략 간에 연계성을 유지하는 것이다. 이것은 국가전략차원에서 통합되어 실제의 전략추진과정에서는 세부계획Road Map으로 구체화될 필요가 있다. 초기단계에서 군사교류는 군사대화를 간접접근전략 차원에서 최대한 활용해야 한다. 즉 모든 채널을 통한 군사대화 및 교류를 능동적으로 추진하여 군사협력 수준으로 승화시키도록 할 필요가 있다. 군사교류는 상호신뢰구축에 중점을 두고 군사력 균형과 억제개념을 유지해야 한다. 나아가 위기관리 체제를 구축하고 군비통제도 구현해 나가야 한다. 이러한 군사교류는 군사통합을 지향하는 방향으로 추진해 나갈 필요가 있다.

4. 공고한 평화상태 정착

네 번째 기조는 '한반도에서 공고한 평화상태의 정착'이다. 1953년 체결된 정전협정과 이로 인한 체제는 60년이 지난 오늘날 까지 지속되고 있다. 그야말로 불안정한 평화가 이어지고 있는 것이다. 이제 이러한 정전체제를 공고한 평화체제로 정착시켜 나가야 한다. 공고한 평화는 우선 평화를 지키는 노력Peace Keeping과 함께 평화를 만들어 나가는 노력^{Peace Making}도 병행되어야 한다.

한반도에서 전쟁을 억제하고 평화를 보장하는 것은 모든 문제에 앞서는 선행조건이라 할 수 있다. 88) 이른바, 대북화해협력 정책이나 포용정책, 그리고 평화이니셔티브나 평화·번영정책도 한반도의 전쟁억제와 평화보장을 대전제로 해서만 추진이 가능하다. 박근혜정부가 한반도 신뢰프로세스를 바로 이 두 가지에 중점을 두고 추진하는 것이 바로 같은 맥락이라 할 수 있다. 즉, 강력한 억제태세를 유지하면서, 대화와 교류협력을 통한 신뢰를 구축하여 지속가능한 평화를 만들어 내겠다는 취지이다.

평화상태의 정착은 전쟁억제를 위한 강력한 군사대비태세가 뒷받침될 때만 비로소 실현될 수 있으며, 튼튼한 안보가 뒷받침되지 못한다면 그저 희망에 불과할 것이다. 이를 위해서는 이스라엘이나 스위스처럼 총력안보체제를 굳건히 유지해야 한다. 89)

한반도에서 평화와 안정을 보장하고 나아가 화해와 협력의 장을 열어 평화상태를 정착시키기 위해서는 북한으로 하여금 대남적화전략을 포기토록 강요해야 하며, 군사적인 위협으로는 아무것도 이룰 수 없다는 점을 북한에 명확히 인식시켜야 한다. 우리는 강력하고 확고한 전쟁억지력을 갖추어야 한다. 한국군의 강력한 억

---

88) 손자병법에서도 "싸우지 않고 적을 굴복시키는 것이 최선의 방책이다 (不戰而 屈人之兵 善之善者也)"라고 강조한다.
89) 이스라엘은 상상을 초월하는 높은 안보위협에 직면해 있지만, 정부와 국민이 혼연일체가 되어 총력안보체제를 유지함으로써 도전을 극복하고 있다. 스위스는 약소국의 위상을 유지하면서도 온 국민이 단결하여 통합방위체제를 유지하고 소위 '고슴도치전략'을 구사하면서 국가의 주권을 사수하였다.

지력은 한반도에서 현재의 정전체제를 평화체제로 전환시킴은 물론, 자신감 있고 유연한 대북정책의 추진을 위한 전제조건이기도 하다.

한반도에서 평화를 가장 확실하게 관리하기 위해서는 우선 튼튼한 안보에 바탕을 두고 남북간 화해와 교류협력을 실천해 나가는 정책을 추진하는 것이 바람직하다. 지금 박근혜정부가 추진하는 대북정책이 바로 이러한 방향으로 잘 정리되어 보인다. 즉, 북한이 스스로 평화공존과 변화의 길로 나올 수 있는 환경과 여건을 조성함으로써 전쟁을 근원적으로 방지하고 평화통일의 기반을 마련할 수 있도록 해야 할 것이다. 대북화해협력정책의 목표는 평화와 화해협력을 통해 남북관계를 개선 발전시키는 것이다. 법적·제도적 통일을 서두르기 보다는 평화의 토대를 확고하게 유지한 가운데 교류협력을 꾸준히 활성화하여 남북한간의 상호 이해의 폭을 넓히고 신뢰를 구축함으로써 민족동질성을 회복하는 방향으로 나갈 필요가 있다. 이러한 과정을 통해 사실상의 통일 상황을 만들어 가는 것이 현명한 접근이라 할 수 있을 것이다.

한반도에서 정전체제를 평화체제로 전환하기 위한 중요한 과업은 평화관리에서 한 단계 더 나아가 공고한 평화상태를 구축해 나가는 일이다. 남북간 누적된 불신을 제거하고 신뢰를 구축해 나가야 한다. 위에서 제시한 바와 같은 군사적 신뢰구축 조치를 성실히 이행하여 실질적인 진전이 이루어져야 한다. 평화체제란 한반도에서 전쟁을 방지하고 평화질서를 유지하며, 이의 준수를 보장하는 협약이나 기구를 비롯한 법과 제도적 장치를 총칭하는 개념이라 할 수 있는데, 법적 제도적 장치를 만들기 이전에 남북기본합의서 5조 정신에 따라 실질적인 평화를 구축하는 일이 선행되어야 한다. 공고한 평화상태가 구축되면 현재의 정전협정을 평화협정으로 전환할 수 있을 것이다.

이같은 평화상태 구축을 위해 남과 북은 실질적인 협력관계를 증진을 통해 정치·군사적인 신뢰를 구축하고 이를 바탕으로 군비통제를 실현하며, 국제적인 지지를 확보해야 한다. 이 과정에서 북한 핵 등 대량살상무기의 제거는 반드시 성취되어야만 국제사회의 지지를 확보할 있음은 물론이다.

평화협정의 당사자는 물론 남과 북이 주 당사자가 되어야 한다. 아울러 정전협정 당사자로서 미국과 중국이 함께 할 수 있을 것이다. 협정의 형식이나 포함내용, 유엔에 기탁여부 등에 대해서는 뒷장에서 보다 자세히 다루고자 한다.

5. 평화적인 통일과 독립 보장

다섯 번째 기조로는 '평화적인 통일과 독립 보장'이다. 21세기 대한민국의 국가이익은 국민의 안전보장과 영토의 보전 및 주권의 수호를 통해 독립국가로 생존하고, 국가의 번영과 발전을 도모하며, 자유민주주의를 함양하고, 조국의 평화적 통일을 달성하여 세계평화와 인류 공영에 기여하는 것임은 앞서 기술한 바 있다. 여기서 통일은 반드시 평화적인 방법에 의해 이루어져야 한다.

한반도에서 통일의 대전제는 전쟁을 억제하고 평화를 보장하는 것이다. 평화통일은 전쟁억제를 토대로 평화가 보장되는 조건 위에서 성립된다. 과거의 안보전략은 주로 안보위협에 대응하는 개념으로 시종하는 소극적인 경향이 있었다. 그러나 이제는 국가목표와 민족의 염원을 보다 적극적이고 진취적이며, 포괄적으로 담아낸 안보전략을 펼쳐 나갈 때가 되었다. 그 핵심이 바로 평화통일이며 이것이 적극적인 안보전략의 출발점이라 할 수 있다. 즉, 국가안보를 구현하는 적극적인 안보전략에서 출발함으로써 나라의 안보기조를 확고히 유지하는 가운데 그 바탕 위에서 다양하고 종합적인 통일전략을 추진해 나갈 수 있도록 해야 한다.

그런 차원에서 우리는 북한의 변화를 촉진하는 기회를 적극 조성해 나가야 한다. 북한변화를 촉진하기 위한 전략에 대해서는 뒤에서 상술될 것이므로 여기서는 약술하고자 한다. 북한의 변화를 촉진하기 위하여 각종 접촉을 강화하면서 기회를 만들어 가야 한다. 단기적으로 김정은을 비롯한 권력 내부 엘리트의 대외인식 변화를, 중기적으로는 북한 주민의 정치·경제·문화 측면의 대외인식 변화를, 그리고 장기적으로는 북한 김씨 왕조체제의 변화를 추구해야 한다. 이를 위해 해외동포, 관광단, 문화교류, 물품제공, 공동사업, 국제행사 등 다양한 수단을 활용할 필요가 있다.

아울러 2013년 7월 14일 남과 북이 합의한 대로 개성공단의 국제화 및 발전적 정상화를 추진해 나가야 한다. 이 과정에서 통행, 통신, 통관 등 3통을 적극 활성화시킬 필요가 있다. 대한민국의 기술과 자본이 북한지역에 적극 투자될 수 있도록 하고, 우리 시장의 대북 개방을 적극 추진하며 나아가 남북한이 세계시장에 공동 진출 하기위해 인적·물적·정보교류를 활성화해 나가야 한다.

아울러 우리는 한반도에 평화공존이 유지될 수 있는 여건을 조성해 나가야 한다. 1992년 체결한 남북기본합의서가 실질적으로 이행될 수 있도록 해야 한다. 분야별 부속합의서와 분야별 공동위원회들이 정상 가동되도록 해야 한다. 남북간 합의로 평화통일이 추진될 수 있도록 당국간 대화를 정례화하고, 나아가 정상간 대화도 정례적으로 개최할 수 있는 방안을 모색해 나가야 한다. 이를 위해서는 무엇보다 북한 주민으로 하여금 대한민국 중심으로 자유민주 국가로의 통일이 꼭 필요하다는 인식을 가질 수 있도록 하는 노력이 지속 추진되어야 한다.

평화통일이 가시화되기 위해서는 주변국의 적극적인 이해와 협조가 수반되어야 한다. 이를 위해 지금부터 적극적인 통일외교를 추진해야 한다. 대한민국 중심의 통일이 동북아지역의 안정은 물론 국제사회의 공통이익과 일치한다는 점을 설득하고 지지를 확보해야 한다. 다만 이 과정에서 유의해야 할 점은 통일대한민국이 주변국들로 인해 자주권과 독립성이 훼손되지 않도록 지혜를 발휘해야 할 것이다.

6. 다자간 지역안보체제의 구축

여섯 번째 안보전략 추진기조는 '다자간 지역안보체제의 구축'이다. 이에 대해서는 다음 장인 동북아협력구상에서 보다 구체적인 내용이 나올 것이다. 여기서는 기본적인 내용만 정리해 보려고 한다. 21세기 세계화·지식정보와 시대에는 세계질서의 다원화 및 국제사회의 다극화, 국제관계에서 경제력의 비중 증대에 따른 힘의 개념 변화, 국제적 상호의존의 증대, 첨단기술의 혁신과 하이테크 전쟁의 도래 등의 변화가 진행되고 있다. 이에 따라 안보환경도 고유 안보영역의 확대와 더불어 변화를 나타내고 있다.

즉, 탈냉전시대의 전환기적 상황에서 군사력 게임, 부의 게임, 지식 및 정보게임 등이 중첩되어 복잡하게 서로 얽혀 전개되면서 안보위협 요인의 다양화와 더불어 안보영역 및 대상도 군사영역뿐만 아니라 경제적 영역, 사회적 영역, 지식 및 정보영역, 환경 등의 생태계 영역 등으로 확산되고 있다. 또 국제적 상호의존의 심화와 더불어 어느 한 국가의 노력만으로 안전보장을 추구하기에 한계가 있는 국제적 성향을 지닌 안보문제들이 증가하고 있다.

이처럼 안보위협요인이 다양하고 확대되고 있는 새로운 안보환경에 대응할 수 있는 안보의 패러다임 및 전략적 사고, 안보의 개념 등이 모색되는 가운데, 새로운 안보개념으로서 포괄적 안보 Comprehensive Security, 공동안보 Common Security, 협력안보 Cooperative Security 등이 제시되고 있고, 다자간 안보협력의 중요성이 강조되고 있다.

우리는 미국뿐만 아니라 주변국가들과도 우호선린관계를 유지하며 안보적 협력을 도모해야 한다. 우리의 국력이 과거에 비해 많이 신장되었지만 아직도 능력 및 자원에는 한계가 있고 안보위협의 다양성 때문에 완전한 자주국방을 조기에 실현하는 것 또한 불가능하다. 따라서 우리가 국가의 안보와 번영을 추구하면서 평화통일을 구현하기 위해서는 주요 관련국뿐 아니라 국제기구들과의 협력을 증진시켜야 한다. 동북아지역에서 냉전이 종식되더라도 한반도 주변에는 강대국들이 포진하고 있으므로 어떠한 방향으로 세력이 재편될지 아직은 불확실하고 유동적인 상황이다.[90) 따라서 우리는 한미동맹을 기본 축으로 하여 주변국들과의 군사교류와 협력을 강화해 가면서 지역 내 다자간 안보협력체제의 구축을 위해 주도적이고 적극적으로 노력해야 한다.

평화공존 시기를 보다 앞당기기 위해서는 남북한과 미국, 일본, 중국과 러시아를 포함하는 동북아 6개국 체제가 안정되어야 하고, 전방위적 안보협력이 강화되어야 할 것이다. 한반도 관련 다자협력체제들을 남과 북이 주도하는 지역협력체제로 발전적으로 확대해 나가야 할 것이다.[91) 다자안보협력체제는 남북간 평화공존이 이루어질 경우, 평화체제로의 전환을 촉진하는 체제로 발전시켜 나가는 것이 바람직하다.

우리는 미국, 중국과의 공동노력으로 동북아 6개국 체제를 선행시켜 기존 동남아 중심의 다자협력체제와 결합시켜 장기적으로, 동아시아 다자안보협력체로 확대발전시키는 것이 바람직할 것이다. 북한을 포함한 동북아지역의 일부 국가들간에는 아직도 정식

---

90) 동북아안보환경의 특수성은 미국, 일본, 중국, 러시아라는 세계 4대 강국이 동 지역에서 치열한 경쟁을 벌이고 있고, 이들 간에 역사적, 정치적, 문화적, 국가이익의 관점에서 공통점이 많지 않다는 점이다. 동시에 이념적 갈등의 잔존, 지역주도권을 둘러싼 군비경쟁, 한반도에서 남북간의 군사적 충돌 가능성 상존 등 불확실한 상황이 지속되고 있고 당분간 지속될 전망이다.
91) CSCAP, 4자회담, 6자회담, ASEM 등.

외교관계가 없고 영토문제와 이념문제 등으로 불신이 계속되고 있으므로 역내 국가 양자간의 신뢰구축 노력이 병행되어야 하며, 동북아 및 동아시아 다자 안보협력체 구성에 대한 공감대 형성이 선행되어야 할 것이다.

그리고 한반도 문제를 다자적인 방식으로 해결하려고 할 경우에는 한반도 문제의 국제화를 심화시켜 우리의 주도권이 상실될 우려가 있다. 따라서 대한민국이 동아시아 다자안보협력체 형성과정에서 주도적인 역할을 수행함으로써 동아시아 다자안보협력체가 한반도 평화의 공고화와 평화통일에 긍정적인 방향으로 작용하도록 전략적인 사고를 기울여야 할 것이다.

아울러 우리는 북한의 군사도발 억제, 화해와 협력, 평화통일을 위한 여건조성을 위하여 한미동맹을 더욱 발전시켜 나가며 역내 다자 지역안보체제 확립을 위해서는 주변국을 포함한 아시아지역 국가와의 협력기반 확충에 노력해야 할 것이다. 미국과는 한미동맹 60주년을 계기로 향후 60년간 정치·군사·안보·경제적 측면을 망라하는 포괄적인 동반자관계로 발전되어야 하며, 일본과는 과거사 문제에 올바른 인식을 토대로 미래지향적인 우호협력관계로 발전시켜야 한다. 한반도와 국경을 접하면서 북한과는 혈맹이라 할 수 있는 중국과 부분적 협력에 머물러 왔던 양국관계를 포괄적으로 확대시켜 동반자로의 관계를 강화해야 한다. 2013년 한중 수교 21주년을 맞아 박근혜 대통령은 시진핑 국가주석과 첫 상봉을 가졌다. 이를 통해 양국 정상간 신뢰를 구축하는 계기가 되었다는 평가이다. 동북아 안보문제에 적극 참여하려는 러시아와는 한반도 문제의 평화적 해결과 동북아지역의 안정과 발전을 위해 동반자적 우호협력관계를 구축하여야 한다.

　한반도의 평화와 통일은 대한민국만의 전략이 아니라, 미국 등 강대국의 세계전략과 밀접하게 연관되어 있는 문제이다. 남북관계가 글로벌 시대의 현안으로 부상한 만큼 국제적인 안보전략의 틀을 유지하면서도 대한민국의 안보목표와 수단을 분명히 수립하고 활용할 필요가 있다. 그리고 국제적인 안보협력과 함께 국내적인 합의 형성이 병행되어야 한다. 그 어떤 정책도 국민적 지지가 없이는 지속되기 어렵기 때문이다.

제3절
안보전략의 추진과제
평화수호 · 창출 역량의 확충

1. 자주적 국방역량과 방위충분성 전력의 확보

가. 자주적 국방역량 확보

역사는 우리에게 스스로 지킬 힘이 없는 나라는 생명력을 보장받을 수 없다는 냉혹한 사실을 가르쳐주고 있다. 생존은 스스로 지키고자 하는 의지와 이를 뒷받침하는 힘에 의해 보장되기 때문이다.

1637년 1월 30일 조선의 16대 임금 인조는 전쟁발발 후 45일 만에 청나라 황제에게 항복의 예를 올렸다. 인조는 삼전도에서 청 태종에게 삼배구고두(三拜九叩頭 : 한 번 절할 때마다 세 번 머리를 땅바닥에 찍는 것)의 예를 올린 것이다. 청태종이 소리가 나지 않는다고 하여 인조는 얼어붙은 땅에 머리를 사정없이 부딪쳐 이마는 피투성이가 되었다. 조선에 조공을 바치던 이민족 왕에게 최초로 머리를 조아린 굴욕의 순간이었다. 조선이 이러한 삼전도의 굴욕을 왜 당해야 했는가? 병자호란이 일어나기 반세기 전 조선은 이미 7년 동안이나 임진왜란의 국란을 겪었다. 임진왜란이 있기 10년 전 이율곡이 조정에 건의한 '10만양병설(養兵說)'을 무시한 결과였다. 그리고 불과 39년 만에 임진왜란의 교훈을 잊고 국방을 소홀히 하여 군사대국으로 성장한 청나라에 삼전도의 굴욕을 당하게 된 것이다. 또한 우리는 근대사에서 힘없던 조선의 멸망과 일본의 식민지로서의 쓰라린 아픔을 경험하였다. 스스로 지킬 수 있는 힘이 없으면 굴욕의 역사를 뒤풀이할 수밖에 없다는 진실을 여실히 보여 준 것이다.

앨빈 토플러는 『부의 법칙과 미래』라는 책에서 미래에 대한 '전쟁과 반전쟁'을 언급하면서 미래전장을 주도할 수 있는 군사력을 바탕으로 전쟁이 일어나지 않도록 억제하고 예방할 것을 강조하고 있다. 토플러는 이 책에서 전쟁의 방식은 이익을 창출하는 경제의 원리와 비슷하므로 국가는 전쟁을 통해 부를 창출할 수 있고, 전쟁지식을 갖추는 것이 국가이익에 도움이 된다고 강조하고 있다.

군사이론가로 유명한 칼 폰 클라우제비츠도 그의 저서 『전쟁론 Von Kriege』에서 "전쟁이란 자국의 의지를 구현하기 위해 상대에게 무력을 강요하는 행위"라고 정의하고 있다.

우리를 위협하고 있는 북한의 기도와 군사적인 능력을 고려하여 우리의 역량을 구비해 나가야 한다. 북한은 117만명의 병력과 방대한 재래식전력과 대량살상무기를 보유하고, 강성대국과 선군정치를 강조하면서 대남적화통일전략을 포기하지 않고 있다. 따라서 우리는 북한의 어떠한 도발도 억제해야 하고, 억제 실패시에는 싸워 이길 수 있어야 한다. 하지만 우리는 싸우지 않고 이겨야 한다. 왜냐하면 6·25전쟁 당시와는 비교도 할 수 없는 파괴력을 가진 남북한의 군사력이 충돌한다면 그로 인해 그동안 우리가 심혈을 기울여 이룩해온 일류 대한민국으로 도약할 수 있는 민족적 역량을 한순간에 송두리째 잃어버릴 수 있기 때문이다.

"당신은 전쟁에 관심이 없을지 모르지만 전쟁은 당신에게 관심이 있다"는 토플러의 말처럼 전쟁은 우리의 의지와 상관없이 한반도에서 언제 발생할지 모르므로 이 땅에서 전쟁을 억제하고 예방하기 위해 최선을 다해야 한다.[92] 세계는 경제뿐만 아니라 안보 측면에서도 상호 의존의 시대로 접어들고 있으며, 엄격한 의미에서 스스로만의 힘으로 완벽한 국가안보를 보장받을 수 있는 나라는 미국을 포함해서 이 지구상에 단 한 나라도 없다. 이처럼 우방국과의 긴밀한 안보협력의 유지 및 강화가 중요한 안보수단의 하나인 것은 고금이 동일한 것이다.

그러나 우리 안보의 중요한 지주인 한미간의 동맹체제도 결국은 우리가 주인이 된 입장에서 미국의 협조와 지원을 받는 것이며 일방적 의존이 아님을 유념해야 한다. 그럼에도 불구하고 혹시 우리는 과거 이래 우리의 생존문제를 미국에 너무 맡겨온 것이 아닌가 반성해야 한다. 우리가 장차 한반도의 통일을 이루고 태평양시대에 주역국가로 도약하는 목표를 성취하고자 한다면 방위역량의 강화는 필수불가결한 전제조건이 될 것이다. 이 자주성 원칙은 국방태세 확립을 위한 노력에 있어서 유의해야 할 중요한 원칙이다. 물

---

92) 세계전사에서 보면 대부분의 전쟁은 예고없이 일어났다. 북한의 기습남침으로 발발한 6·25전쟁을 비롯한 수많은 전쟁이 사전 예고없이 일어났다. 도요토미 히데요시(豊臣秀吉)는 전국시대 통일 이후 전쟁경험이 풍부한 30여 만명의 병력을 보유하고 대륙정복의 야욕을 가지고 있었다. 그러나 조선은 그것을 정확히 알고 대비하지 못하였기 때문에 처참한 피해를 당한 것이다.

론 오늘날과 같은 상호의존의 시대에 있어서 국가안보를 내 힘만으로 할 수는 없다. 그것은 근본적으로 가능한 일도 아니고 반드시 그럴 필요가 있는 것도 아니다. 여기서 강조하는 것은 국가방위를 계획하고 구현함에 있어 자주성을 의미하는 것이다. 그런 차원에서 우리에게 맞는 국방사상과 군사사상을 정립하고 이를 바탕으로 군사독트린 즉 군사이론체계를 발전시킬 필요가 있다.

전력증강 분야에서도 적절한 자주성이 요구된다. 앞으로 계속해서 한미간의 상호 호환성만 따지고 미국의 요구에만 순응하다보면 북한의 전력을 따라 잡거나 장차 국제사회에서 홀로 설 수 있는 군사적 자주성을 구비해 나가는 데 상당한 기간이 더 소요될 수 있음을 유념할 필요가 있다.

자주적 국방능력의 근본은 스스로의 사고와 힘으로 싸울 수 있는 능력과 체제, 즉 우리의 지혜와 힘으로 전쟁을 억제하여 평화를 유지하고 유사시에는 현대적 전쟁을 수행할 수 있는 능력과 체제를 갖추는 일이다. 이를 위해서는 전쟁지도체제를 재조정하고 조기경보 및 정보획득능력을 포함하는 독자적인 전쟁수행능력과 자주적 억제전력을 조기에 확보하는 등의 다양한 노력이 수반되어야 한다. 그러한 능력을 구비할 때 한국군은 세계 일류선진정예강군으로 우뚝 설 수 있을 것이다.

적절한 전력규모의 확충도 제외될 수 없는 과제이다. 향후 군사적 신뢰구축 진전에 따라 추진 가능성이 있는 군비통제 협상을 비롯하여 앞으로 있게 될 상황변화를 고려한다면 현역 병력의 수는 국방개혁에서 목표로 하는 약 50만 명의 인원보다 더 줄어들 가능성에 대비해야 할 것이다. 그러나 전력규모는 더욱 더 확충되어야 한다. 결국 인력의 규모는 늘리지 않더라도 전력은 증강해야 한다는 것인데 이것은 결국 우리도 선진 국가처럼 기술집약형 군대가 되어야 함을 의미하는 것이다.

과학의 발전이 가속화함에 따라, 아주 정교한 무기체계와 그 무기체계가 전장에서 갖는 장점들은 전력발전전략의 주요 목표가 되었다. 인간의 생명을 고도 정밀 무기체계로 대체하려는 노력은 지속되고 있다. 그리고 기술에 의한 전력 승수효과는 오늘날 군사 영역에서 꽤 많이 선호되는 경향이다. 고도의 기술 무기체계에 대한 추구가 불과 몇 세기 전에는 꿈에도 생각지 못했던 전투능력을 갖게 했다는 것은 의심의 여지가 없다. 그러나 국방전략가는 비록 현대 기술이 전승을 위해 중요하지만 그 기술적 가치는 과장될 수 있고, 위험은 축소될 수 있으며 기회비용은 모호해 지거나무시될 수 있다는 점을 명심해야 한다.

모든 조건이 동일하다면, 전장에서 우세한 기술은 현저한 이점을 제공한다. 다른 조건이 동일하지 않을 때에도 우세한 기술이 전장에서 핸디캡을 줄이는 데 중요한 역할을 할지도 모른다는 것은 명백한 진실이다. 그러나 이러한 진실은 군사적으로 중요한 기술적 이점이 허약하고 손상되기 쉬우며 쉽게 없어지는 상품일 수 있다는 인식 아래 적절히 조율되어야만 한다.

그러므로 앞으로도 당분간은 적정수준의 국방비 확보가 불가피할 것이고, 투자방식도 보다 더 정리되고, 효율적이 되어야 할 필요가 있다. 주한미군의 상황에 따라서는 국방비 수준은 더욱 더 상향조정되어야 할 것이다. 그러나 더욱 중요한 것은 우리군의 개념, 체제, 역량 등 모든 면에서 대폭적인 혁신이 필요하다는 것이다. 또한 우리의 방위산업 역량을 더욱 발전시켜야 한다. 왜냐하면 자주적 국가방위역량은 우리의 방위산업능력이 우리의 국방력을 뒷받침해줄 수 있을 때 비로소 완성될 수 있는 것이다. 또 그래야만 우리의 작전환경과 우리의 필요에 맞는 무기와 장비도 확보할 수 있게 될 것이다. 방위산업은 단순한 일반적인 산업과는 달리 국가 생존과 민족적 자존심 수호 문제와 직접적으로 연계되어 있는 산업이다.

국방태세의 확립을 위해 가장 중요한 것은 온 국민과 군이 한마음으로 협조하면서 다같이 나라를 방위해야 한다고 자각하고, 국민의 국가방위에 관한 일체감과 의지를 돈독하게 다지는 일이다. 특히 우리의 경우는 안보상의 일차적인 위협이 동족으로부터 오는 것이기 때문에 국민적 일체감과 국민의 국방의지가 동요되고 있지 않은가 하는 심각한 우려가 있다.

나. 방위충분성 전력의 확보

자주국방역량의 확보와 함께 방위충분성의 전력을 확보하는 것이 중요하다.[93] 어느 국가를 막론하고 생존과 번영에 대한 일차적인 책임은 스스로에게 있다. 따라서 모든 주권국가는 국가의 안전보장과 국익의 옹호 및 증진을 최우선적인 목표로 지향하고 있으며, 이러한 목표를 구현할 수 있는 능력을 갖추고자 하는 것이 방위충분성 전력의 확보라 할 수 있다.

방위충분성이라는 21세기의 불특정하고 불확실한 안보상황하에서 공존과 공생을 추구하고 상황변화에 대비하여 국방에 필요한 최소한도의 그러면서도 충분한 수준의 군사능력으로 안보전략을 뒷받침할 수준을 말한다.[94) 구체적으로는 우리의 국가이익을 함부로 침해할 수 없는 수준이며, 주변국과의 관계에서 균형추 역할을 할 수 있고, 주변국과의 국지전이나 제한전시 우리의 능력으로 격퇴할 수 있는 수준의 군사력을 의미한다.

그 능력이 어느 정도가 되어야 하느냐는 군사력의 구성요소에 따라 달라질 수가 있다. 동맹군사력의 지원규모 및 능력이 크면 독자군사력의 수준을 낮춰도 국가방위가 가능하고, 동원군사력을 잘 구축하면, 작은 규모의 상비군사력으로도 방위충분성의 달성이 가능하며, 정보·전략군을 잘 구축하면, 작은 규모의 육·해·공군으로도 방위충분성의 달성이 가능하다. 그리고 기술집약적 군사력이 크면 병력집약적인 군사력은 작아도 방위충분성의 달성이 가능하다.[95)

---

93) 방위충분성이란 방어적 충분성(Defensive Sufficiency 혹은 Non-Offensive Defense : NOD)이론으로 이 이론은 동서독 분단 상태에서 구서독 학계를 중심으로 발전되어 온 안보전략이론이다. 이 이론의 핵심은 상대방을 공격하기에는 부족하지만 자국을 방어하기에는 충분한 전력과 군구조를 유지함으로써 긴장고조와 전쟁발발 가능성을 막자는 것이다.
94) 구체적으로는 ① 주변국이 우리의 국가이익을 결코 함부로 침해할 수 없는 수준, ② 주변국과의 관계에서 "균형추"역할을 할 수 있을 정도의 수준, ③ 주변국과의 국지·제한전시 우리의 독자 능력으로 격퇴할 수 있는 수준, ④ 주변 1개국과의 전면전시 다른 주변 1개국과 동맹·연합하면 국토와 주권을 확실히 방위할 수 있는 군사력 수준을 의미한다.

또한 방어전략이냐 공격전략이냐에 따라 방위충분성이 결정될 수도 있다. 방위충분성은 침략을 하지 않을 것임을 명백히 선언하는 것이지만, 수세적으로 방어만 하는 것이 아니라 방어가 확실히 보장될 수 있는 방어, 즉, 선제공격^{Preemptive Strike}도 가능하기 때문이다. 방자의 전력수준은 산업시대에는 공자의 1/3 수준으로 충분하였으며, 공자의 투입전력 기준으로 1/3 수준일 경우, 능력베이스의 적정 전력은 공자 전체전력의 1/5~1/10 수준이 될 수도 있다. 정보 · 지식사회의 전쟁인 경우, 방자도 상대적으로 약하기는 하지만 공자의 중심을 타격 · 마비시킬 수 있는 수단을 보유하는 작지만 강한 군사력의 의미가 커지고 있다.

그리고 방위충분성의 판단 근거로 능력베이스를 적용할 것인지, 위협베이스를 적용할 것인지에 대해서도 고려해야 할 것이다. 우선, 방위충분성을 판단하기 위해서는 ① 위협의 성격, ② 잠재적 상대의 능력, ③ 국가전력 등을 고려해야 한다. 그러나 미래의 위협은 불특정 · 불확실 위협으로서 그 자체가 명확하게 식별하기 어렵고, 또 미래의 잠재적 상대의 능력 역시 평가하기 어렵다는 점에서 위협 시나리오에 근거한 구체적인 대응전력 구축은 쉽지 않다. 따라서 논리적으로 볼 때는 능력베이스가 타당하지만 미래 분쟁상황도 어느 정도 예상되므로 가상 분쟁 시나리오를 다수 개발하고 다양한 모의방법을 통해 미래에 필요한 군사력을 도출하는 방법을

---

95) 능력베이스란 유사상황에 있는 국가의 병력 및 군사력을 참고하고 우리의 경제기술력의 미래 전망을 고려하여 전문가 그룹의견을 종합하여 적정한 수준의 병력 및 전력수준을 판단하는 것을 말한다.

적용할 수 있다. 즉, 능력베이스에 기준을 두되 위협베이스도 고려하여 판단해야 할 것이다.

이러한 능력베이스와 위협베이스를 종합적으로 고려하여 예상되는 병력 및 군사력 규모를 기반전력과 핵심전력의 구성비로 판단해 보면, 핵심전력이 차지하는 구성비가 약 20% 내외에서 향후에는 50% 이상으로 증가해야 하나, 이는 많은 예산과 노력이 투자되어야 하므로 구성비의 최종적인 결정은 다분히 국가적 의지에 달려 있다. 추가적인 고려사항으로 기반전력 중 재래식전력의 감축이 불가피할 것이며, 일부에서는 병력규모를 30만 명까지 감축해야 한다는 주장이 있으나 현재 추진되고 있는 국방개혁의 목표병력 50만 명 정도가 적절한 것으로 판단된다. 즉, 국력에 맞는 현시적 병력보유의 필요성과 아울러 주권국으로서 외부의 침략을 방위할 수 있는 정도의 군사력이 요구된다. 따라서 국방개혁의 이정표를 설정해 놓고 단계적으로 감축하되, 현재의 위협에 대비하면서 최소한 20~30년은 내다보고 장기적으로 감축할 대상과 통일 이후까지 정예화할 부대를 구분하여 선별적으로 투자해야 할 것이다. 그리고 병력을 절약하기 위해서는 동원전력의 발전이 필요하다. 스위스와 스웨덴은 상비군은 적으나 상비군 못지않은 동원전력을 보유하고 있다. 또 한 가지 방법은 국경수비대를 창설하되 법무부 산하에 소속시킴으로써 국경수비를 위한 병력을 절약하는 방법도 고려할 수 있을 것이다. 독일군의 경우와 같이 후방지원인력은 민간에서 담당함으로써 전투 근무지원을 위한 병력 절약효과를 달성하는 방안도 검토할 수 있을 것이다.

한반도의 안정을 위해서는 한국군이 자위적인 방위역량을 확보해 나가는 일이 무엇보다 중요하다. 즉, 현존하는 북한군의 위협을 억지하고 전쟁을 방지해야 하며, 또한 미래 불특정 위협에 대비하는 적정 수준의 전력 즉 방위충분성 전력을 확보해야 한다. 즉, 자위적인 방위역량을 확보하는 데는 통일이전의 북한의 위협뿐 아니라 통일 이후의 주변국의 위협에 대비할 수 있도록 장기적인 안목에서의 통합적인 대비가 필요하다. 이를 위한 추진방안으로는 먼저 전력증강을 통하여 자위적인 방위역량을 확보하여 대북 억제력을 완비하고, 국방개혁의 추진으로 군의 조직과 운영체계의 효율화를 도모하는 것이다.

먼저 방위충분성 전력을 확보하기 위해서는 전략적 억제전력 확보가 우선적으로 추진되어야 한다. 정보·감시자산을 활용하여 북한과 불특정 위협세력의 핵심표적을 지속적이고 주기적으로 감시하고, 분쟁 도발시에는 치명적인 응징보복을 가할 수 있는 전략적 억제전력을 확보함으로써 적의 침략의지를 사전에 무력화 할 수 있을 것이다. 또한 미래에는 국가 기간시설 및 군사지휘통제체계 등이 네트워크체계에 의해 결합되므로 유사시 이를 전략적으로 활용할 수 있는 사이버공격능력을 포함한 정보마비 능력을 확보해야 한다.

그리고 미래전 양상에 부합된 첨단 정보기술 전력을 구축해야 한다. 적의 군사활동을 상시 가미하고 정찰할 수 있는 독자적인 정보자산과 수집된 정보를 처리하여 실시간 전파하고 모든 전투요소를 지휘 및 통제할 수 있는 C4I체계와 선택된 표적을 정밀타격 할 수 있는 전력을 복합적이고 체계적으로 발전시켜야 한다.

현존 북한 위협을 억제할 수 있는 능력을 완비하고, 장기적으로 미래의 잠재적인 위협에 대비한 방위충분성 전력을 확보하기 위해서는 꾸준한 국방비의 투자가 필수적이다.[96] 그러나 우리나라는 안보위협이 높은 국가임에도 불구하고 GDP 대비 국방비의 분담율은 1980년에 6.0%에서 2012년에는 2.52%까지 하락하여 세계 분쟁국의 평균수준인 6.3%의 절반도 안 되며, 세계 평균수준인 3.5%에도 크게 못 미치는 실정이다.

방위충분성 전력을 정상적으로 구축하기 위해서는 장기적으로 세계평균수준인 GDP 대비 3.5% 수준의 국방비가 안정적으로 배분되어야 한다. 세계 11위의 우리 국가의 경제력을 고려할 때 노력하면 부담이 가능할 것으로 판단된다. 그러나 이를 위해서는 무엇보다도 국민적인 합의와 공감대 형성이 중요할 것이다.

2. 영토수호와 평화관리 능력 배양

대한민국 헌법 제3조는 "대한민국의 영토는 한반도와 그 부속도서로 한다"고 명시함으로써 우리의 영토범위를 명확히 규정하고 있다. 우리 민족은 수천 년 동안 한반도라는 지리적 공간 속에서 하나의 민족 생활권을 이루며 살아 왔다. 즉, 우리의 강토는 남과

---

96) 자주국방에는 예산지원이 필수적이다. 주한미군이나 미국의 지원이 없다면 결국 천문학적인 예산으로 이를 메울 수밖에 없다. 국방부 연구기관인 한국국방연구원 (KIDA)이 분석한 자료에 의하면 선진국형 첨단 기술군의 육성을 위해서는 향후 20년간 순수 전력투자비만 약 209조원이 필요하다.

북의 온 겨레가 더불어 가꾸어야 할 새로운 삶의 터전이자 후손들에게 안전하게 물려주어야 할 생활의 공간인 것이다. 따라서 우리의 영토를 수호하기 위한 역량을 구비해야 한다.

분단시대를 살아가는 우리 세대는 영토를 평화적으로 통합하여 민족 구성원 모두가 한반도 내에서 자유롭게 왕래하고 거주할 수 있는 터전을 만들어야 하며, 이를 아름답게 가꾸고 보존하여 후손들에게 물려 줄 책임과 의무를 성실히 수행해야 할 것이다.

그러나 이러한 당위적인 책임과 의무가 아무리 크다 하더라도, 현 단계의 한반도 주변정세 속에서 우리의 낭만적 민족주의와 통일지상주의는 한반도를 다시금 주변 열강들의 세력 각축장으로 만들고 민족의 장래를 위험에 빠뜨릴 수 있으며, 영토의 부분적인 상실을 가져올 가능성도 있음에 유념할 필요가 있다. 따라서 우리는 통일에 대한 성급한 기대를 갖기보다는 우리가 정치·경제·사회·문화적으로 안정된 기반 위에서 발전해 나갈 때 영토를 안전하게 통합하여 보존할 수 있다는 인식이 필요하다.

통일은 21세기 우리가 번영하고 세계 중심국가로 발돋움하기 위한 필수적인 조건이다. 경제적으로 남과 북이 통합되어야만 인구, 자원 등 모든 면에서 비로소 하나의 독립된 발전이 가능한 경제권을 형성해서 21세기에 대비할 수 있다. 국제사회에서 우리 민족이 민족적 자존심을 지키고 참된 자주성을 회복하려 해도 민족의 통일이 이루어져야만 가능하다. 또한 국제사회에서 민족 상호간에 갈등으로 인해 감수하지 않으면 안 되는 국가적 불이익과 제한은 심각하다. 현 분단 상태는 안보, 정치, 외교, 경제, 사회, 문화 등 각 분야에서 우리 민족의 도약에 결정적인 족쇄가 되고 있으므로 이를 지혜롭게 풀어야 한다.

그러나 평화로운 통일의 전제조건은 강력한 국방력을 바탕으로 영토를 수호하는 것이다. 따라서 한국은 국방태세를 굳건히 유지하며 전쟁을 억지하고 평화를 정착시킴으로써 국가의 번영과 발전에 기여해야 한다.

인류역사에서 전쟁을 살펴보면 그 원인은 전쟁의 수만큼이나 다양하고 복잡하다. 원시시대에는 식량과 토지, 노예 획득이 주원인이었는가 하면, 중세 유럽에서는 종교적 이유가 많았다. 그대사회에서는 자원과 상품시장 확보를 위한 식민지 쟁탈과 제국주의 건설을 위한 전략적 요충지 확보를 위한 전쟁이 많았다.[97] 그래서 우리 민족도 930여 회에 달하는 외침을 받았으며, 일제강점기의 쓰라린 과거사를 갖고 있다.

평화통일은 전쟁억제를 토대로 평화가 보장되는 조건 위에서 성립된다. 즉, 이 땅에 진정한 평화상태가 공고하게 될 때 비로소 평화가 보장될 수 있는 것이다. 이를 위해 우리는 평화 지키기 Peace Keeping와 평화 만들기 Peace Making를 병행하면서 전쟁을 억제하고 평화를 관리해 나가야 하는 것이다. 우리 민족의 번영과 발전을 이룩하기 위해서는 한반도에서 전쟁을 억제하고 평화를 보장하는 것

---

97) 전쟁 연구자들에 따르면 20세기의 전쟁 희생자는 1억~1억 7천만명이라고 한다. 1,500만명이 사망한 제1차 세계대전이 끝났을 때 사람들은 큰 전쟁(Great War)이라고 불렀다. 그로부터 20년 후 제2차 세계대전이 일어났을 때 5천만명이 죽을 것이라고는 상상하지 못했다. 영국 노벨문학상 수상자 윌리엄 골딩(Williams Gerald Golding)이 20세기를 가리켜 '인류사에서 가장 폭력적인 세기'라고 규정한 것도 무리는 아니다.

은 모든 문제에 앞서는 선행조건이다. 우리가 추진하고 있는 화해
협력정책이나 한반도 신뢰프로세스도 전쟁억제와 안전보장을 전제
로 할 때 추진 가능한 것이다.

선진일류국가 건설은 전쟁억제를 위한 강력한 군사대비태세가
뒷받침될 때만 비로소 실현될 수 있으며, 튼튼한 안보가 뒷받침되
지 못한다면 번영과 발전은 그저 희망에 불과할 것이다. 이를 위해
서 이스라엘이나 스위스처럼 총력안보를 굳건히 유지해야 한다.
한반도에서 평화와 안정을 보장하고 나아가 화해와 협력의 장을 열
어 평화통일을 이룩하기 위해서는 북한으로 하여금 대남적화전략
을 포기하도록 강요해야 하며, 군사적인 위협으로는 아무것도 이
룰 수 없다는 것을 명확히 인식시켜야 한다. 이를 위해 우리는 강
력하고 확고한 전쟁억지력을 구비해야 한다. 대한민국 국군의 강
력한 억지력은 강력한 대북정책 추진을 위한 기반이 되는 것이다.

한반도에서 평화를 가장 확실하게 관리하기 위해서는 우선 튼튼
한 안보에 바탕을 두고 남북간 화해와 교류협력을 실천해 나가는
전략을 추진해야 한다. 즉, 북한이 스스로 평화공존과 변화의 길로
나올 수 있는 환경과 여건을 조성하여 전쟁을 근원적으로 예방해야
한다. 대북화해협력정책의 목표는 평화와 화해협력을 통하여 남북
관계를 발전시키는 것이다. 법적 · 제도적 통일의 실현을 서두르기
보다는 평화의 토대를 확고하게 유지한 가운데, 교류협력을 꾸준
히 활성화하여 남북 간 상호이해의 폭을 넓히고 민족동질성을 회복
하면서 평화를 정착시켜 사실상의 통일을 실현하려는 것이다.

전쟁을 억제하면서 평화를 관리해 나가기 위해서는 영토 수호와

평화를 관리하기 위한 역량을 구비해야 한다. 즉 국방태세부터 확립해야 하는 것이다. 평화는 거저 주어지는 것이 아니라 지켜지는 것이며, 스스로 자신의 평화를 지킬 수 있는 능력을 확보하지 못하는 한 번영과 발전은 보장될 수 없으며, 국제사회에서 민족과 국가를 지켜나갈 수 없을 것이다.

3. 튼튼한 국방태세 확립

우리의 기본적이고 전통적인 국방의 임무는 외부의 군사위협과 침략으로부터 국가를 보위하고 국민의 생명과 재산을 보호하는 것이다. 한국군은 국가의 평화와 안전 그리고 독립을 위협하는 제반 요소를 제거하고 예방하기 위한 국가의 물리적 생존수단을 환보하는 것에 기본적인 목표를 두고 있다. 그리고 국민의 절대적 지지에 기초하여 국가발전을 지원하는 집단으로서 외부의 위협에 대응하고 국가 내부의 안보의 보루로서의 사명을 다해야 한다.

우리의 튼튼한 국방태세의 확립 전략수립을 위해 고려해야 할 주요 전략요소를 평가해 보면, 중강국인 우리의 입장에서는 주변국의 절대 우세 군사력에 대한 이소제대(以小制大)의 비대칭적 대책이 긴요하고, 지정학적으로 세력균형추의 역할을 할 수 있는 이이제이(以夷制夷) 방책 발전이 긴요하다. 지경학적으로는 동아시아 경제권의 중앙에 있는 유리한 이점을 잘 활용하여 경제와 기술의 상생적 상호의존구조를 예방과 억제전략에 활용해야 한다. 해외 의존적인 경제구조를 감안할 볼 때 해상·항공수송로의 보호가 매우 중요하며, 사이버 공간이 새로운 경제대륙으로 변모하고 있다는 점에서 사이버테러 및 항공과 우주공간의 테러 방지도 중요할 것이다. 그리고 국력 및 기술력의 증가로 통일한국의 경제는 선진 경제권, 정보화 사회로 진입 가능성이 높으므로 이에 걸 맞는 군사독트린과 전쟁수행방법의 정립이 요구된다.

우리는 통일한국군의 모습을 구상하면서 대승적인 차원에서 군사력을 건설해 나가야 한다. 현 시점에서 군사력 건설목표는 북한 및 미래위협에 동시 대비가 가능한 정보화·과학화된 첨단 군사력 건설이다. 이러한 목표를 달성하기 위한 군사력 건설 기본방향은 ① 전력화 투자에는 10~20년의 선행기간이 필요한 점을 고려하여, 통일 이후의 군사력 건설에 지금부터 대비하고, ② 가용자원의 제한사항을 감안하여 현존 북한의 위협과 통일 후 불특정 위협을 동시에 대비할 수 있는 소요전력을 우선적으로 보강하며, ③ 첨단전력과 재래 전력을 동시 보강하는 High-Low Mix 개념을 적용해야 할 것이다.[98] ④ 병력규모는 북한위협 소멸 전까지는 가능한 현 규모로 조정하며, 부대구조는 기술집약형 구조로 전환시키되, 통일 후까지 유지할 핵심부대는 기술위주의 첨단전력을 활용한 정보화·과학화 구조로, 통일 후 해체할 일반부대는 성능개량 위주의 기반전력 강화로 구분하여 발전시켜야 할 것이다.

무기 및 장비는 정보수집능력 구비, 고도의 기동성 및 장거리 타

---

98) 제한된 예산의 효율성을 극대화하기 위하여 현재 보유하고 있는 재래식 전력을 최대한 활용하면서 꼭 필요한 분야에만 첨단전력을 도입하여 함께 운용하는 개념을 말한다.

격능력 확보, 실시간 통합전력 발휘 가능한 지휘·통제체계 등을 구축하되, 핵심전력은 여타 전력에 우선하여 재원을 집중투자하고, 기반전력은 협동 전력체계를 유지하기 위한 필수전력 위주로 투자토록 하되 무기별 전력화 우선순위를 설정하여 추진해야 할 것이다.

군사력은 전쟁을 수행하는 역할과 함께 평시에 전쟁을 억제하고 영향력을 투사하는 역할도 수행한다. 평시 대외정책의 수단으로서 정치·외교적인 역할을 수행하는 것이다. 군사력은 여러 외교수단 중의 하나로서가 아니라 이를 포괄하는 와일드카드와 같은 성격을 지닌다. 특히 평시 군사력은 강압외교의 수단으로서 중요한 역할을 수행한다. 따라서 튼튼한 군사력의 확보는 국가보위뿐 아니라 국가이익 추구에 필수적인 수단이라.

4. 견고한 군사동맹 체제 발전

국가전략을 고려하는 궁극적 목표는 곧 국가의 생존과 번영이다. 국가전략이란 국가가 생존하기 위해 방어해야 할 핵심가치를 파악된 위협에 대비하여 한정된 국가자원으로 달성하기 위해 가장 효율적인 방안을 선택하는 방법에 관한 것이다. 한정된 자원으로 모든 것을 한꺼번에 할 수는 없기 때문에 국가전략의 선택지에는 우선순위가 있을 수밖에 없다. 한미동맹을 강화해야 한다는 것은 다른 모든 국가전략목표를 도외시하고 오로지 한미동맹만을 중요시한다는 의미는 아니다. 실상 국가전략은 다양한 선택지에 대해 국가가 대전략적 관점에서 우선순위를 적절히 배분하는 행위이다. 한미동맹을 중시한다는 것은 대한민국이 택할 수 있는 여러 전략적 선택지 중에서 한미동맹에 높은 우선순위를 부여한다는 의미이지, 그것이 다른 선택지를 배제하는 것은 물론 아니다.

이런 관점에서 통일 이전은 물론이요, 통일 이후에도 한반도가 안정되는 기간 동안 한미군사동맹의 기조는 유지되는 것이 바람직하다. 왜냐하면 한반도의 21세기 안보환경 및 장기적인 안보여건 상 한미 쌍무 동맹의 견지가 가장 효율적이며 다자 안보체제는 쌍무동맹의 보완차원에서 병행되는 것이 바람직하기 때문이다.

2030년경 한미군사동맹의 모습을 결정할 가장 중요한 변수 중 하나는 그 당시의 국제관계의 형태이다. 특히 글로벌 차원 추세에서의 관건은 미국의 패권적 리더십이 현재와 같이 유지될 것인가, 아니면 미국의 유일 초강대국으로서의 지위가 쇠퇴하고 새로운 지구적 경쟁자Global Competitor가 등장할 것인가 하는 점이다. 또 다른 변수는 이러한 국제질서의 결과 미국이 택할 군사안보전략의 성격으로서, 한미동맹의 미래는 미국의 패권과 동맹관에 의해 결정될 가능성이 크다. 그 외에 부차적인 요인으로는 현재 진행중인 세계화, 지식정보혁명 및 경제통합의 혜택이 균등하게 분배되는가 혹은 일부에 편중되어 지역간, 계급간 격차가 심해지고 그 결과 세계적 갈등이 심화될 것인가 하는 관점에서 보는 것을 지적할 수 있지만 결정적인 변수는 아닐 것으로 보인다.

한미동맹의 향후 비전은 포괄적이고 역동적인 전략동맹의 구축이다. 민주주의와 시장경제라는 기본가치를 공유하고, 평화를 주도해 나가는 동맹, 그리고 보다 유연하고 독자성이 제고되는 가운데 수직적 관계보다는 수평적 관계를 실현하는 동맹, 더 나아가 상호 운용성이 지금보다 더 확대된 동맹관계를 지향해야 할 것이다. 포괄적이고 역동적인 전략동맹관계를 실현하기 위해서는 정치·군사적 측면에서의 역할 뿐만 아니라 경제적 측면에서의 협력을 강화해 나가야 한다. 아울러 포괄적이고 역동적인 동맹관계는 전통적인 군사위협에 대응함과 더불어 새로운 안보 위협, 즉 테러, 마약, 환경오염, 불법인구이동, 해적 행위 등에 포괄적으로 대처해 나감으로써 역내 다자안보협력의 활성화에 기여할 수 있어야 한다.

우리는 친미냐 반미냐 하는 이분법적 사고에서 자유로워져야 한다. 즉 용미(用美)의 시각에서 한미동맹의 장기적인 조정을 점진적으로 모색해 나가야 한다. 왜냐하면 미국의 국가안보전략과 동북아 군사전략을 변화하고 있고, 한미 양국의 여론도 양국의 역할 변화에 관심을 갖고 있으며, 한반도의 통일과정 및 통일 이후의 안보환경은 양국관계의 변화를 요구할 가능성이 있기 때문이다.

따라서 한미동맹의 성격과 역할을 통일 전에는 한반도 평화수호동맹, 통일과정에서는 통일지원동맹, 통일 이후에는 공동이익창출동맹으로 발전시켜 나가야 한다. 이러한 동맹의 성격변화를 통해서 양국은 최소의 비용으로 한반도의 안정을 유지할 수 있고, 통일과정을 효율적으로 관리하면서 유사시에 대비한 공동대응을 할 수 있으며, 통일 이후에도 양국의 능력을 바탕으로 공동이익을 추구할 수 있을 것이다.

주한미군에 대해서 한미 양국은 당시 안보환경을 고려하여 동맹국가로서의 공동 의무를 확정한 후, 공동의 안보전략에 따라 주한 미군의 역할, 임무, 책임을 규정해 나가는 동맹전략의 변화를 검토해야 한다. 양국은 이러한 개념을 가지고 상호 보완적으로 안보전략을 수행하는 데 필요한 주한미군의 역할과 규모를 일방적 결정이 아닌 양국의 합의와 협의를 통해 점진적으로 조정해야 할 것이다. 북핵문제가 해결되고 평화체제가 구축된다면 이에 발맞춰 한미 지휘관계, 기지조정과 방위분담 등 구체적인 사항들도 연계하여 조정해 나가야 할 것이다.

북한의 위협 등 안보상황이 크게 변화되지 않는 정전협정체제의 틀 속에서는 현 수준의 주한미군으로 유엔사의 체제를 유지하면서 북한위협을 억제하고, 유사시 미국의 증원군을 접수하기 위한 작전수행 환경을 유지하는 것이 바람직할 것이다. 그러나 북핵문제 해결 등을 통해 남북간 공고한 평화상태가 구축되고 평화체제가 정착된다면 주한미군은 한반도 평화체제를 보장할 수 있는 정도의 규모로 조정하는 방안도 검토할 수 있을 것이다. 그때 주한미군은 공군, C4ISR [99] 및 군수지원 전력이 중심이 된 핵심전력으로의 재편도 고려해 볼 수 있을 것이다.

통일 이후의 주한미군은 동북아지역에서 안보협력의 역할을 담당하면서 전쟁 이외의 작전을 수행할 수 있는 규모로 조정되는 것이 바람직하다. 한미간에는 지금보다는 느슨한 안보동맹체제하에

---

99) 현대전 수행에 있어 핵심적인 요소인 지휘(Command), 통제(Control), 통신(Communication), 컴퓨터(Computer), 정보(Intelligence), 감시(Surveillance), 정찰(Reconnaissance) 등을 말한다.

서 공군과 C4ISR 전력이 중심이 된 최소 규모의 주둔이 필요할 지도 모른다.

장기적인 대한민국의 존망의 이익을 증진시키는 데는 새로운 구상이 필요하다. 쌍무간의 방위조약에 의존한 대한민국의 안보는 60여 년이란 긴 세월 동안 한반도에 있어서 전쟁재발을 억제하는 데 중심역할을 하였다. 또한 구소련을 위시한 많은 공산국가의 종말은 세계정치에 있어 새로운 장을 열게 하는 기능도 하였다. 오늘날 세계는 새로운 평화구조를 요구하게 되었다. 새로운 힘의 균형은 과거 민주주의 국가로 얽혀 있었던 동맹관계의 재정립을 요구하고 있다. 새로운 동맹관계는 두 가지 측면에서 정립되어야 한다. 그것은 기존의 쌍무관계를 재조정하고 이를 보완하기 위한 다자간 관계를 새롭게 하는 것이다.

우리는 동북아의 중심국가로서 국가위상을 확립하여 주변 4국과 공존공영을 추구하는 평화지향적인 지역공동안보를 추구해야 한다. 이를 위해 우리는 견실한 자주국방태세를 갖춘 독립민주국가로서의 위상을 높이고, 한미동맹을 바탕으로 동북아의 전략환경에 능동적으로 대처할 수 있는 국가안전보장의 기조를 다져나가야 할 것이다.

5. 군사적 신뢰구축과 한반도 평화체제 정착 지원

한반도에서 긴장완화를 통해 평화를 유지하고, 남북간 교류협력을 강화하기 위해서는 군사적 신뢰구축이 우선적으로 추진되어야 한다. 남북간 군사적 긴장완화는 남북 군사당국간 회담을 통해 추진하고, 상황변화에 맞게 신뢰구축과 군비제한 및 군축과정을 배합하여 점진적·단계적으로 추진해야 할 것이다.

군사적 신뢰구축은 북한의 군사적 투명성^{Transparency}과 개방성을 향상시키는 데 목표를 두고, 상호 합의 및 이행이 용이한 분야부터 우선 추진하고 내부적인 이해와 동의를 얻기 위해 한미가 공동으로 노력할 필요가 있다. 관건은 북한의 태도변화를 어떻게 유도하느냐에 달려 있다. 남과 북은 기본합의서를 비롯하여 그동안 개최된 남북군사회담들을 통해 군사적 긴장을 완화하고 신뢰를 구축하기 위한 실천적 조치들을 합의한 바 있다. 하지만 매 과정마다 북한은 매우 소극적인 태도를 유지해 왔다. 근본적 이유는 군사적 신뢰구축이 바로 투명성을 확보하고 개방성을 촉진하는 데 있기 때문이다. 즉, 상대방에게 문호를 열어 보여줘야 하고 보다 많은 접촉과 대화를 추진해야 하는데 이는 체제유지를 최우선으로 여기는 북한 입장에서는 수용하기 어려운 문제라는 인식을 갖고 있기 때문이다.[100]

그런 차원에서 북한의 호응을 유도하는 데는 역시 우리가 강점을 가지고 있는 경제문제를 적극 활용하는 방안이다. 이른바 남북경협의 군사적 보장과 지원을 군사적 신뢰구축의 선순환적 계기로 만

---

100) 북한은 2000년 9월 개최된 제1차 남북국방장관회담에서 우리측이 군사적 신뢰구축 필요성을 강조하자, 아무리 남북간 군사적 신뢰구축조치에 합의한다 해도 미국이 반대하면 한국은 군사주권이 없기 때문에 무용하다는 이유를 들어 소극적인 태도를 보인 바 있다. 사실상 이는 구실에 불과하고 실제는 더 많은 대화와 교류를 원치 않기 때문이라 할 수 있다.

들어 나가자는 것이다. 2002년 남북 철도도로 연결과정에서 남북 군사당국간 접촉의 횟수가 많아졌고, 공사와 통행을 위해 실무자간 직통전화도 개설할 수 있었다. 비록 초보적이나마 신뢰구축을 위한 가능성을 엿 볼 수 있는 계기가 되었다.

지난해 말 장거리 미사일 발사에 이어 3차 핵실험, 그리고 전쟁개시 선언, 개성공단 근로자 일방적 철수 및 공단 잠정폐쇄 등 긴장의 수위를 최고조로 높여왔던 북한이 이제는 언제 그랬느냐 하는 태도로 달라졌다. 일련의 대화공세로 돌아선 것이다. 그 이유는 경제적 필요 때문이다. 이후 박근혜정부가 원칙에 입각하여 대처하는 대로 북한은 순응해왔다. 개성공단의 발전적 정상화와 국제화에도 합의하였다. 을지프리덤가디언 연습기간중 이산가족 상봉문제 논의를 위한 적십자실무접촉에 호응하였다. 물론 이와 함께 금강산 관광재개를 강력 주장하고 있다. 따라서 이러한 북한의 태도를 개방과 변화의 계기로 잘 활용하는 협상력의 발휘가 요구되고 있다.[101]

앞으로 북한의 태도가 바뀌어 남북관계가 더욱 진전되고 군사적 신뢰구축이 가시화될 수 있다면, 남북국방장관회담 및 군사공동위원회 등 군사대화를 정례화 해나가야 한다. 남북간 군사적 긴장을

---

101) 이산가족의 추석상봉을 4일 앞두고 북한은 갑자기 이산가족 상봉의 일방적 연기를 발표하였다. 10월초 예정되었던 금강산관광을 위한 회담도 연기하였다. 이유는 아직 협상의 분위기가 아니라는 것이다. 그래서 여건이 조성될 때 까지 연기한다는 것이었다. 이는 북한이 대화공세를 높이고 합의를 하더라도 자기들 이익에 반하면 언제라도 뒤집을 수 있다는 점을 다시 한 번 보여준 단면이다.

완화해 나가면서 남북간 이미 합의한 신뢰구축 조치들을 한 가지씩 이행해 나가야 한다. 군 스포츠교류와 군 공동학술세미나 개최, 군 의료분야 협력 등을 통해 인적교류와 접촉을 점차 확대해 나갈 필요가 있다. 무엇보다 인도적인 문제인 6·25전쟁 전사자 유해 공동발굴이나 국군포로의 귀환 등에서도 협조를 받아낼 수 있도록 해야 한다.

무엇보다 정전협정체제를 복원하고, 군사분계선상에서 접촉하고 있는 부대간 의사소통 채널을 확보할 필요가 있다.[102] 이와 함께 JSA 공동일직장교 회의, 공동경비부대장교회의 등도 재개되어야 한다. 주요군사연습과 대규모 군사활동의 상호 통보, 비무장지대 인근 지역에서의 대규모 군사연습 축소, 상호 기초적인 군사력 현황자료 교환하고, 고위 군사당국자 및 작전책임자간 직통전화 설치 등을 통해 서로간의 오해와 우발적 충돌을 방지할 수 있는 조치도 병행하여 시행해 나가야 한다.

남북간의 군사적 대결 및 긴장은 적대 쌍방의 군사적 능력과 의도에 대한 의구심에서 비롯된 것이므로 상호 신뢰구축을 통해 군사적 투명성 제고가 우선적으로 실시되어야 하는 이유이다. 특히 군사적 신뢰의 구축은 향후 군비제한과 군축의 기초와 토양이 된다는 점에서 중요하다. 신뢰구축은 상호합의와 이행이 용이한 조치부터 우선적으로 추진되어야 한다.

---

102) 이를 위해서는 북한이 2013년 3월 인민군최고사령부 명의로 발표한바, 정전협정 백지화 선언과 남북기본합의서 불가침 의무 불이행 선언을 취소하고 정전협정과 남북기본합의서를 성실히 이행할 것을 재확인해야 한다.

한반도에서 항구적인 평화구조의 정착은 북한핵문제 등 근본적인 위협요인이 제거되고 실질적인 평화상태가 정착됨으로써 가능하다. 그 이후 남과 북이 주 당사자가 되는 평화협정을 체결하는 법적·제도적 장치도 마련되어야 한다. 이를 위해서는 북한의 대남무력적화의지 포기가 선행되어야 한다. 무엇보다 비핵화가 실현되어야 한다. 북한이 NPT에 복귀하고 기 개발한 모든 핵무기와 프로그램과 시설을 복구 불가능한 상황으로 폐기해야 한다. 국제사회의 검증이 따라야 함은 물론이다.

이와 함께 화생무기나 장거리 미사일 등 대량살상무기도 함께 제거되어야 한다. 이를 위해서 정부는 화학무기금지협약, 생물무기금지협약 등과 같은 국제군비통제활동에 북한이 참여하도록 적극 유도하는 한편, 이러한 대량살상무기 위협으로부터 국민의 재산과 생명을 보호하기 위한 노력도 경주해야 한다.

공격형 무기의 위협이 제거되고 축소지향적인 군사력 균형이 달성되어야 한다. 남북관계의 개선과 군사적 신뢰구축에 충분한 진전이 이뤄질 경우, 기본합의서에 따라 남북 간에 상대방에 대한 기습공격과 수도권에 대한 위협을 주고 있는 주요 공격형 무기와 제반 군사적 조치들을 제거하기 위해 남북 군비통제협상을 적극 추진해야 한다. 전반적으로 축소지향적인 군사력 균형을 추구하는 것이 바람직하다. 물론 당시 주변국의 안보상황을 감안하여 신중한 판단이 수반되어야 한다. 남북한의 군사적 안정성을 한층 높이고 전쟁의 위협을 제거하여 남북간의 평화공존을 공고히 하는 데 기여토록 해야 한다. 한편 소중한 자원과 인력을 보다 생산적인 부문에 이용될 수 있도록 한다면 남북간의 공동번영과 발전에 기여할 수 있을 것이다.

북한의 기습공격 능력을 제거하여 수도권의 안전을 보장해야 할 것이다. 기습공격을 방지하기 위해서는 기습공격용 무기 제한에 중점을 두고 주요 군사활동을 통제하고 배치를 제한하는 조치를 강구해야 한다. DMZ의 실질적 비무장화 및 인접 일정지역 내 군사력 추가 배치를 금지하고, 대규모 부대이동 및 군사연습도 제한해야 할 것이다. 수도권의 안전보장지대를 설치하기 위해서는 쌍방이 수도권에 대한 안전보장 선언을 채택하여 이를 이행하며, 상대방 수도권 중심 반경 50km 이내 안전보장지대를 설정하고, 직접적인 위협을 주는 특정무기를 안전보장지대 사거리 밖으로 배치 조정해야 할 것이다.[103]

전력배치 제한구역을 설치하기 위해서 기본적으로 고려해야 할 사항으로는 무기와 병력을 감축시 부대배치 조정과 연계하여 추진하며, 수도권 안전보장지대와 연계하여 기존 방어진지의 활용을 보장하고, 북한 갱도진지를 무용화하고 평시 무력충돌을 방지하는 조치를 위해야 할 것이다. 이러한 전제조건하에 배지 제한구역은 수도권 안전보장지대의 실효성을 보장한다는 조건하에서 볼 때 남과 북 수도권의 비대칭성을 감안하여 조정해 나가는 협의가 필요할 것으로 보인다.

---

103) 수도권 안전보장지대 및 전력배치 제한구역 설치 등을 적극 검토할 수 있을 것이다. 이집트-이스라엘간 30km 배치제한구역 설정 ⇒ 최소 12시간의 조기경보 보장: 시나이협정 I (1974.1), II (1975. 9).

북한의 체제전환과 남북경제통합

독일통일과 함께 사회주의체제의 자본주의체제로의 전환은 역사상 그 유래를 찾아볼 수 없는 현상이다. 체제전환국들은 체제전환을 추진하면서 경제발전을 도모하고 세계경제로 진입하고 있다. 그러나 북한은 개혁·개방을 주저하면서 경제적 어려움이 지속되고 있다. 향후 남북한의 평화적인 통일과 남북경제통합을 달성하기 위해서는 현재 진행되고 있는 체제전환국가의 경험을 바탕으로 북한의 체제전환에 대한 연구가 요구된다. 특히 남북통합의 가장 핵심적인 변수가 남북경제통합이라고 볼 때, 북한의 경제체제전환은 매우 중요하다. 따라서 현재 진행되고 있는 체제전환이론을 경제학적 측면에서 분석하여 향후 북한의 체제전환과 남북한 경제통합에 대해 기술할 것이다.

제1절 체제전환의 이론적 접근

제2절 북한의 체제전환

제3절 남북경제통합

제1절
체제전환의 이론적 접근

1990년대 사회주의체제의 자본주의체제로의 전환은 역사적으로 그 선례를 찾아볼 수 없는 새로운 패러다임의 전환이었다.[104] 즉 기존의 체제전환이론으로는 사회주의체제전환을 설명할 수 없으며, 사회주의의 체제전환의 이론적 체계를 완성해야 한다.

따라서 사회주의체제의 전환을 시킬 수 있는 방법이 중요하며, 또한 체제전환과정에서 제반 과제와 체제요소들을 어떠한 순서와 속도로 할 것이며, 그리고 기간은 얼마를 잡을 것인가 하는 것은 체제전환 작업을 수행함에 있어서 매우 중요하다.

따라서 사회주의체제 전환에 대한 체계적인 연구는 해당국가의 정치, 경제적인 상황을 파악할 수 있고, 이들 국가의 경제예측을 가능하게 하여 이들의 경험을 바탕으로 북한체제전환의 가능성과 정책적 시사점을 얻을 수 있다.

---

104) 이자형, "사회주의경제의 체제전환에 관한 연구", 『한국항만경제학회지』, 한국항만 경제학회, 1997, 참조.

1. 체제전환이론에 관한 경제학적 접근과 한계

가. 체제전환이론의 경제학적 접근

체제이론의 경제학적 접근은 대개 전통적 체제이론, 맑스주의적 체제이행론, 재산권 이론, 신제도 경제학 등으로 구분할 수 있다. 이러한 체제이론들은 공통적으로 다음과 같은 문제영역을 해명해야 한다.[105] 즉, ① 개별경제주체들간의 조정, ② 정부와 민간분야의 상호작용, ③ 사유재산의 역할과 범위, ④ 경제개방의 정도와 국제적 분업의 역할 및 범위, ⑤ 가격체계의 기능 정도, ⑥ 거시경제정책의 역할과 기능, ⑦ 이상의 개별요소에 대한 가치판단의 기준 등이 있다.

그 중에서 전통적 체제이론은 체제의 내용과 구성요소간의 정합성 등을 연구하고, 맑스주의적 체제이행론은 생산요소의 소유, 처분 및 통제권이 경제에서 핵심을 이룬다.

재산권이론은 경제이익에 대한 상호작용의 원인 및 유인동기와 소유권 간에 어떠한 관계가 있는지 등을 설명한다.

반면에 신제도경제학에서는 소유권, 시장, 법체계, 정부의 역학관계 등의 상호작용을 분석대상으로 하여 비교적 활발한 연구가 진행되고 있다.

---

105) Werner, Dichmann, "Eigentums-und Arbeitsverhasltnisse im transformationsprozess zur marktwirtschaft -ordnungspolitische Aspekte am Beispiel der neuen Bundeslaendern", in: *List Forum*, Band 17, 1991, Heft 4, p. 301.

체제전환이나 개혁은 그 과정에서 정치적인 역학관계 때문에 다양한 과정이 반복적으로 일어난다. 그래서 시간과 공간적으로 특정 형태를 지니고 나타난 체제는 경제의 외부적인 영향력에 대한 정치적 작용과 반작용의 반복이 낳은 결과라고 볼 수 있다.

나. 체제전환이론의 한계

지금까지 알려진 경제체제변화에 대한 이론으로는 맑스의 자본주의 붕괴론과 슘페터의 자본주의 성숙론이 대표적이다.

맑스는 자본주의에서 체제내재적인 모순은 피할 수 없는 역사적 필연성으로 사회주의로 전환되어야만 근본적인 모순이 해소될 수 있다고 보았다.

슘페터에 의하면 자본주의는 기술혁신을 통한 동태적인 경쟁으로 "창조적 파괴"과정이 일어나서 경제성장을 유발시킨다고 보았다. 그런데 이러한 개혁으로 독점기업이 출현하고, 이에 따라 개별기업의 역할 상실, 자본가계급의 기득권 보호기능 약화, 자본주의 모순에 대한 비판 지식계층의 증가, 체제 자체에 대한 신뢰의 소멸 등으로 결국 자본주의는 사회주의로 전환된다는 것이 슘페터의 주장이다.

이상의 두 가설은 자본주의가 사회주의로 전환된다는 체제전환이론이며, 현재 진행되고 있는 사회주의체제의 전환이론에는 설명할 수 없다. 왜냐하면 자본주의는 필연적으로 붕괴하여 사회주의로 이행된다는 맑스의 예언과는 반대현상이 나타나고 있다.

체제수렴론은 동서간에 체제는 지속적인 변화와 분야별로 상호

접근하는 경우가 많다. 그 이유는 산업화 과정에서 시장경제와 계획경제가 상호간에 영향을 미치기 때문이다. 이 가설에 의하면 시간이 경과됨으로써 시장경제체제도 점차적으로 계획에 더 많이 의존하게 되고, 정부도 그 기능이 확대된다.

반면에 사회주의체제도 경제 효율성을 중시하여 의사결정의 형태와 경제적 활동의 재량권을 분산시키고 시장논리의 도입 범위가 확대된다는 것이다. 특히 서방세계에서 국가의 경제에 대한 영향력이 확대되고 전문경영인과 고급기술인의 영향력 확대로 사유재산의 국유기능이 약화되는 방향으로 자본주의는 변질되고 사회주의경제에서는 생산단위가 자율성을 갖기 시작하여 시장경제와 같이 의사결정이 분산된다고 본다.[106]

체제극화론에서 따르면 자본주의와 사회주의는 서로 접근할 수 없으며 체제가 발전할수록 서로 대립할 수밖에 없다는 것이다.

정부가 한번 시장에 개입하기 시작하면 또 다른 간섭을 유발하여 국가가 모든 생상과 분배에 대한 계획적 운영으로 치닫게 된다고 주장하고[107] 체제전환은 일어나지 않는다고 강조하였다.

현재에 진행중인 사회주의의 체제전환은 체제이행론이나 체제수렴론 또는 체제극화론 등 어느 것으로도 설명할 수 없다.

---

106) John K. *Die moderne Industriegesellschaft*, Müenchen und Züerich, 1968.
107) Ludwig, Von, Mieses, Nationaloekonomie, Genf 1940, p. 646.

2. 체제전환이론의 내용

가. 체제전환의 정의와 주요과제

체제전환은 "기존의 질서 구성요인들이 새 것으로 대치됨으로써, 그 결과 구체제가 해체되고 새 체제가 등장하는 질적 도약을 유도하는 정치적 형상 의지와 그 결단에 의해 야기되는 과정"으로 정의하고 있다.[108] 이에 따르면 체제 내 동력에 의해 유발되는 모색과정에 대한 반작용으로 사후의 정치적 결단에 의한 진화과정은 체제전환으로 볼 수 없다. 체제전환은 집행, 처분 및 입안들의 원칙과 경제 및 회계원칙이 새로운 것으로 대체될 것을 전제로 하고 있다.[109]

체제전환이론은 체제전환을 유발시키는 원인과 분석을 강조하고 있다. 즉, 체제전환과정을 이끈 요소들의 규명이 체제전환이론의 주요한 과제이다. 철저한 분석으로 경제 · 사회 · 정치적 여건들의 악화로 체제전환이 되었는지 명백히 알 수 있다.[110]

체제전환과정을 분석함에 있어서 개별조치들의 추진 속도와 순서 등이 중요하며, 체제전환 과정상의 문제점과 이의 원인 및 발생시기도 역시 주요 사항이다.[111]

---

108) N. Kloten, *Die Transformation von Wirtschaftsordnungen: theoretische, phanotypische und politische Aspekte*, Tubingen, 1991, pp.7–8.
109) R. Clapham und B. Grote, "Zu den Anforderungen an ein Theorie der Transformation von Wirtschaftssystemen", *Schriften zur Wirtschftorschung der Universitat/Gesamthochschule Siegen*, Siegen 1991, p. 4.
110) 위의 책, 참조.
111) 위의 책, 참조.

따라서 체제전환이론의 궁극적 목표는 이 같은 구조변화과정에서 발생되는 현상들을 추출하고, 이것이 어떻게 확립되는가를 밝혀내는 것이다. 이 과정을 총체적으로 분석하여 체제전환과정에 대한 보편타당한 이론은 정립할 수 있다.[112] 이러한 이론적 기반이 정립되면 올바른 정치적 결단을 내릴 수 있고, 체제전환의 방향을 설정할 수 있다.[113]

나. 체제전환의 원인과 목표

사회주의 경제체제의 취약성은 오래전부터 논의되어 왔다. 즉 ① 생산 및 공급에 차질을 빚은 부실한 계획, ② 고정된 임금과 시장가격 부재, ③ 생산요소의 비효율적 이용에 따른 저생산성 등을 들 수 있다. 따라서 사회주의체제전환의 주요한 원인은 계획경제체제가 제 기능을 다하지 못했기 때문이다.[114]

사회주의체제의 특징은 생산수단의 국유화, 경제 및 정치결정권의 획일화 등이다. 또한 의욕저하와 관료부주의 그리고 효율적이고 수익성 높은 경제활동에 대한 무관심 등으로 사회주의경제체제를 파괴시켰다.[115]

---

112) N. Kloten, 앞의 책, 1991, p. 11.
113) R. Clapham und B. Grote, 앞의 책, p. 5.
114) H. R. Peters, "Transformationstheorie und Ordnungspolitik", *WIST*, h. 8 1990. 8, 참조.
115) H. Leipold, "Institutioneller Wandel und Systemtransformation: Okonomische Erklarungsansatze und ordnungspolitische Folgerungen", in H. J. Wagener(Hrsg.), *Anpassung durch Wandel: Evolution und Transformation von Wirtschaftssystemen*, Berlin 1991, pp. 17-18 참조.

이처럼 사회주의 체제전환은 부실경제를 새로운 경제 및 사회질서로 변화시켜가는 과정에서 지속적으로 진행되고 있다.

따라서 사회주의 체제전환은 방법과 시기의 선택이 중요하며, 실제로 체제전환이 가능해질 수 있는지를 파악해야 한다. 이것은 체제전환을 유발시킬 수 있는 체제상의 문제점이 각 나라마다 다르기 때문에 이에 대한 일반적인 정의를 내릴 수 없다.

체제전환의 궁극적인 목표를 달성하기 위해서는 시장경제체제를 도입하여 사회주의 경제체제의 위기상태를 극복해야 한다. 또한 성공적인 체제전환을 위해서는 광범위한 구조 변화가 뒤따라야 한다.

다. 체제전환의 필수조건

사회주의체제의 자본주의체제로의 전환에 대해서 제기되는 시장경제의 개념 정의와 시장경제질서 구축을 위해서 필수 조건들은 다음과 같다.

① 민법상의 주요목표로서 개인 활동 및 결정권의 보장, ② 국영기업들의 탈중앙집권화 및 이들의 분산, ③ 국유재산의 사유화 제도, ④ 발권은행과 일반시중은행으로 구분되는 새로운 은행제도 확립, ⑤ 국가예산집행과 조세제도의 재편성, ⑥ 기업의 금융자본을 반입시켰던 종전의 제도를 폐지하고 적정과세방안을 도입하여 기업으로 하여금 재정을 스스로의 책임하에 관리하도록 유인, ⑦ 적정환율을 책정하여 대외시장개방 등이다. [116]

---

116) N. Kloten, 앞의 책, 1991, p. 26.

이와 같은 체제전환에 필요한 조치들은 〈표 4-1〉에서 보는 바와 같다.

〈표 4-1〉 체제전환의 필수조치

금융부문에서의 개혁	경제분야의 개혁	법률 및 행정제도상의 개혁
1. 가격형성구조의 개혁 – 가격보조의 폐지 – 가격 및 임금에 대한 행정규제조치의 폐지	1. 기업분야 개혁 – 영업상의 자유보장 – 기존 국영기업들을 민영형태로 전환 – 매각처분 또는 지분 무상분배를 통한 사유화	1. 적절한 경제법규 제정 – 상거래권, 소유권 파산권, 자유경쟁권
2. 통화 및 신용대부 개혁 – 독립적인 발권은행과 일반 시중은행으로 구분된 2원화 은행제도 구축 – 발권은행의 재정수단으로 국가예산을 해결해 오던 관습 폐지	2. 구경제구조 해체 – 관료주의적 사무 행정 체제의 개선, – 경영조직의 분산 – 콤비나이트 및 기업 혼합체의 해체 – 제품 및 자본 수입을 통한 경제체제 도입	2. 효율적인 조세제도 구축 – 영업세, 소득세 소비세
3. 대외경제 – 태환성 – 외국인들을 위한 외화의 자유이전		3. 행정개혁 – 관료주의적 권력구조 타파 – 새로운 민원행정체제 구축

출처 : T. Apolte und D. Cassel, "Osteuropa: Probleme und Perspektiven der Transformation Sozialistischer Wietschaftssysteme", In *LIST-Forum* Band 17(1991), Heft 1, pp. 22-25.

라. 시장경제체제로의 전환방법과 속도

국영기업의 사유화는 시장경제체제로의 전환에 있어서 매우 중요하다. 독일 통일 당시 구동독의 국영기업들은 사유화하는 데 있어서 '점진적 방법'과 '급진적 방법'을 놓고 열띤 논쟁이 벌어졌다. 이 과정에서 급진적인 사유화 방법을 채택했지만, 실제로 사유화과정에서 다음의 상이한 방법들을 적용할 수 있다. [117]

① 개별 구매자에 대한 비공식적 매각, ② 경매절차를 통한 매각, ③ 국영기업을 주식회사로 체제 전환시킨 뒤 그 지분을 매각시키는 방법 등이다.

이 밖에 기본 모형들을 바탕으로 한 체제전환방법들은 다양하다. 즉 국유재산을 매각과 무상 배분하는 방법 등이 있다. 이러한 사유화 방안은 각 국가들의 상황에 따라 상이하므로 일치하지 않다.

구동독지역의 체제전환에 있어서 대다수의 경제학자들은 점진적인 방법을 선호했다. 이들은 구동서독간의 신속한 통화 및 경제체제통합은 생산과 취업에 심각하게 피해를 끼친다는 것이다.

그러나 당시 정치 및 경제상황하에서 점진적으로 결합시킨다는 것은 현실적으로 불가능하였다. 즉 국경을 통제하여 노동의 이동을 막고 노동의 생산성에 상응하는 임금격차를 유지하여 동독 기업의 도산과 실업 급증 및 생필품 가격의 상승을 방지했어야 했는데, 이것은 당시 국내외적인 여건과 통일정책상 어려웠다.

또한 구소련, 구동구 국가 및 중국 등의 개혁의 속도에 대해서도 논쟁이 심했다. 구동구 사회주의 국가들의 경제파국 상황은 충격요법에 대해 회의를 갖게 됐다. 즉 경영진과 국가조직이 제 기능을 발휘해야만 개혁에 성공할 수 있다.

---

117) R. Clapham und B. Grote, 앞의 책, p. 16.

따라서 충격요법은 체제전환을 이끌어 갈 기반이 사전에 마련되어야 하고, 이 기반이 외부에 의해 제공될 때에 비로소 현실성을 갖는다.

점진적 방법은 주로 동구권 경제학자들이 주장했는데 이들은 급진적 시장경제 도입은 현실적으로 실현 불가능하다고 보았다.[118] 즉 제 기능을 다할 수 있는 시장경제체제를 구축하기 위해서는 제도 및 사회적 선결조건들이 충족되어야 하는데, 이 체제에 적응하는 데에는 상당한 시간이 필요하다.

충격요법은 주로 서방 경제학자들이 다음과 같은 이유로 주장하고 있다.[119] 첫째, 점진적 개혁방안은 서로 다른 분야들 간의 상호연관성으로 인해 실패로 끝나기가 쉽다. 둘째, 관료주의적 사무행정 세력을 지적하고 있다. 이들은 자기 기득권을 지키기 위해서 새 정부가 들어선다고 해서 쉽게 제거되지 않는다. 그러나 시장경제체제는 이들의 영향력을 어느 정도 약화시킨 수 있다. 셋째, 개혁을 성공적으로 달성시키기 위해서 여러 특정집단들의 이해에 상반되는 포괄적인 조치들이 단행되어져야 한다. 넷째, 폴란드나 유고슬라비아에서 발생했던 초인플레현상이다. 이에 대해 신속한 조치가 취해지지 않으면 조세제도와 국가예산집행 및 기본적인 국가 업무에까지 지장을 끼친다는 것이다.

---

118) T. Apolte und D. Cassel, 앞의 책, p. 47.
119) J. Sachs, "Eastern Europe's Economies: What is be done?", *The Economist*, 1990. 1, p. 21.

마. 체제전환조치들의 순서

체제전환조치들을 어떠한 순서에 입각하여 적용시켜야 하는가는 어려운 문제이다.

기업정비시기에 관해서는 '사유화 이후 기업정비 방법'과 '기업정비 이후 사유화 방법'을 놓고 의견이 상충되어 왔다.[120] 또한 시장구조 개선과 가격자유화의 선행 논쟁이 있었다. 이 밖에 체제전환과정에서 통화정책을 시장 경제적 기본조건들이 구비된 전후에 추진하는 선택의 문제가 있다.[121]

체제전환 단계의 순서와 시기는 서로 밀접한 관계가 있다. 시장경제로의 급속한 전환을 위해서는 다음과 같은 사항을 동시에 개혁해야 한다. ① 시장가격형성, ② 민간부문에 대한 행정규제 폐지, ③ 국영기업에 대해서도 엄격한 시장원칙 적용, ④ 긴축통화정책 및 적정 예산결정을 통한 안정된 거시경제정책[122] 등이다.

Apolte와 Cassel은 가격개혁은 점진적인 방법으로 추진해야 한다고 주장하고, 점진적인 전환조치의 순서와 관련해서 그는 먼저 시장 및 가격자율화를 추진한 이후 사유화조치를 통해 기업 및 국영기관들의 경제적응을 강조하고 있다. 이 밖에도 가격자유화조치가 제품공급 상황에 큰 도움이 되는 것과는 달리 사유화부터 먼저 실시할 경우에는 정치적 퇴보에의 위험을 제거할 수 없고, 적

---

120) 이는 특히 구동독지역 체제전환에 있어서 신탁관리청의 과제와 관련하여 논쟁을 벌였던 문제이다.
121) R. Clapham und B. Grote, 앞의 책, p. 16.
122) J. Sachs, 앞의 책, p. 20.

응과정에서 발생되는 위험들을 방지할 수도 없다고 한다.[123]

한편 중국의 가격개혁을 볼 때, 부분적 가격자유화는 상품공급 상황을 개선시키는 데에는 어느 정도 기여를 했지만, 소유권규정 및 가격형태와 관련된 개혁조치가 단행되지 않으면 가격자유화조치로는 만족할만한 성과를 올릴 수 없었다.[124] 특히 독립적 시장구조 하에서는 가격자유화가 실시될 경우 물자공급의 개선보다는 오히려 가격이 인상될 우려가 더 높다는 것이다.

따라서 가격개혁을 중국개혁의 핵심 사안으로 보면서 동시에 자율적 기업경영제도 구축, 경쟁력 있는 시장경제 질서 구축, 시장세력에 의해 조정되는 거시조정제도 설립 등과 같은 포괄적이며 보완적인 개혁방안들과 연결시키고자 했다.[125]

Mckinnon은 급속하고 전체적인 개혁조치를 반대하고, 개별적이고 순차적인 개혁조치를 제안했다. 우선적으로는 국가의 부채증가를 막기 위해서 국가지출을 줄이고 증세조치가 이루어져야 한다. 그 다음으로는 기업의 사유화와 금융시장의 자유화 조치와 더불어 신용대부를 제한토록 해야 한다. 그리고 나서 가격자유화와 무역자유화를 단계적으로 실시하도록 해야 한다. 이와 관련하여 세관에 의해 거래규모를 제한하되, 이를 10년 내에 점차적으로 줄

---

123) T. Apolte und D. Cassel, 앞의 책, p. 47.
124) A. Bohnet, "Zehn Jahre Preissystemreform in der Voiksrepublik China : Ein Beitrag zur Problematik der Transformation von Wirtschaftsordungen", in H. J. Wagener (hrsg.), *Anpassung durch Wandel Evolution und Transformation von Wirtschaftssystemen*, Berlin, 1991.
125) J. Wu, "Die strategische Wahl der chinesischen Wirtschaftsreform", *Jingji Yanjiu*, 1987, h. 2, p. 15.

여나가도록 한다. 완전 태환성 및 국제 자본거래에 대한 규제 폐지
는 체제전환과정의 최종단계에서 실시해야 한다고 제안했다. [126)]

3. 체제전환상의 문제점

가. 경제적 측면의 문제점

시장경제로의 체제전환은 신축적인 가격 및 가격의 자유화, 사
유제산제도, 법적 제도적 확실성 등이 실현되어야 한다. 그러나 사
회주의 경제체제는 위 세 가지 분야의 변화에 모두 큰 부정적인 유
산이 있다.

임금 및 가격자유화는 시장경제의 효율성 기준에 따라 형성되어
야 하는데 사회주의경제의 관리가격체계는 이 기준에 맞지 않기 때
문에 적응과정상 많은 문제점을 야기시킨다. 더구나 초과구매력과
대외경제관계변화로 인한 급격한 환율변화 등은 문제를 더욱 어렵
게 한다.

효율적인 임금체계는 생산성에 따라 임금을 조정할 수 있어야 하
지만 어느 경제체제에서나 임금의 인하는 엄청난 저항에 직면하기
때문에 유일한 임금인하 가능성은 인플레이션을 통해서 실질임금
을 하락시키거나 혹은 잠재적 실업해소를 위해서 종업원을 해고시
킬 수밖에 없다. 즉 사회주의경제의 체제전환은 인플레이션과 실
업이 동반된다는 것이다.

---

126) R. I. Mckinnon, *The Order of Economic Liberalization: Financial Control in the Transition to a Market Economy*, Baltimore & Londen 1991, 참조.

사유화에서 일차적인 문제는 다음과 같다. 첫째, 민영화 조치와 관련하여 사유화된 기업들의 재산가치 평가문제이다. 즉 시장경제 질서가 갖추어져 있어야 기업의 합리적 재산가치가 가능해지는데 이 같은 시장경제질서란 국영기업의 사유화라는 체제전환 작업을 통해 비로소 이룩할 수 있다는 점이다. 둘째, 기업의 집중도가 높을수록 자유경쟁에 부정적으로 작용을 하게 된다. 그런데 이 자유경쟁은 적정규모의 기업형성에 필수적이다. 따라서 이 같은 딜레마 상황에서는 차선책이 필요하게 된다.[127]

나. 정치사회적 측면의 문제점

사회주의체제가 전환되면 시장가격과 경쟁 혹은 효율적인 경영 등의 개념 자체가 생소하고 이러한 문제들에 직면하기 때문에 기득권자들은 체제전환에 반대를 하거나 일반국민들도 체제전환에 적극적으로 찬성한다는 보장이 없다. 또한 체제전환 초기에는 실업과 물가불안 및 생필품 조달의 어려움이 거의 필연적으로 나타나는데 서구식 풍요사회에 대한 환상을 갖고 있던 국민들에게 이러한 고통을 주는 일종의 배신감으로 느껴지기 마련이다. 이러한 분위기에서는 체제전환을 반대하는 세력들이 쉽게 득세하여 체제전환 자체를 위협하게 된다.

그리고 체제전환을 서두르는 과정에서 문제는 국민들에게 실업, 인플레이션, 생필품 시장의 불안 등이 마치 전형적인 자본주의 시

---

127) 안두순, "사회주의경제의 시장경제로의 체제전환", 『제30차 학술발표대회 논문집 1권』, 한국국제경제학회, 1992, 참조.

장경제로 비치는 것을 사회주의 계획경제의 병적인 유산으로 인식
시키기란 과도기적 혼란기에 결코 쉽지 않다.

　체제전환 초기에 있어서 또 다른 사회적 문제는 국민들에게 구체
제로의 복귀란 있을 수 없다는 점을 인식시키는 일이다. 즉 사회주
의 계획경제가 남긴 병적인 상황에서 벗어날 수 있는 유일한 길은
체제전환이고, 이에 따라 시장경제 도입은 필수불가결하다는 인식
을 시키는 노력이 필요하다.

제2절
북한의 체제전환

1. 초기 체제전환정책

앞에서 살펴본 바와 같이 점진적으로 체제전환이 이루어질 때에는 장기에 걸쳐 체제전환 정책들을 순차적으로 추진할 수 있다. 즉, 점진적 체제전환은 전환과정에서 생길 수 있는 마찰을 줄일 수 있으며,[128] 체제전환국가의 특수한 환경을 고려하는 정책을 추진할 수 있다. 또한 점진적 체제전환은 정치적 제약을 충족시키는 데 도움이 된다.[129]

북한이 자발적인 체제전환을 추진한다면 사회주의 정치체제를 유지하면서 점진적으로 자본주의로의 체제전환을 추진할 가능성이 높다. 그리고 기존 계획체제의 기능을 유지하면서 최소한의 시장을 제도화하여 계획과 시장이 공존하는 방향으로 추진할 가능성이 높다.

---

128) Murrel, Peter, "The Transition According to Cambridge, Mass.", *Journal of Economic Literature*, 33(1), 164–178, March 1995.
129) M., Dewatripont and Roland G., "The Design of Reform Packages under Uncertainly", *American Economic Review*, vol. 85, No. 5, 1995, 참조.

북한의 체제전환 초기 정책은 자생적인 경제성장이 가능할 수 있도록 체제전환의 최소조건의 제도개혁이 추진되어야 한다. [130]

개혁에는 인센티브 구조를 변화시키고, 법적ㆍ제도적 변화가 필요하다. 즉, 집단농장은 가족농으로 전환되어 농업부문의 효율성을 높이고 주민들에게 개혁의 긍정적인 효과를 제공해야 한다. 또한 국가가 기업 혹은 가족농과 계약을 맺고 이들은 국가에 판매하는 일정한 양을 제외한 나머지를 스스로 임의 처분할 수 있게 하는 개혁이 이루어져야 한다.

이상의 개혁들이 성공하기 위해서는 근본적인 법적ㆍ제도적 변화가 있어야 한다. 즉, 사유재산권을 암묵적으로 인정하는 실질적 보장이 있어야 한다. 또한 교환의 자유를 보장하여 시장을 통해 인센티브 구조를 개선시켜 생산량 증대에 기여할 수 있어야 한다.

북한의 체제전환에 대한 의지는 체제전환의 최소 조건들의 충족 여부에 달려 있다. 중국의 경우도 체제이행 초기에 이와 유사한 정책을 추진했다. [131]

체제전환의 최소조건의 개혁들이 추진되면 경제성장을 이룩할 가능성이 크다. 성장률 수준은 예측하기 어렵지만 농업 및 서비스업은 상당한 수준의 성장률을 가져올 것이다. 인센티브 변화로 개인의 자영업 활동이 활발해지면서 개인서비스 분야의 경제성장이 증가할 것이다. 또한 가족농으로의 개혁은 농업생산의 증가를 가

---

130) 김병연, "북한의 체제전환과 남북한 경제통합", 『제1회 한반도통일경제포럼』, (사)동북아공동체 연구재단, 2013, 참조.
131) 박명규 외, 『연성복합통일론』, 서울대 평화통일연구소, 서울대 출판부, 2010, 참조.

져올 것이다. 물론 이는 북한의 다른 산업 분야의 성장률이 크게 하락하지 않아야 한다.

2. 중기 체제전환정책

체제전환이 본격화되면 북한은 다음과 같은 중기 체제전환정책의 실행을 고려해야 한다.[132] 이 정책의 핵심목표는 시장경제의 제도 틀을 경제 대부분의 분야에 도입·정착시키는 것이다. 즉 소규모 사유화, 가격 자유화, 이원적 은행 제도 도입, 무역 자유화, 파산법, 경쟁법의 도입과 국제 금융 기구 가입 추진 등이 포함된다. 이들 각각의 구체적인 내용은 다음과 같다.

첫째, 소규모의 사유화정책이다. 초기에 실질적으로 인정했던 소규모 (가내)공업, 식당, 소규모 서비스업의 사유권을 공식적으로 인정한다.

이러한 소규모 사유화는 체제전환과정에서 매우 중요하다. 왜냐하면 큰 효과를 낼 수 있는 개혁이며, 북한으로서도 당장 큰 부담이 되지 않고, 고용과 경제성장을 촉진하며, 정치적으로도 추후 개혁의 지지 세력이 될 수 있다.

둘째, 경쟁제도의 도입이다. 경쟁은 먼저 소규모 사유기업들이 시장에 진입, 퇴출을 인정하는 것이다. 즉 시장의 기능을 인정하여 기업의 진입과 퇴출이 자유로울 수 있도록 법과 제도를 개선하고,

---

132) 김병연, 앞의 책, 2013, 참조.

국유기업들과 사유기업들이 서로 경쟁할 수 있도록 경제 환경을 개선해 주는 것이다.

셋째, 가격의 자유화다. 이것은 시장의 가격기구를 통해 자원을 효율적으로 분배를 추구하는 것이 목적이다. 가격의 자유화를 추진하는 데 있어서는 전면적 혹은 점진적 가격자유화가 있다. 전면적 가격자유화를 추진하는데서 파급되는 충격 등을 고려하여 점진적 가격자유화를 추진하는 경우에는 이를 감당할 수 있는 행정 집행력이 필요하다.

넷째, 은행제도의 이원화를 추진해야 한다. 현재 북한의 은행제도 시스템은 중앙은행과 상업은행의 기능이 법적으로만 구분되어 있을 뿐이며, 상업은행이 존재하지 않아 금융의 중개기능의 역할을 할 수 없는 일원적 은행제도를 유지하고 있다.

은행제도의 이원화를 위해서는 먼저 조선중앙은행을 상업은행 기능과 중앙은행 기능으로 분리하여 상업은행과 중앙은행으로 독립시켜야 한다. 그리고 예금보험제도를 도입하여 일정 한도 이하의 예금은 원금보장으로 은행에 대한 주민의 신뢰도를 제고시켜야 한다.

다섯째, 대외무역 자유화를 추진해야 한다. 현재 국가가 지정하고 있는 무역 주체를 다양화시켜야 한다. 이를 통해서 무역거래 품목의 다양화, 무역량을 증가 및 국제 가격체계를 국내로 수입함으로써 물가 안정과 경쟁을 촉진할 수 있다. 또한 대외무역자유화는 외국 자본 도입을 위한 필수적인 조치이다.

여섯째, 국제 금융기구 가입 추진이다. 북한이 개혁·개방을 추진하여 국제사회에 진출할 수 있는 여건이 조성되면 국제금융기구에 가입할 수 있는 여건이 성숙된다. 국제금융기구 가입은 국제기구들로부터의 북한개발을 위한 지원과 해외 자본도입의 선결 조건이기도 하다.

이러한 중기 체제전환 프로그램의 성공조건은 경제개방을 통한 성장과 안정화이다. 체제전환국들이 비교우위를 잘 활용하여 자생적 성장을 이룩할 필요가 있다. 북한은 질 좋은 노동력과 낮은 임금, 근접 지역의 잠재적 수출 시장 등으로 유리한 조건을 잘 활용하면 비교적 단기간 내에 빠른 경제성장을 이룰 수 있다.

3. 후기 체제전환정책

후기 체제전환정책은 그 동안 추진된 전환정책으로 축적된 역량을 바탕으로 체제전환 과정에서 복잡하고 어려운 정책들을 추진해야 한다. 즉 대규모 기업과 상업은행의 사유화와 기업·산업의 구조 조정과 통폐합 등이다. 또한 후기 정책 단계에서는 자본시장의 자본 자유화 등을 실시하여 자본 조달 기능을 활성화해야 한다. 그리고 사유 재산권을 법적으로 인정하는 헌법을 제정하여 시장경제로의 체제전환을 완료시켜야 한다. 후기 전환정책의 구체적 내용은 다음과 같이 설명할 수 있다.

첫째, 대규모 사유화를 추진해야 한다. 대규모기업의 사유화와 구조 조정, 상업은행의 사유화와 신규은행의 진입 등은 자본주의로의 체제전환에서 가장 어렵다. 대규모 실업이 발생할 수 있고 근로자나 주민들의 반발도 예상될 수 있다. 따라서 이러한 정책들은 경제 상장이 본격화된 체제전환 후기에 시행하는 것이 좋다. 대규모 기업들의 상황을 파악하여 분류한 이후 각 분류에 따라 상이한 원칙을 세워야 한다. 그리고 상업은행의 사유화를 추진하되 금융 노하우가 있는 남한 및 외국 자본의 유치를 적극적으로 고려해야 한다.

둘째, 기업·산업의 구조조정과 통폐합이 이루어져야 한다. 은행과 대기업의 구조조정과 통폐합, 군수산업의 민간 목적으로의 전환 등이 필요하다.

셋째, 자본 시장을 활성화 시켜야 한다. 자본시장의 개설은 초기나 중기에도 이루어질 수 있지만 실제로 활성화되는 것은 대규모 사유화 이후에 가능할 것으로 전망된다.

넷째, 자본 자유화이다. 외국 자본의 포트폴리오 투자를 인정하되 경제상황에 따라 단계적으로 자본 자유화를 추진할 수 있다.

다섯째, 사유재산권을 법적으로 인정하고 중앙계획체계를 폐지해야 한다. 이 단계에서는 사유재산권을 법적으로 인정하고, 시장 경제가 활성화 되도록 해야 한다.

제3절
남북경제통합

1. 경제통합 원칙

한반도가 분단을 극복하고 통일을 달성하여 통일국가가 되기 위해서는 이에 따른 여러가지 대북정책을 추진해야 한다. 그러나 우선적으로 경제통합을 목표로 한다면 여러 정책들을 각각 독립적으로 운용할 수 있다.

일단 경제통합이 이루어진 이후에 정치적 통일로 진행된다면 남북은 급진적 통일보다는 점진적인 통일을 추진하면서 유럽연합과 같은 경제통합보다 더욱 진전된 통합 형태를 취할 수 있을 것이다.

북한의 체제전환시 남북관계의 목표가 정해지면 보다 남한은 효율적인 전환을 견인할 수 있다. 남북 경제통합이라는 목표가 주어지면 제도의 수립과 정책을 결정할 때에도 남한의 그것과 일치시켜, 북한의 체제전환 과정에서 비용을 절감할 수 있다.

남북 경제통합의 원칙은 다음과 같이 설정할 수 있다.[133]

---

133) 김병연, 위의 책, 2013, 참조.

첫째, 북한의 최소 체제전환이 이루어진 후 경제통합이 시작되어야 한다. 이를 통해 북한의 경제성장을 제고시킬 수 있기 때문이다. 이를 위해서는 북한이 초기 체제전환정책이 추진되어 남한의 대북 지원이나 경제협력의 효과를 배가시켜야 한다.

둘째, 남북경제통합은 북한의 체제전환 단계와 연계되어 추진하여야 한다. 만약 남북통합이 북한체제전환 보다 빠르게 진행되면 북한의 자생적 경제성장에 해로울 수 있다. 예를 들어 체제전환 초기에 북한에 대규모 투자를 시행하면 북한 임금이 상승하여 북한 제품의 가격경쟁력이 저하될 가능성이 존재한다. 즉 남한의 대북 투자 시에 북한 제품의 가격경쟁력 효과를 고려할 필요가 있다. 이러한 고려 없이 남북경제통합만을 서둘게 되면 북한의 경제성장은 저해되고 통일 비용은 증가하게 될 것이다.

셋째, 자연스러운 진화 과정으로서 남북 경제통합이 이루어지도록 해야 한다. 보다 구체적으로 북한의 성장과 개발을 남한이 책임지고 남북한 경제통합을 조속히 실현한다는 방식의 접근을 지양하고 북한이 독자적으로 잘 성장할 수 있도록 돕는다는 접근법을 취해야 한다.

이행 단계	통합 단계	대 북 경 제 정 책	
		목 표	정 책
초기	준비기	빈곤 구제	– 구호 및 원조
		생산능력 확충	– 개성공단의 전후방 연계 추진
		인적·제도적 역량구축	– 각종 기술적 지원 – 인적 교류와 교육
중기	시작기	빈곤 구제	– 구호 및 원조
		생산능력 확충	– 기존 공단의 확장 및 타 공단의 신설 – 북한 수출 지원 (남한 시장 개방)
		인적·제도적 역량구축	– 각종 기술적 지원 – 인적 교류와 교육
		산업 협력	– 사회간접자본 공동건설 및 공동이용 – 자원개발 투자
후기 및 이행완료 이후	진행기 및 완료기	경제 성장	– 남한과 다른 국가들의 기업의 대북 진출 – 사유화 과정에 남한 혹은 다른 국가들의 기업의 참여
		인적·제도적 역량구축	– 각종 기술적 지원 – 인적 교류와 교육
		교류적 통합	– 시장상호 개방 – 자본의 자유이동 – 노동력 이동 자유화의 단계적 실시
		제도적 통합	– 공동관세 정책 – 각종 법, 제도의 단일화 계획 수립 – 화폐 통합 – 경제정책 단일화 계획 수립 및 추진

출처: 김병연, "북한의 체제전환과 남북한 경제통합", 『제1회 한반도 통일경제포럼』,
(사)동북아공동체연구재단, 2013, p. 62.

2. 체제전환과 남북 경제통합의 단계 연계

북한의 체제전환과 남북경제통합은 단계적으로 연계하여 추진해
야 한다. 북한의 체제전환 초기에는 빈곤 구제와 기술적 지원, 인
적 교류 등에 집중하여 추진해야 한다. 즉 초기 체제전환정책에는

경제통합을 준비하는 과정으로 삼아야 한다.

중기 체제전환정책에서는 산업협력을 적절한 규모와 방법으로 경제통합정책을 실시한다.

후기 체제전환정책은 본격적인 체제이행 진행기로서 시장을 개방하고 노동력 자유화를 단계적으로 실시하는 것이 필요하다.

남북경제통합은 북한이 체제전환을 완료한 이후에 추진하는 것이 보다 효과적일 것이다. 즉 노동 이동의 완전 자유화, 화폐 통합 등 각종 법과 제도의 단일화 등은 북한의 체제전환이 완료된 시점에 실시하는 것이 바람직하다. 그리고 이 기간은 경제통합의 완료기가 될 것이다.

3. 경제통합의 단계별 목표와 정책

바람직한 대북 정책의 목표는 다음과 같이 설정될 수 있다.[134]

첫째, 초기 체제전환기에는 남북경제통합의 준비기로 정책의 목표를 북한 주민의 빈곤구제와 인적ㆍ제도적 역량구축에 두어야 할 것이다. 그리고 기존 공단을 효율적으로 이용하여 생산능력을 확충하는 방안을 모색해야 할 것이다.

둘째, 중기 체제전환기에는 경제통합의 시작기로 빈곤 구제와 인적ㆍ제도적 역량구축을 지속하면서 타 공단의 신설 및 북한의 수출 지원 등 북한의 생산능력 확충과 함께 산업협력을 시작하는

---

134) 박병규 외, 앞의 책, 2010, 참조.

것이 필요하다. 산업협력에는 사회간접자본의 건설 및 이용, 또한 일정 범위 내의 자원 개발 투자 등이 포함된다.

셋째, 후기 체제전환기에는 경제통합의 진행기와 완료기로 중기 체제전환정책과 더불어 교류적 통합과 제도적 통합 등 본격적인 경제통합을 위한 정책을 시행하는 것이 필요하다.

4. 체제전환과 대북경제정책

남북이 경제통합을 추진할 분야는 인력, 상품 및 서비스, 자본, SOC, 화폐, 재정, 제도 등이 있다. 그런데 이 통합을 동시에 균형적으로 추진하는 것은 어렵다. 분야에 따라 준비와 시행 기간이 다르기 때문에 동시에 모든 분야에서 통합을 추진하는 것은 바람직하지 않다. 왜냐하면 제한된 역량으로 동시적으로 추진하는 것은 어려우며, 비용도 단기간에 조달해야 하는 부담이 크기 때문이다. 또한 순차적 통합으로 한 분야의 통합이 다른 분야의 통합으로 이어져 통합의 효과를 촉진해야 한다.

경제통합의 준비기, 즉 초기 체제전환에는 북한 경제의 자생적 성장력을 위한 정책추진이 중요하다. 따라서 대규모 SOC 투자는 지양하고 남한경제에 큰 부담을 주는 정책도 피해야 한다. 이런 측면에서 노동의 자유로운 이동과 화폐, 재정제도의 통합은 북한의 체제전환이 완료될 때 추진하는 것이 바람직하다.

상품 및 서비스 시장의 통합은 경제통합의 준비기, 시작기에는 우선 남한 시장에 북한 제품을 개방하고 점차적으로 북한 시장도 개방하는 것이 필요하다. 이것은 북한의 대남 수출 증가와 북한 산업의 기반을 보호하기 위해서 필요하다.

자본 이동에 있어서 경제통합의 시작기에는 SOC와 지하자원 개발을 위한 투자에 치중하고, 진행기에는 남한 기업의 대북 진출 등을 전면적으로 허용해야 한다. 그리고 제도 및 정책은 경제통합의 준비기에서부터 북한 관료와 기업가, 근로자 등을 교육하는 것이 중요하다. 그리고 경제통합의 시작기와 진행기에는 북한의 법과 제도를 남한과 유사한 방식으로 점진적으로 변화시키는 것이 필요하다. 경제통합의 완료기에는 남북 간의 노동이동을 완전히 자유화, 화폐통합, 남북한 재정을 통합하는 방안이 중요하다.

제5장
한반도 신뢰프로세스 구현방안

본 장은 박근혜정부가 추진하고 있는 한반도 신뢰프로세스 구현방안을 제시하고 있다. 한반도 신뢰프로세스는 튼튼한 안보를 바탕으로 남북간 신뢰를 형성함으로써 남북관계를 발전시키고, 한반도에 평화를 정착시키며, 나아가서 통일기반을 구축하려는 정책을 의미한다. 한반도 신뢰프로세스의 구체적인 구현방안을 위해 한반도 신뢰프로세스 배경, 목표, 추진기조, 정책추진 과제, 그리고 핵심 쟁점의 해결방안에 대해 모색하고 있다.

제1절 한반도 신뢰프로세스 배경

제2절 한반도 신뢰프로세스 목표

제3절 한반도 신뢰프로세스 추진기조

제4절 한반도 신뢰프로세스 정책 추진과제

제5절 핵심 쟁점 해결 방안

한반도 신뢰프로세스 배경

1. 신뢰프로세스 추진 배경과 의미

한반도의 안보정세가 긴박하게 진행되고 있다. 한반도를 둘러싼 동북아 정세가 불확실하고 불안정한 가운데 북한이 지난해 12월 장거리로켓을 발사한 데 이어 제3차 핵실험[135]을 강행하고 추가 도발을 시사하면서 한반도 긴장이 급격히 고조되었다. 핵탄두의 소형화를 비롯해 몇 가지 기술적 문제가 남아있다고 하더라도 핵개발이 거의 이루어져 멀지 않은 장래에 북한이 핵무기를 실전 배치할 수 있는 가능성이 그만큼 커졌기 때문이다. 북한은 국제법적으로 인정되는 '핵보유국' Nuclear Weapon State 은 아니지만 핵무장 능력을 가진 '핵능력 국가' Nuclear Capable Country 인 것이 현실이다. [136]

---

135) 북한의 핵실험은 1차 실험이 1kt 미만이었고 2차 실험의 경우 2~6kt 이었는데, 3차 실험의 경우 2차 때의 2~3배 정도인 5~15kt에 달하는 것으로 추정된다. 이정도의 위력이면 1945년 8월 6일 히로시마에 투하된 HEU 핵탄두 위력(15kt)에 근접한 것으로 평가된다. 북한은 제3차 핵실험 직후 '지하핵실험'이 성공적으로 실시되었다는 사실을 공표하면서 다음과 같은 몇 가지 기술적 성과를 거두었음을 암시했다. 핵탄두의 소형화·경량화 성공, 핵탄두 설계 완성, 기존의 플루토늄탄이 아닌 HEU탄을 사용, 북·중 접경지역의 안전에 대한 우려 불식 등이다(조선중앙통신 2013. 2. 12).
136) 전성훈, "3차 핵실험 이후 북한의 핵정책 분석과 전망, "Online Series 13-08, 2013.

북한 정권이 긴장을 단계적으로 고조시키는 목적은 궁극적으로 한국과 미국의 향후 협상에서 의제를 장악하고 자신의 요구를 강압적으로 관철시킬 수 있는 조건을 조성하는 것이다. 북한은 이 목적이 달성될 때까지 협박과 도박 행동을 계속할 가능성이 있다. 그러나 이러한 정책을 유지하자면 북한정권도 부담과 위험을 감수해야 할 것이다.

박근혜정부가 출범하고 개성공단 폐쇄, 남북장관급 회담 '격 논란' 등 극한의 대립상황으로 치달은 끝에, 최근에 개성공단은 재가동되었다. 그리고 이산가족 상봉 및 금강산관광 재개 회담 추진 등 그동안 산적한 남북관계 현안에 대해 상호간 대화에 나서는 등 변화의 조짐이 보이고 있다. 그러나 남북관계에 있어 이러한 현안들은 구체적인 진행이나 합의에 이르지 못한 상황에서 또 어떤 변수들로 인해 대립각을 세울지 모르는 상태에 놓여 있다.

2013년 2월 25일 출범한 박근혜정부가 외교안보에서 가장 먼저 중점적으로 다루어야 할 과제 중 하나는 북한의 3차 핵실험에 따른 한반도의 정세변화였다. 대북정책 구상으로 한반도 신뢰프로세스[137]를 표방하고 있는 박근혜정부는 출범초기부터 북한의 핵

---

137) 류길재 통일부 장관은 취임사에서 한반도 신뢰프로세스를 통해 '행복한 통일 시대의 기반 구축'을 5대 국정 목표 중 하나로 삼고 있다고 밝혔다(류길재 통일부장관 취임사 2013. 3. 11). …한반도 신뢰프로세스를 추진함으로써 한반도에서 신뢰를 쌓고 남북관계를 정상화하여 행복한 통일시대로 나아가고자 합니다. 남북간에는 신뢰가 있어야 합니다. 그래야 대화든 교류든 협력이든 의미가 있습니다. 신뢰는 서로가 함께 쌓아가는 것입니다. 무엇보다도 남북이 과거에 합의한 약속은 존중되고 준수되어야 합니다. 그러기 위해서는 무엇보다도 남북간에 대화가 있어야 합니다. 아무리 상황이 엄중해도 남북관계를 개선하는 데 필요한 대화가 있어야 합니다.

실험이라는 심각한 도전에 직면하게 되었다. 일각에서는 선제타격론이 제기되는가 하면 미국의 전술핵 재배치나 독자적인 핵무장을 통해 대북 핵억지력을 구축해야 한다는 주장도 제기되고 있다. 다른 한편으로는 포용과 협상에서 강경과 제재까지 다양한 시도들이 있었지만 북핵문제를 해결하는 데 실패했다는 자괴감마저 팽배해진 상황이다. 남북관계는 주어지는 것이 아니라 만들어가는 것이라고 할 때 보다 능동적이고 정교한 대북정책의 마련이 요구되었고, 한반도 신뢰프로세스는 그러한 배경 속에서 나오게 되었다.

한반도 신뢰프로세스는 튼튼한 안보를 바탕으로 남북간 신뢰를 형성함으로써 남북관계를 발전시키고, 한반도에 평화를 정착시키며, 나아가서 통일기반을 구축하려는 정책을 의미한다. 북한의 무력도발을 용인하지 않는 튼튼한 안보태세를 구축함으로써 평화를 지키고, 나아가 북한이 신뢰형성의 길로 나오게 함으로써 평화를 만들어 가는 것을 의미한다. 또한 남북한간의 신뢰 형성을 최우선적으로 추진하면서, 신뢰 형성과 남북관계 발전, 한반도 평화정착, 통일기반 구축과의 선순환을 모색하는 것이다.

박근혜정부의 대북정책 지향점의 출발은 대부분의 경우가 그렇듯이 이전 정부의 성과에 대한 집권세력이나 혹은 국민적 평가를 토대로 해서 비롯된다. 이전 MB정부의 대표적인 성과는 한미동맹이 공고한 가운데 외교관계의 안전성을 유지한 점, G20과 핵안보정상회의 등을 통해 한국의 글로벌 지위를 향상시킨 점 등이다. 반면 문제점은 과거 유화정책의 전개가 북한을 완벽하게 변화시키지 못했던 것과 마찬가지로 이명박정부의 '원칙 있는 대북정책' 역시 북한을 변화의 길로 유도하지 못한 측면이 있다는 것이다.

신뢰프로세스에서 '신뢰'의 의미는 보편적 의미의 신뢰가 아니라 외교관계의 상대방이 협력할 수 없게 만드는 '전략적 신뢰'라는 의미를 담고 있다. 평면적이고 일상적인 차원의 신뢰가 아니라 한반도 안보 특수성이 반영된 전략적이고 관계적인 신뢰를 의미한다. 신뢰는 외교정책의 목표로서의 의미와 정책수단으로서의 의미를 동시에 가진다. 남북한 관계의 발전이 추구하는 궁극적인 목표로서의 신뢰와 남북한 관계 발전을 이룩하기 위해 사용해야 하는 정책수단이 신뢰확보를 전제로 해야 한다는 점에서의 신뢰를 동시에 가진다. 지난 수십 년간 남북관계에서 반복된 합의와 파괴 등의 악순환의 고리를 끊기 위해서는 최소한 전략적인 신뢰구축이 전제되어야 한다.

특히 신뢰의 경우 평화를 구성하는 다른 요소들과는 달리 점진적이고 단계적인 축적이 요구된다. 이익, 제도, 약속 등과 달리 신뢰는 점진적이고 단계적인 발전을 통해 서서히 형성되는 것이기 때문에 '프로세스'와 같은 작은 평화들이 축적되어 큰 평화를 이룩해 나간다는 의미로 볼 수 있다.

2. 신뢰프로세스 원칙

한반도 안보 상황을 고려할 때 평화를 어떻게 정의하느냐는 매우 중요한 문제로서 대북한 억지력이 전제가 된 지속가능한 평화의 차원에서 신뢰프로세스 정책을 추진해야 할 것이다. 신뢰프로세스는 기존 대북정책의 포괄적 경험을 토대로 수립된 측면이 있는 관계로 과거 정부가 추진한 다양한 대북정책의 교훈과 실패를 종합적으로 고려한 조정 및 균형적인 접근으로 평가할 수 있다. 특히 기존 대북정책을 평가함에 있어서 과거 정책들의 장점을 종합적으로 고려한 균형적 자세를 유지하는 것이 필요하다고 판단된다. 그동안 남북한 사이에 신뢰가 구축될 수 없었던 중요한 이유 중 하나는 위기가 종적 및 횡적으로 확산되는 문제점을 지적할 수 있다. 특정 영역 및 사안에서 위기 발생이 다른 영역으로 전환되거나 혹은 기존 합의를 파기하는 결과로 이어지게 된다. 따라서 특정 유형의 위기가 제한된 공간에서 관리 및 해결될 수 있도록 위기확산 시스템을 구축하는 추진 원칙이 필요하다. 한반도 신뢰프로세스는 3가지 원칙하에 추진되고 있다.

가. 균형 있는 접근

한반도 신뢰프로세스는 '안보와 교류 · 협력', '남북협력과 국제공조'의 균형적인 추진을 근간으로 한다.[138] 유연할 때 더 유연하고, 단호할 때는 더욱 단호하게 정책의 중요 요소들을 긴밀히 조율하여 추진한다. 박근혜정부는 한반도 신뢰프로세스 실천을 위한 핵심원칙으로 균형정책을 강조하고 있다. 즉 안보와 교류협력 사이의 조정과 균형, 남북한 중심적 접근과 국제공조 중심적 접근 사

---

138) 박인휘, "한반도 신뢰프로세스 이론적 접근 및 국제화 방안,"『통일정책연구』, 제22권 1호(2013), pp. 41-42.

이의 조정과 균형, 군사분야와 비군사분야에서의 균형 등이다.

첫째, 안보와 교류협력 사이의 조정과 균형이다. 신뢰프로세스는 튼튼한 안보를 바탕으로 북한과의 대화와 교류협력을 발전시키겠다는 구상이다. 강력한 대북억제를 통해 안전을 보장하는 가운데 대화와 교류를 추진하겠다는 의미이다. 이는 북한이 그동안 대화를 대남적화전략목표를 달성하는 하나의 수단으로 이용해 왔기 때문이다. 강력한 억제력은 북한과의 협상에 있어 우리 협상력의 바탕이 된다. 특히 북한의 도발 등 잘못된 행동에 대해서는 강력한 응징과 제재가 지속 수반되어야 한다. 제재와 대화를 통해 약속을 지키면 이익이 되고 지키지 않으면 불이익이 된다는 인식과 습관이 들도록 해야 한다.

둘째, 남북대화와 국제공조간의 균형이다. 왜냐하면 한반도 문제는 남북 당사자간의 문제인 동시에 국제문제이기 때문이다. 남북관계는 남북기본합의서를 비롯한 남북 당국간 합의기제와 정전협정이라는 국제조약에 의해 규정되고 있다. 북한 핵문제만 하더라도 6자회담이라는 국제적인 대화 틀을 통해 다루어지고 있다. 따라서 신뢰프로세스 성공 여부도 남북대화와 국제공조간의 균형이 이루어져야 가능하다.

셋째, 군사분야와 비군사분야의 균형이다.[139] 남북관계를 보면 비군사분야의 교류협력과 대화가 활성화되더라도, 남북간 군사충돌이 발생하면 원점으로 회귀해 온 전례들이 있다. 그만큼 남북관

---

139) 문성묵, "한반도 신뢰프로세스 구현방안,"「동북아 전략환경변화와 국가안보전략 방향」, 국회 동북아연구회, 2013. 6. 25, p. 53.

계가 불안정한 상황임을 보여주는 반증이다. 따라서 군사분야와 비군사분야의 신뢰구축이 균형을 이루며 발전되어야 한다. 더욱이 비군사분야의 협력은 군사분야의 지원과 보장이 없이는 불가능하기 때문이다.

나. 진화하는 대북정책

한반도 신뢰프로세스 두 번째 원칙은 진화하는 대북정책이다. 북한의 올바른 선택을 유도하고, 남북간 공동발전을 구현하는 방향으로 대북정책을 지속적 보완·발전시켜 나가야 한다. 전개되는 상황에 맞춰 대북정책을 변화시킴으로써 한반도 상황을 능동적으로 관리하는 것을 의미한다.

분단 이후 70년대 초반부터 지난 MB정부까지 40여 년의 기간 동안 남북간은 8차례의 총리급 고위급회담, 두 차례의 정상회담을 포함하여 606회의 대화와 접촉이 있었다. 1989년 처음 시작된 남북교역은 양적으로 그해 1,600만 달러 규모로부터 2012년 19억 7천 만 달러 규모로 성장하였다. 그러나 남북간 대립과 갈등의 본질이 변하지는 않았다.

역대 한국 정부의 대북정책은 김대중정부의 '화해·협력정책' 일명 햇볕정책과 그 연장선상에 있는 노무현정부의 '평화·번영정책'과 이를 비판하면서 등장한 이명박정부의 '상생·공영정책'이 교차적으로 추진되었다. 햇볕정책은 처음에 정경분리 원칙과 상호주의를 핵심 전략으로 채택하였으나 북한의 반발에 부딪히자 교

류·협력 중심의 북한 '껴안기 Embracement' 정책으로 변질되었
다.[140) 평화·번영정책은 남북한간 상호 신뢰 우선과 호혜주의를
추진 원칙으로 세웠으나 실제에서는 대북지원을 통한 교류·협력
우선정책으로 나타났다. 상생·공영정책은 남북관계의 상호주의
적 발전을 강조하였으나 '비핵·개방·3000'의 정책 구호가 보
여주듯이 북한 비핵화를 조건으로 내세움으로써 의도와는 달리 여
타 부분의 관계도 가로막는 결과를 초래했다. 앞의 두 정책이 각각
'무력도발 불용'과 '북핵 불용'을 주요 원칙 중의 하나로 세웠으나
'선공후득'의 입장에서 북한과의 교류와 협력을 우선 중시한 정책
이었다면 뒤의 정책은 북한의 비핵화가 먼저 이루어져야 남북교
류·협력이 크게 진전될 수 있다는 정책이었다. 요컨대 김대중정
부와 노무현정부는 물론 이명박정부의 대북정책은 모두 실제의 전
략과 정책 추진과정에서 균형이 잘 이루어지지 않았던 것이다.

　이에 박근혜정부의 한반도 신뢰프로세스는 정치·군사적인 신
뢰구축과 경제·사회·문화적인 교류협력을 병행추진한다는 것
이다. 바로 이 지점에서 대북정책의 '진화'를 설명할 수 있는 것이
다. 과거 역대 정권의 대북정책의 장점을 받아들이고 단점을 과감
히 버림으로써 한 단계 업그레이드 된 정책을 추진하는 것이다.

---

140) 박영호, "박근혜정부의 대북정책", 『통일정책연구』, 제22권 1호(2013), pp. 4-5.

다. 국제사회와의 협력

국제사회와의 긴밀한 협의와 협력을 통해 한반도 안보위기를 해결해야 한다. 한반도 문제 해결과 동북아 평화협력 증진의 선순환 구조를 추구함으로써 신뢰프로세스 기반을 다지는 것은 무엇보다도 중요하다.

첫째, 공고한 한미동맹을 바탕으로 한 연합 억제력을 강화시켜 나가야 한다. 2013년 5월초 한미정상회담을 통해 한미동맹 60주년 기념 공동성명이 발표되었다. 이는 한미동맹을 업그레이드하고 향후 60년의 좌표를 제시했다는 점에서 중요한 의의가 있다. 2015년 12월 전시작전통제권이 한국군으로 전환될 예정이다. 그와 함께 한미연합사가 해체된다. 이러한 상황에서도 연합방위체제가 흔들림이 없도록 만반의 조치를 강구해야 한다. 특히 북한의 대량살상무기 WMD: Weapons of Mass Destruction 역량이 강화되는 현실을 감안하여 실질적인 확장억제가 강화되고, 북한의 도발에 대한 맞춤형 대응체제도 구비되어야 한다.

둘째, G2로 부상하고 있는 중국과의 전략적 동반자 관계를 더욱 강화시키는 일이다. 2013년에는 한국과 중국의 최고정책결정자의 리더십이 교체되었다.[141] 지난해 말 북한의 장거리미사일 발사에 이은 3차 핵실험으로 인해 중국의 북한에 대한 실망이 이만저만이 아니다. 과거 혈맹이었던 북중관계에 이상기류가 흐르고 있다.[142] 5월 22일 북한의 최룡해가 김정은의 특사로 중국을 방문하여 일단 불편한 양자관계의 봉합에 나섰지만, 비핵화에 대한 상호입장 차이가 해소되지 않는 한, 관계복원이 쉽지 않을 전망이다. 이런 상황은 오히려 우리에게 기회가 될 수 있다. 한중관계는 그 어느 때보다 밀접하게 발전되고 있다. 박근혜 대통령과 시진핑 주석간의 한중정상회담은 양국 리더십의 신뢰를 구축하고 양국 간 관계를 격상시키는 전기가 되었다. 이러한 호기를 적극 활용하여 북한의 변화를 유도하고 신뢰프로세스 전기로 삼아야 한다.

셋째, 일본과 러시아와의 협조를 확보하는 일이다. 일본과의 관계는 독도문제와 역사문제로 인해 그 어느 때보다 불편한 관계가 지속되고 있다. 일본의 아베정권이 출범하면서 한국국민의 감정을 자극하는 언동으로 인해 국민들의 대일감정은 극도로 악화되어 있다. 하지만 한국과 일본은 경제적인 분야 뿐 아니라 대북문제에 있

---

141) 2012년 11월 15일 중국 공산당은 18기 중앙위원회 1차 전체회의에서 시진핑총서기를 포함한 7명의 상무위원과 25명의 정치국 위원을 선출했다. 상무위원에는 시진핑총서기 외에 리커창(李克强,) 장더장(張德江), 위정성(俞正聲), 류윈산(劉云山), 왕치산(王岐山), 장가오리(張高麗) 등 이 포함되었으며 의사결정의 효율성을 높이기 위하여 상무위원의 숫자를 과거의 9명에서 7명으로 축소하였다. 이들 7인의 신 지도부는 중국의 현대정치역사에서 제5세대 지도부로 일컬어지며 중국 대내외의 다양한 문제들을 해결해 가면서 중국을 이끌어 갈 것이다. 역사적으로 볼 때, 상무위원 숫자는 덩샤오핑 시기에 5명이었다가 장쩌민 시대에는 7명으로 늘어났고 후진타오 지도부에서는 9명으로 증원되었다. 장쩌민이 퇴임 후에도 후진타오를 견제할 목적으로 상무위원 수를 9명으로 늘려 상하이방 세력을 대거 포진시켰으나 태자당의 유력 정치인이던 보시라이가 낙마하면서 태자당의 인력풀이 축소되자 후진타오는 이를 계기로 합리적 의사결정에 도움이 된다는 명분으로 7인 체제를 주장한 것으로 전해지고 있다. 한석희, "시진핑 지도부의 대외관계 분석: 대미정책과 대북정책을 중심으로", 「국가전략」 제18권 4호, 2012.
142) 2013년 5월 27일 중국을 다녀온 새누리당 유기준 최고위원은 "중국 왕자루이(王家瑞) 당 대외연락부장이 우리 방중단에 중국과 북한 관계를 일반적 국가관계라고 말했다"고 전했다. 북중관계의 변화를 가늠하는 발언으로 중국이 북한에 대한 기본입장이 변화될 수 있음을 시사한다.

어 긴밀한 공조가 필요하다. 그런 차원에서 냉정심을 유지하면서 역사문제에 있어 따질 것은 따지되, 협조할 사안에 대해서는 긴밀하게 협조하는 분별된 협력관계를 유지해 나가야 한다.

러시아의 관계도 발전시켜야 한다. 러시아가 과거에 비해 대북한 영향력이 감소한 것은 사실이지만, 향후 북한 핵문제 해결이나 통일한국을 달성하는 데 있어 협조가 꼭 필요한 국가이다. 그런 차원에서 러시아의 협조와 지지를 확보하기 위한 노력도 강구해 나가야 할 것이다. 북한의 비핵화를 전제로 한 6자회담이 재개될 경우 일본 및 러시아와 긴밀한 공조 아래 북한 핵문제를 해결하고 한반도에서 공고한 평화체제를 수립하기 위한 양국의 지지와 협력을 확보해 나가야 한다. 결국 통일한반도는 미국, 중국 등 주변 국가들과 균형외교를 취할 수 있는 중립지대가 되어야 한다.

제2절
한반도 신뢰프로세스 목표

1. 남북관계 발전

한반도 신뢰프로세스 첫 번째 목표는 남북관계 발전이다. 상식과 국제규범이 통하는 새로운 남북관계를 정립하는 것이다. 호혜적 교류 · 협력과 남북 간 공동이익의 확대를 통해 경제 · 사회문화 공동체 건설을 추구하는 것이다.

박근혜정부는 2007년 11월 수립된 『제1차 남북관계발전기본계획』이 2012년에 시한이 만료됨에 따라 통일부는 민간전문가 및 관계부처의 의견을 수렴하여 제2차 기본계획안을 마련하였다. 『제2차 남북관계발전기본계획안』[143]은 대내외 정세인식과 박근혜정부의 한반도 신뢰프로세스 및 국정기조 과제 등을 반영하여 작성되었다. 박근혜정부는 남북관계 발전을 안보와 교류협력의 균형 있는 추진, 북한의 변화여건 조성, 통일을 위한 단계적 · 실질적인 준비, 그리고 동북아 번영과 세계평화에 기여하는 대북정책을 추진할 계획을 갖고 있다.

2. 한반도 평화정착

한반도 신뢰프로세스 두 번째 목표는 한반도 평화정착이다. 남
북협력과 국제협력의 균형을 통해 북한의 비핵화를 달성하고 남북
간 정치 · 군사적 신뢰를 증진시켜 지속가능한 평화를 정착시켜야
한다. 한반도의 진정한 평화정착은 한반도의 비핵화가 그 출발점
이라 할 수 있으며, 아울러 남북한이 진정성 있고 생산성 있는 대
화와 합의를 도출하고 이를 실천하는 과정에 축적되는 것이다. 남
북한간 교류협력의 심화와 함께 정치적 신뢰증진, 군사적 신뢰구
축이 이루어져 한반도의 실질적인 긴장완화 및 평화보장 조치가 실
현될 때 의미 있는 평화정착을 이야기할 수 있을 것이다. 한반도
평화체제는 단순한 평화협정 체결로 마무리되는 것이 아니라, 이
와 함께 상호간의 실질적인 평화보장 조치가 실천됨으로써 완성되
는 것이다.

---

143) 제2차 남북관계발전기본계획안은 다음과 같이 구성되어 있다.
　◇ 비전: 한반도 평화정착과 통일기반 구축
　◇ 2대 목표: 한반도 신뢰프로세스를 통한 남북관계 발전, 실질적 통일 준비
　　　　　　(작은통일 → 큰 통일)
　◇ 4대 기본방향: 안보와 교류협력의 균형 있는 추진, 북한의 변화여건 조성, 통일
　　미래를 단계적 · 실질적으로 준비, 동북아 번영과 세계평화에 기여하는 대북정책 추진
　◇ 10대 중점 추진과제
　　① 당국간 대화 추진 및 합의 이행 제도화　⑥ 통일정책에 대한 국민적 합의 추진
　　② 인도적 문제의 실질적 해결 추구　　　　⑦ 북한이탈주민 맞춤형 정착지원
　　③ 호혜적 교류협력의 확대 심화　　　　　⑧ 국민통합에 기여하는 통일교육
　　④ 개성공단의 발전적 정상화　　　　　　⑨ 평화통일을 위한 역량 강화
　　⑤ 한반도의 지속가능한 평화 추구　　　　⑩ 통일외교를 통한 국제적 통일
　　　　　　　　　　　　　　　　　　　　　　공감대 확산

3. 통일기반 구축

　한반도 신뢰프로세스 세 번째 목표는 다양한 통일기반을 구축하는 것이다. 통일을 주도적으로 이끌 수 있고, 실질적으로 대비할 수 있는 우리 사회의 역량을 확충하는 것이다. 한반도 통일 과정이 국제사회와의 협력을 통해 이뤄지는 것이며, 한반도와 국제사회 모두 원-원Win-Win하는 것임을 실감할 수 있게 해야 한다. 우리의 통일방안은 점진적 접근방법의 합리성과 효율성을 전제로 한반도에 평화를 정착시킨 후 통일의 추구방법을 체계화하고 있다.

　우리가 지향하는 통일국가는 민족구성원 모두에게 자유와 행복 그리고 민족의 생존과 번영이 보장되는 국가이다. 이러한 통일국가 건설은 국민적 합의에 기초한 민주적, 평화적 방법에 의한 점진적 단계적 통일접근 방식으로 이루어 나가는 것이다. 반세기가 넘는 분단 속에서 전쟁을 경험하면서, 평화통일이 민족구성원의 합의 사항으로 자리 잡은 것은 당연한 논리적 귀결이다.

　따라서 남북이 평화정착과 통일을 지향한다면 우선 생산적인 대화와 호혜적인 교류협력을 추진하여 상호신뢰를 구축해야 한다. 신뢰는 21세기 국가발전을 주도할 중요한 사회적 자본Social Capital인데, 남과 북은 이러한 사회적 자본이 파산상태에 놓여 있다. 미래의 평화롭고 부강한 민족공동체는 서로 신뢰를 회복하는 가운데 이루어진다. 이렇게 볼 때, 상호 불신을 해소하고 진정한 평화를 이루기 위해서는 긴 과정이 필요한 것은 불가피하다고 보아야 한다.

　이상과 같은 점을 고려할 때, 서로 다른 성격의 두 체제가 점진적 방법으로 상호 신뢰를 쌓아나가는 과도기를 거쳐 기능적으로 통합되면서 궁극적으로 통합에 이르는 접근방법은 최선의 선택이라 할 수 있다. 우리의 단계적, 점진적 통일정책은 1989년, "한민족공동체 통일방안"으로 공식화되었으며, 이 통일방안은 1994년, "민족공동체 통일방안" (한민족공동체 건설을 위한 3단계 통일방안)으로 발전되었다.

이후 역대 정부는 "민족공동체 통일방안"의 정책기조를 계승하고 있다. 2010년 8.15 경축사에서 이명박 대통령이 제시한 평화공동체, 경제공동체, 민족공동체 등 "3대 공동체 통일구상"은 민족공동체 통일방안을 계승하면서 공동체의 기능적 측면을 보다 구체화시킨 것이다. "민족공동체 통일방안"에서 제시된 "남북연합" The Korean Commonwealth은 민족공동체를 만들어 가는 중간과정으로 통일 기반을 조성해 나가는 "과도적 통일체제"이다.

이 남북연합은 "선 민족공동체 건설, 후 통일국가 수립"의 기본 구상에 따른 제안이다. 이 구상과 원칙은 역사적으로 사회공동체의 형성은 국가체제의 성립보다 선행하며, 현실적으로 진정한 통일은 체제통합만이 아닌 민족의 동질성이 회복되고 통합을 이룰 때 가능하다는 사실에서 비롯된 것이다. 그리고 민족사회의 통합이 국가통일의 성취로 이어진다는 기본 구상도 포함되어 있다. 이런 점에서 남북관계를 국가 대 국가의 관계가 아닌 민족 내부의 두 체제 사이의 특수 관계로 보는 것이다.

결국 남북관계는 국가 대 국가의 관계보다 민족 대 민족의 개념으로 접근해 들어가기 때문에 남북의 사회적 자본을 쌓는 일이 더욱 중요해 진다. 따라서 사회적 자본의 근간이 되는 신뢰는 한반도 통일구축의 기반이 되는 것이다.

한반도 신뢰프로세스 추진기조

1. 튼튼한 안보에 기초한 정책 추진

한반도 신뢰프로세스는 튼튼한 안보에 기초해서 추진해야 한다. 대한민국의 강력한 억지력을 토대로 북한의 도발을 억지하고, 도발에 대해서는 응분의 대가를 치르도록 단호히 대응해야 할 것이다. 다른 한편, 대화와 교류·협력의 창을 열어두고 남북관계를 발전시키려는 노력을 지속해야 할 것이다.

박근혜정부의 대북정책은 북한의 도발이 재개될 수 있다는 것을 전제로 추진되어야 한다. 또한 경우에 따라 도발 양상이 매우 다양해 질 수 있다는 것도 고려해야 한다. 이러한 인식을 바탕으로 다음과 같은 정책을 추진해야 한다.[144]

첫째, 북한의 각종 도발이 무용함을 증명할 수 있도록 우리의 억제 능력을 확장해야 한다. 둘째, 북한의 도발 시점과 양상에 대해 예상하여 대응 능력을 갖추며, 도발이 발생할 시 이에 대해 단호하

---

144) 박형중, "튼튼한 안보를 바탕으로 신뢰에 기초한 건설적 당국 간 대화 추진," 『박근혜정부의 대북정책 추진방향』 통일연구원 13-02, 2013.

게 대응하는 한편, 대화를 유도하기 위한 노력을 지속적으로 추진하는 것이 필요하다. 셋째, 북한의 군사도발 억제를 위한 외교적 노력을 증대해야 한다. 이를 위해서는 미국 및 중국과의 외교적 협력을 강화해야 한다. 특히 주변국에 대해 북한의 도발에 대해 우리가 상응하게 대응할 수밖에 없음을 주지시켜야 할 것이다.

북한의 핵도발이 계속되는 상황에서 중국이 추구하는 한반도 안정과 평화는 도전을 받고 있으며 이에 따라 한국과 중국과의 관계가 상대적으로 중요시되고 있다. 즉 북한이 국제사회에서 트러블메이커로 발전해 나감에 따라 북중 관계의 특수성을 우선함으로써 중국이 잃을 수 있는 국익이 북한을 버림으로써 얻을 수 있는 국익보다 커지기 시작했다고 평가하기 시작했다. 따라서 우리 정부는 이러한 북중관계의 새로운 이해관계의 틈 속에서 한국의 핵심이익을 어떻게 달성할 것인지를 고려해야 할 것이다.

2. 합의 이행을 통한 신뢰 쌓기

한반도 신뢰프로세스 두 번째 추진 기조는 합의 이행을 통한 신뢰를 쌓는 일이다. 남북 및 국제사회와의 기존 합의를 존중하고, 이행하는 것으로부터 신뢰를 축적해야 할 것이다. 실천할 수 있는 내용에 합의하고, 합의된 내용은 반드시 이행함으로써 신뢰 다지기를 해야 한다.

잘 아는 바와 같이 김대중정부의 햇볕정책은 노무현정부에서 계승했지만 이명박정부 들어 전면적인 변화를 가져왔다. 전 정부가 합의한 6.15공동선언이나 10.4선언의 경우에 대해서는 그 이행에 대해 부정적 입장을 가졌던 것도 사실이다. 이로써 남북관계가 악화된 원인을 제공한 측면이 있다.

이제 박근혜정부가 추진하는 신뢰프로세스는 지금의 정부 5년뿐 아니라 이후 정권에서도 이를 승계하여 발전시키는 노력이 필요하다. 즉 지속성과 일관성을 유지하는 것이야 말로 상호 신뢰를 쌓아나가는데 기본이라 할 수 있다. 역사적으로 서독이 동독을 향한 동방정책은 이후 정권이 바뀌더라도 일관되게 추진한 결과 독일이 마침내 통일을 가져올 수 있었던 사례를 벤치마킹할 필요가 있다.

남북관계의 특성을 감안할 때, 하루아침에 신뢰가 쌓일 수는 없다. 상당한 시간이 걸릴 것이다. 이 과정에서 중요한 것은 인내이다. 인내는 신뢰를 구축하는 데 반드시 요구되는 덕목이다. 상황변화나 북한의 언동에 일희일비할 필요가 없다. 대화를 제의하고 언제라도 대화를 하겠다는 확고한 의지는 표명하되, 대화를 구걸할 필요는 없다. 우리의 중심을 잡고 일관되게 인내를 가지고 추진해 나가는 자세가 필요하다. 특히 무엇인가 성과를 내기 위해 조급증을 보이는 것은 상대에게 큰 약점을 잡히는 결과가 되는 것임을 유의해야 한다.

3. 북한의 올바른 선택 여건 조성

한반도 신뢰프로세스 세 번째 추진 기조는 한반도 비핵화에 대해 북한이 올바른 선택을 할 수 있도록 여건을 마련해 주는 것이다.

2012년 12월 장거리로켓을 발사한 데 이어 2013년 2월에는 제 3차 핵실험을 강행하고 추가 도발을 시사하면서 한반도 긴장을 급 격히 고조시켰던 북한이 한반도 비핵화와 더불어 올바른 선택을 할 수 있도록 한반도 신뢰프로세스를 통해 여건을 조성해야 할 것 이다.

북한의 김정은은 조선노동당 제1비서 취임(2013년 4월 11일 조선노동당 4차 대표자회)을 앞둔 시점에서 '김일성-김정일주의' 을 제창하면서 '4.6담화'를 발표했다. 일반적으로 사회의 지배집 단은 자신의 지배를 정당화하고, 피지배집단을 그들이 원하는 방 향으로 이끌어가기 위해 지배이데올로기를 필요로 한다. 이러한 이데올로기를 바탕으로 김정은은 북한이 핵보유국이라는 인식을 대내외적으로 고착화시키기 위한 노력을 강화했다. 김정은정권은 헌법에 핵보유국가라는 것을 명시하고 3차 핵실험을 감행했으며, '경제건설과 핵무력건설의 병진 노선'을 채택했다.

북한이 내부 경제사정이 열악함에도 불구하고 핵실험을 강행하는 결정적인 이유는 북한체제에 대해 인정받기 위해서이다. 체제 불안 의식을 갖고 있는 김정은이 북한의 핵을 포기하고 국제규범과 의무 를 준수하도록 견인해야 한다. 남북간 신뢰에 기반을 둔 대화와 교 류·협력을 통해 북한의 변화 여건을 조성해 나가야 할 것이다.

금년 3월 이래 북한은 핵개발과 경제발전 병진노선을 전략 목표 로 추구해오고 있다. 한국 정부는 지난 6개월간 한미, 한중 정상회 담은 물론, ARF 외교장관회담 등을 통해 북한의 병진노선은 실 현 불가능하다는 점을 설득하면서, 오히려 북한이 올바른 선택을 통해 국제사회의 책임 있는 일원이 되는 것이 신뢰구축을 위해 중요하다는 점을 강조해 오고 있다. 북한의 최근 대남 협상은 '대화를 위한 대화' 혹은 통일전선전술 차원의 과거 협상태도와 일정한 차이를 보인다.[145] 북한이 대내외적인 차원에서 남북대화 재개 및 남북관계의 복원 필요성을 인지한 점에 기인한 것이라는 추론이 가능하다.

남북간 신뢰구축을 위해서도 북한이 하루빨리 핵 개발과 경제발전의 병행이 불가능한 목표임을 깨닫고 올바른 선택을 하는 것이 가장 중요하다. 이를 위해 한국정부는 북한이 국제사회와의 합의사항을 이행하여 신뢰를 쌓아가도록 하는 한편, 국제사회와 함께 북한의 변화 유도를 위한 긍정적 여건을 조성해 나가야 한다. 또한, 북한이 변화하지 않을 수 없도록 강력한 압박과 함께 강력한 설득 노력을 지속해 나가야 할 것이다.

4. 국민적 신뢰와 국제사회와의 신뢰 기반

우선 국민적 신뢰는 시민사회로부터의 의견수렴 및 투명한 정보 공개와 정책 추진을 통해 국민적 공감대를 강화해야 한다.

첫째, 국민적 지지와 동의를 확보하는 것이 필요하다. 어떠한 정책도 국민의 지지와 성원 없이는 지속적으로 추진하기 곤란하다.

---

145) 조한범, "2013년 하반기 북핵문제 및 남북관계 전망과 대응전략", Online Series 13-20, 2013.

신뢰프로세스 경우도 마찬가지다. 국민들이 신뢰프로세스 취지와 목표, 추진전략에 있어 공감하고 적극적인 지지를 할 수 있도록 유도하는 노력도 해야 한다.

둘째, 정치권의 합의가 필요하다. 대북정책과 통일문제에 있어서는 여도 야도 없다. 평화통일을 이루는 것은 헌법에 명시된 대통령의 책무이다.146) 이는 국가와 민족의 장래문제이며 국익에 관련된 사안이라는 점에서 여와 야가 바뀌더라도 헌법이 바뀌지 않는 한 통일문제에 관해서는 정치권이 한 목소리를 내는 것이 중요하다. 그래야만 남북관계에 있어 우리가 주도적으로 북한을 변화시킬 수 있을 것이다. 나아가 북한의 남남갈등 유도가 무용함을 보여줄 수도 있다.

셋째, 안보역량 강화를 위한 노력이 지속되어야 한다. 우리의 대북억제는 한미연합억제력을 기반으로 하고 있다. 하지만 언제까지 외국의 힘에 의존할 수는 없는 일이다. 통일한국을 생각해서라도 지금부터 자주국방역량을 강화시켜야 한다. 이를 위해서는 적절하고 지속적인 예산의 뒷받침이 긴요하다. 북한의 대량살상무기 사용징후 발견시 선제 타격할 수 있는 이른바 킬 체인Kill-Chain의 조기 확보, 한국형 미사일방어체계KAMD: Korea Air and Missile Defense 구축 등은 많은 예산이 소요되는 사업이며 시간도 소요된다. 조속하게

---

146) 헌법 제4조에서는 "대한민국은 통일을 지향하며, 자유민주적 기본질서에 입각한 평화적 통일정책을 수립하고 이를 추진한다"고 규정되어 있으며, 66조 ③항에서는 "대통령은 조국의 평화적 통일을 위한 성실한 의무를 진다"고 대통령의 의무를 규정하고 있다.

완료될 수 있도록 재정적 뒷받침을 해야 한다.

국제사회와의 긴밀한 협력을 통해 정책의 실효성 및 북한의 수용성을 제고시켜야 한다. 박근혜정부가 추구하는 신뢰의 가치는 한반도 차원을 넘어서는 보편적인 국제사회와의 외교정책에서도 강조된다.

향후 박근혜정부는 주도적으로 미국, 중국과 협의한 후 북한에 대화를 통해 제안을 함으로써 현재의 위기를 기회로 바꾸는 지혜를 발휘해야 할 시점이다. 한반도 신뢰프로세스 국제적 측면과 관련하여 가장 중요한 두 행위자는 미국과 중국이다.

시진핑 시기 중국은 북한을 전략적 자산으로 간주할 것인지 아니면 전략적 부담으로 간주할 것인지 여부에 따라 대북정책의 변화 가능성이 있을 것이다. 전략적 자산은 미국의 아시아 중시 정책이 지속되는 현 구도에서 북한의 지정학적 완충지대^{Buffer State}[147]로서의 전략적 가치를 유효하게 평가하고 반대로 전략적 부담은 북한의 경제난, 탈북자, 핵 보유국화 시도, 도발 등 북한의 행위가 중국의 국익을 침해할 경우이다.

박근혜정부는 한미관계와 한중관계의 중요성을 강조하면서 두 외교 관계가 상호 이분법적 관계에 놓여 있지 않음을 강조하고 있

---

147) 전통적으로 중국의 입장에서 볼 때 한반도는 그 자체로는 중국에 위협이 되지 않지만, 중국 이외의 강대국이 한반도에 강력한 영향력을 가질 경우 중국은 치명적인 위협에 놓이게 된다고 인식하고 있다. 따라서 북한의 완충지대로서의 역할이라는 것은 북한정권의 생존과 직결되어 있으며 중국이 지속적으로 주장하고 있는 한반도 평화와 안정 및 한반도 현상유지도 모두 북한정권의 생존에 초점이 맞춰져 있다고 볼 수 있다. Andrew Scobell, "China and North Korea: From Comrades-in-Arms to Allies at Arms' Length," SSI monograph series, 2004.

다. 한미 혹은 한중간에서 서로 차별적인 영역과 수준에서 호혜적인 이익이 존재하고 있는바, 이들 이익을 각자의 국가이익적 관점에서 적극적으로 구현하자는 것이다. 북한관련 협상의 기본틀은 포괄적 접근에 기초한 일괄타결 방식이 되어야 한다. 의제에서는 북미간 서로 요구하는 모든 이슈를 테이블 위에 올려놓고 협상하는 포괄적 접근방식과 이를 통한 일괄타결이 되어야 한다. 북핵문제에 대한 정확한 진단 및 상황인식을 토대로 이념을 떠나 철저히 실용주의적인 국익에 기반을 둔 대북정책을 추진해야 할 것이다. 한반도 정세가 엄중한 상황일수록 박근혜정부의 한반도 신뢰프로세스를 근간으로 남북관계를 개선시켜야 할 것이다.

제4절
한반도 신뢰프로세스 정책 추진과제

1. 신뢰 형성을 통한 남북관계 정상화

남북간 신뢰를 쌓아 남북관계를 정상화하기 위해서는 다음 네 가지를 추진해야 할 것이다. 첫째, 인도적 문제의 지속적 해결 추구이다. 영유아와 임산부 등 취약계층을 대상으로 하는 순수한 인도적 지원은 정치적 상황과 무관하게 지속 추진해야 할 것이다. 또한 이산가족 및 국군포로와 납북자 문제는 실질적인 해결 노력을 지속해야 한다. 남북한 이산가족 상봉은 1년에 사망하는 남북한 이산가족이 수천 명에 달하는 점을 고려해 조속히 재개해야 한다.

둘째, 남북간 대화채널 구축 및 기존 합의정신 실천이다. 남북 당국간의 대화를 재개하고 상시 대화채널을 구축해야 할 것이다. 이를 위해서는 국제기준에 기초한 대화 관행을 정립하고 '상호존중과 평화'의 합의정신을 존중하되, 구체적 이행은 국민합의나 안보 등을 고려하여 검토해야 할 것이다.

셋째, 남북간 호혜적 교류와 협력을 확대 · 심화해야 할 것이다. 개성공단은 잠정폐쇄조치 이후 약 5개월 만에 재발방지와 국제화에 남북이 합의하면서 재가동되었다. 사실 개성공단 재가동은 한반도 신뢰프로세스 작은 성공이라고 해도 좋을 것이다. 이번 개성 공단 재가동 합의를 계기로 과거 남북관계의 잘못된 관행을 바로 잡고, 상생의 새로운 남북관계가 시작되고 앞으로 한반도 신뢰프로세스를 통해 한반도에 평화를 정착시키고, 남북한의 공동발전을 이뤄나갈 수 있게 될 것이다. 또한 학술·종교 교류 등 다각적인 사회문화 교류를 내실화하며, 북한 지하자원 공동개발 등 남북이 상생할 수 있는 경협사업 추진, 농업 및 환경협력 등 '그린 데탕트'를 통한 환경공동체를 건설하고, 확고한 신변안전 보장 등을 토대로 금강산 관광을 발전적으로 재개해야 할 것이다.

넷째, 신뢰형성과 비핵화 진전에 따라『비전 코리아 프로젝트』를 추진해야 한다. 북한의 자생력 제고를 위한 전력·교통·통신 등 인프라를 확충하고 북한의 국제금융기구 가입 지원 및 경제특구 진출을 모색하면서 서울·평양 남북교류협력사무소를 설치하는 것이다.

2. 한반도의 지속가능한 평화 추구

한반도의 지속가능한 평화를 추구하기 위해서는 다음 네 가지를 고려해야 할 것이다. 첫째, 평화를 지키기 위한 확고한 안보태세를 완비해야 할 것이다. 강력한 억지와 튼튼한 안보 구축을 통해 북한의 도발을 사전에 차단해야 하며 북한 도발 억지를 위해 한미연합 억지력을 포함한 포괄적 방위역량을 강화해야 할 것이다.

둘째, 북핵문제 해결을 위한 다각적인 노력이 필요하다. 남북협력과 국제협력의 균형을 취하면서, 설득과 압박을 병행해야 할 것이다. 아울러 북핵문제 해결을 위한 남북간 실질적 협의를 추진해야 하고, 6자회담, 한·미·중 전략대화 등을 통해 비핵화 동력을 강화해야 하며, 비핵화 진전에 따라 상응하는 정치·경제·외교 조치를 강구해야 할 것이다.

셋째, 비무장지대 DMZ: Demilitarized Zone 세계평화공원 조성이다.[148] 박근혜 대통령은 2013년 8.15 경축사에서 분단과 대결의 유산인 비무장지대DMZ에 세계평화공원을 조성하기를 북한에 제의했다. 이것은 비무장지대를 평화의 지대로 만듦으로써 우리의 의식 속에 남아 있던 전쟁의 기억과 도발의 위협을 제거하고, 한반도를 신뢰와 화합, 협력의 공간으로 만드는 새로운 시작을 상징하게 될 것이다. UN 및 유관국 등과 함께 비무장지대 내 세계평화공원을 조성하며 이것은 남북과 국제사회가 참여하는 새로운 협력모델로 세계평화의 랜드마크가 될 수 있을 것이다.

넷째, 정치·군사적 신뢰구축을 추진해야 할 것이다. 남북은 상호 체제 인정, 무력 도발 중단 등 기본적 조치부터 실천하며 교류·협력 활성화와 정치·군사 분야에서의 균형 잡힌 추가적 신뢰구축조치를 추진하고 분쟁의 평화적 해결, 우발적 무력충돌 방지에 힘써야 할 것이다.

---

148) 비무장지대는 정전협정(1953. 7. 27.)에 따르면 군사분계선의 남북 각각 2Km 지점 이내의 완충지대로서 적대행위의 재발을 방지하기 위한 용도로 설정되었으며, 비무장지대 내에서 또는 비무장지대를 향한 어떤 적대행위도 금지되고, 군사분계선 이남은 유엔군 총사령관이 이북은 북한군 사령관과 중공군이 관리함이라고 되어있다. 따라서 비무장지대의 평화적 이용을 위해서는 남북이 주도하되, 유엔군사령부, 정전위 등 유관 국가와 기구의 참여가 필요하다.

3. 통일 인프라 강화

통일 인프라를 강화하기 위해서는 다음 몇 가지를 추진해야 할 것이다. 첫째, 『민족공동체통일방안』의 발전적 계승이다. 관련 학술세미나 및 공청회 등 광범위한 의견수렴을 거쳐, 『민족공동체통일방안』 발전 방향을 국민들로부터 공론화시켜야 하며 '작은 통일에서 시작하여 큰 통일을 지향'한다는 국정과제와 연계하여 국내외 통일·북한 관련 연구를 활성화하고 연구 기관간 협조체계를 구축해야 할 것이다.

둘째, 국민과 함께 하는 통일을 추진해야 할 것이다. 한반도 통일은 국민 통합을 최우선으로 초당적 협조 노력을 강화해야 할 것이다. 구체적으로 통일교육 강화를 통해 국민적 통일 의지와 통일 역량을 결집하며 탈북민 정착지원 인프라 및 보호·지원 체계를 강화해 한다.

셋째, 북한주민의 삶의 질 개선 추구이다. 우선, 『북한인권법』 제정 등 북한인권 개선을 위한 대내외 환경을 조성하고 북한인권에 관한 민간단체 및 국제사회와의 협조체계를 확대·발전시켜 북한의 경제성장과 빈곤감소를 위한 다각적 협력을 모색해야 한다. [149]

---

149) 전봉근, "한반도 신뢰프로세스와 추진과제", 『주요국제문제분석』, 외교안보연구소, No. 2013-25, 2013.

4. 한반도 평화통일과 동북아 평화협력의 선순환 모색

한반도 평화통일과 동북아 평화협력의 선순환을 모색하기 위해서는 첫째, 통일에 대한 국제사회의 지지를 이끌어내야 한다. 동북아 신뢰구축 과정에서 한반도 평화통일에 대한 이해와 지지를 제고시키고 국제사회에 동북아 공동 발전과 세계 평화에 기여하는 통일 비전을 적극 제시하고 국제적 통일 공감대를 넓혀가는 통일 외교를 능동적으로 추진해야 한다.

둘째, 동북아의 지속가능한 평화와 발전 추구를 통해 궁극적으로 북한문제 해결에 기여해야 한다. 전통적 안보에서 테러, 환경, 인도주의, 재난대응 등 협력이 용이한 비전통적 안보협력을 추진하여야 할 것이다. 남북협력과 동북아의 갈등구조 완화를 위한 다자간 상호협력의 틀을 마련하여 동북아 차원의 신뢰를 구축하고, 새로운 질서를 창출해야 할 것이다. 역사적 경험과 오늘의 현실에 비추어 볼 때, 오늘날 전 세계에서 가장 신뢰가 부족한 지역 중 하나인 한반도와 동북아 지역에 신뢰외교를 적용코자 하는 것은 논리적 귀결이다. 무엇보다도 한반도의 분단과 대립은 여전히 현재 진행형이며, 북한의 도발과 위협은 핵미사일 능력의 고도화 추구로 인해 질적인 변화 과정 속에 있다. 특히 북한의 위협과 도발, 이에 대한 보상과 재도발의 악순환이 끊이지 않고 반복되어 왔다. 동북아 또한 긴밀한 경제적 상호 의존과 달리 정치·안보협력은 이에 크게 못 미치는 불균형을 이루고 있는 이른바 아시아 패러독스에 시달리고 있다. 이러한 상황에서, 박근혜정부는 신뢰외교를 통해 한반도와 동북아에서의 지속가능한 평화와 협력을 구축코자 하며, 이러한 정책이 바로 '한반도 신뢰프로세스' 와 '동북아 평화협력 구상' 이다.

셋째, 북방 3각 협력 추진이다. 한반도와 동북아의 공동이익과 평화조성을 위해, 에너지와 물류 등 남·북·러 및 남·북·중 3 각 협력을 추진하며 관련 국제기구와의 협력도 적극 모색해야 한다. 북한을 관통하는 에너지망과 물류망은 동북아의 균형발전과 공동 발전을 위한 기반이 되고 동북아의 평화협력도 증진하여 '동북아평화협력구상' 의 실현에 기여한다. 또한 북한을 통과하는 가스관의 사업의 경우, 북한의 통과 차단 위험성과 현금지급 등 정치적 문제가 있지만, 최근 북한이 경제발전에 주력하는 양상을 보임에 따라 새로이 경험과 비핵화의 일괄타결 가능성도 열려 있어 이를 전략적으로 촉진하고 활용할 필요성이 있을 것이다.

제5절
핵심 쟁점 해결 방안

박근혜정부의 대북정책은 한반도 신뢰프로세스로 요약된다. 한반도 신뢰프로세스는 첫째, 남북관계 발전과 평화를 위한 상시 대화 체계 구축을 위한 노력이 있어야 한다. 기존의 남북간 많은 합의들 중에서 서로에게 이익이 되는 호혜적인 사업 및 약속은 적극적으로 추진되어야 한다.

둘째, 교류협력 및 경협부문으로 정치적 고려와는 무관한 대북 인도적 지원 사업개발이 이루어져야 한다. 이를 바탕으로 이산가족, 국군포로, 납북자 문제가 최우선적으로 논의되고, 이와 연계하여 북한 인권 문제의 국내적 논의 활성화 및 국제사회의 협조체제를 구축함으로써 한반도 인간안보를 실현해야 한다.

신뢰프로세스는 북한의 도발에는 강력하게 대응하면서도 동시에 유화국면 모멘텀을 확보하기 위한 노력 역시 포기하지 않아야 한다. 신뢰프로세스 초기 단계에서는 대화, 인도적 지원, 기존약속의 상호확인 등을 중심으로 상호 신뢰구축의 초석이 될 수 있는 영역을 우선적으로 선별하여 구체적인 정책을 가동할 수 있도록 해야 한다. 신뢰프로세스 단계적 발전은 국민적 합의, 북한의 대응 및 국제사회의 이해 속에 '남북교류협력사무소', '서울 프로세스',

'비전 코리아 프로젝트' 등의 발전적 단계로 이어질 수 있다.

결국 박근혜정부의 대북정책 핵심은 단기적으로 억지와 안보를 강화하며, 중장기적으로 남북간 신뢰형성을 통한 남북관계 정상화 및 지속가능한 한반도 평화를 실현하는 것이다. 그러나 현재와 같은 제재국면에서 어떻게 신뢰프로세스를 가동하고 성공적으로 추진하느냐가 가장 큰 관건이다. 이는 북한체제의 경직성과 중국 변수라는 두 가지 문제로 요약해 볼 수 있다.

한반도 신뢰프로세스 적용을 위해서는 남북대화가 전제되어야 하며 남북대화를 위해서는 어느 측에서든 선대화 제의가 있어야 할 것이다. 낮은 수준의 대화와 협력은 신뢰를 축적하게 되는 계기가 될 것이며 신뢰가 축적되는 수준을 고려하여 점차 사회문화, 경제, 정치, 군사적 대화와 협력으로 나아갈 것이다.[150]

북한체제가 변하지 않는 한 우리의 대북정책에도 한계가 지속될 것이며 신뢰프로세스는 결국 한국의 일방적 정책으로 끝날 가능성이 존재한다. 따라서 신뢰프로세스를 가동시키기 위한 사전조치로써 북한에 개혁개방에 필요한 환경을 조성하면서 점진적인 구축을 고려할 필요가 있다. 또한 남북한간 신뢰프로세스를 가동시키기 위해서는 중국의 대북정책이 국제사회와 일치할 필요가 있으며, 이를 위한 한중관계 강화 및 한미중 3자 전략대화의 활용가치는 높다.

---

150) 윤여상, "어떤 신뢰, 어떤 프로세스여야 하는가," 평화재단 제59차 전문가 포럼, 2013.

중요한 점은 신뢰프로세스와 비핵화의 연계 가능성과 비핵화의 구체적인 방안이 부재하다는 것이다. 남북관계가 원만했던 과거 김대중정부나 노무현정부 당시도 비핵화에는 큰 진전이 없었으며, 남북관계 향상과 신뢰회복이 비핵화로 연결된다는 보장은 예측하기 어렵다. 따라서 한반도 비핵화를 순조롭게 할 수 있는 환경마련을 위한 남북관계 개선 및 신뢰회복이 중요하며, 이를 위한 보다 구체적이고 현실성 있는 대북 핵정책 마련이 중요한 과제이다.

신뢰프로세스 성공을 위해 중요한 요소는 바로 지속성이다. 그동안 우리 정부의 대북정책은 정권이 바뀔 때마다 변화되어 왔다. 물론 정권이 바뀌면 전반적인 정책의 변화가 불가피한 측면이 있다. 하지만 대북정책이나 통일정책은 정권의 변화와 무관하게 일관성과 지속성이 유지되는 것이 바람직하다. 예를 들어 정부가 바뀌더라도 전 정부가 맺은 조약이나 차관은 다음 정부가 승계하는 것과 마찬가지 논리이다.

대북정책이나 통일정책을 추진함에 있어서 여론에 휘둘리지 말기를 권하고 싶다. 어떤 정책이라 하더라도 국민의 삶과 직결되는 문제이며, 향후 표와 연관되어 여론의 향배를 신경 쓰지 않을 정치인은 없을 것이다. 하지만 때로는 국가의 장래에 관한 문제의 경우, 당장 이해관계가 대립되더라도 리더십이 판단하여 확신을 가진다면 강력한 드라이브를 걸어 나가는 것이 바람직하다. 대북정책과 통일정책을 추진함에 있어서는 바로 이러한 자세가 필요하다. 그래야만 지속성과 일관성을 확보할 수 있다.

신뢰프로세스를 추진하는 과정에서 때때로 신축성과 유연성을 필요로 한다. 너무 정해진 자기 틀에 갇혀 상황변화에 적절히 대처하지 못하는 경우가 발생하지 않도록 하자는 것이다. 그렇다고 해서 원칙을 벗어나 상대방에게 일방적으로 양보라는 뜻이 아님은 물론이다. 기본적으로 원칙에 입각하여 신뢰프로세스를 추진하되 상황변화에 따라 유연하게 신축적으로 대처하는 것이 바람직하다.

예를 들어, 이명박정부의 대북정책 추진과정을 보면, 마치 이전 정부의 반대방향으로 하려는 경향으로 보인 측면이 있다. 비핵·개방·3000의 경우, 이명박정부 출범 전에 공약으로 내놓은 방향이지만, 이는 상대방(북한)으로 하여금 항복하고 나와야 한다는 전제조건으로 비춰질 수 있었던 측면이 있다. 물론, 이명박정부는 원칙에 입각한 대북정책을 추진함으로써 북한에 분명한 교훈을 준 것은 사실이다. 하지만 이 과정에서 신축성과 유연성을 좀 더 발휘하지 못한 것이 아닌가 하는 아쉬움도 남는다. 이명박정부도 대북정책의 기조로서 유연하게 추진하겠다는 의지를 밝힌 바 있지만, 실제 추진과정에서 그러한 유연성을 제대로 발휘하지는 못한 것 같다.

유연성과 신축성은 맞춤형 전략 형태로 발휘되면 좋겠다는 생각이 든다. 북한이라는 체제의 특성, 정권의 속성을 꿰뚫어보고 이에 맞추어 우리의 전략을 추진하는 것이 좋겠다는 의미이다. 예를 들어 북핵문제 해결과 남북대화 및 교류와의 관계에 있어서도 좀더 유연성과 신축성을 발휘할 필요가 있다. 그런 차원에서 남북관계 발전을 통해 북핵문제 해결을 촉진하는 방안이 보다 바람직할 것으로 보인다. 만일 이명박정부 당시와 같이 비핵화가 전제되지 않는 한 대북지원이나 남북경협을 발전시킬 수 없다는 원칙에 매일 경우, 신뢰프로세스는 출발도 하지 못한 채 남북대화는 한 걸음도 전진하지 못할 수도 있다.

따라서 박근혜정부는 신뢰프로세스를 구현하기 위해서는 다음과 같은 사안을 고려해야 할 것이다.

첫째, 북한은 한반도 긴장 조성과 관련된 일체의 행위를 중단하여야 하고, 남북장관급 회담 및 금강산관광 재개, 이산가족 상봉 등 남북 현안문제 해결을 위한 신뢰어린 접근을 해야 한다.

둘째, 박근혜정부는 남북간의 다양한 대화채널을 확보하며, 적극적으로 한반도 평화프로세스를 위한 출구전략을 계획하고 창조적 방안을 수립해야 한다. 향후 박근혜정부는 남북관계 상황에 일희일비하지 않고 한반도 평화정착을 위한 종합적인 로드맵 속에서 남북교류협력 정착을 일관되게 추진해야 한다.

셋째, 국제사회는 북핵, 미사일, 한반도 평화체제 등 안보이슈의 평화적인 해결로 남북관계 개선과 한반도 평화증진에 기여하기 위한 포괄적 노력을 해나가야 한다. 뿐만 아니라 6자회담 등을 통해 북한의 핵무기 개발 포기를 중심으로 한 한반도의 비핵화, 나아가 정전협정을 평화협정으로 전환하기위한 다각도의 노력을 경주해야 한다.

동북아 평화협력 구상 구현전략

박근혜 대통령의 동북아평화협력 구상(일명 서울프로세스)은 미래 동아시아의 새로운 질서가 역내 국가 간 경제적 상호의존성이 증대되었음에도 정치·안보협력은 뒤처져 있는 소위 '아시아 패러독스' 현상을 어떻게 관리하느냐에 따라 결정될 것이라는 전략인식에 바탕을 두고 있다. 이러한 상황인식하에 이론적 고찰과 프랑스와 독일의 평화협력 공존사례를 포함한 유럽 평화협력사례를 분석, 시사점을 도출하려 한다. 이어서 동북아평화협력의 갈등·도전요인과 협력·기회요인을 분석하고 평가하려 한다. 갈등을 완화하고 협력을 촉진하는 동북아 평화협력 구상의 추진 목표와 추진 기조, 평화협력 설계를 구상하고, 이를 구현하기위한 추진전략과 한국의 역할을 살펴보려 한다.

박근혜 대통령의 동북아평화협력 구상(일명 서울프로세스)은 미래 동아시아의 새로운 질서가 역내 국가간 경제적 상호의존성이 증대되었음에도 정치·안보협력은 뒤처져 있는 소위 '아시아 패러독스' 현상을 어떻게 관리하느냐에 따라 결정될 것이라는 전략인식에 바탕을 두고 있다. 이를 극복하기 위해서는 환경, 재난구조, 원자력 안전, 테러 대응 등 비정치·비군사 분야의 이슈부터 대화와 협력을 통해 신뢰를 쌓고 점차 타 분야로 협력의 범위를 확대해가는 전략으로 동북아 다자간 대화프로세스이다.[151] 이러한 전략구상은 남북간 신뢰를 회복하여 남북관계 정상화를 추진하는 한반도 신뢰프로세스와 함께 한반도의 안정된 전략환경을 조성하기 위해 한국의 격상된 외교안보·경제역량을 발휘하여 동북아의 갈등과 대립의 적대적 냉전질서를 상호존중과 공동번영의 협력적 안보질서로 전환시켜 나가는 데 중요한 함의가 있다.

이러한 상황인식하에 이론적 고찰과 프랑스와 독일의 평화협력 공존사례를 포함한 유럽 평화협력사례를 분석, 시사점을 도출하려 한다. 이어서 동북아평화협력의 갈등·도전요인과 협력·기회요인을 분석하고 평가하려 한다. 갈등을 완화하고 협력을 촉진하는 동북아 평화협력 구상의 추진 목표와 추진 기조, 평화협력 설계를 구상하고, 이를 구현하기위한 추진전략과 한국의 역할을 살펴보려 한다.

---

151) 대한민국 청와대, "박근혜 대통령 미국 상·하원 합동연설문," 2013. 5. 9.

제1절
이론적 고찰

1. 평화

평화학자 요한 갈퉁 ^{Johan Galtung}이 지적했듯이 평화는 소극적 평화와 적극적 평화로 구분된다.[152] 전자는 전쟁이 없는 상태이고, 적극적 평화는 분쟁과 갈등의 구조적 요인을 제거하고 국가간 분쟁을 평화적으로 해결하는 것을 의미한다. 동북아의 평화 만들기 ^{Peacemaking}는 이 두 의미를 포함한 포괄적인 개념이어야 한다.

첫째는 동북아 역내 국가들이 대화와 협력을 통해 신뢰를 구축해 나가는 것이고, 둘째는 동북아의 갈등과 적대관계를 상호존중과 협력의 국제규범으로 발전시켜 나가면서 제도적 장치를 만들어가는 프로세스가 되어야 한다.

2. 다자주의

다자주의는 다수 국가들간의 관계를 규명하는 수단으로 공동 관

---

152) Johan Galtung, 강종일 · 정대화 · 임성호 · 김승채 · 이재봉 옮김, 『평화적 수단에 의한 평화』(서울: 들녘, 2000).

심사를 협의하는 것이다. 로버트 O. 코헤인 Robert O. Keohane은 다자
주의적 제도를 지속성과 일련의 규칙을 갖고 있는 다자협의체로 보
고 있다. 호혜주의가 이루어졌을 때 다자주의가 성공할 수 있다고
본다.[153] 존 G. 러기 John G. Ruggie 는 다자관계란 일반화된 행위원
칙에 의거하여 특정 쟁점을 다루기 위해 3개국 이상이 모여서 형
성되는 것이라고 주장한다.[154]

다자주의가 부상하고 있는 배경은 냉전종식과 구소련의 몰락으
로 미·소 양극체제의 국제질서가 느슨한 형태로 변환되고 있으
며, 국가간 상호주의와 통합이 다자주의 제도의 틀을 강화하고 있
다. 또한 경제적 상호의존성으로 다자간 협력을 통해 글로벌 금융
위기 극복이 가능하며, 국제질서를 형성하는 데 다자주의가 중요
한 영향력을 행사하고 있다. 특히 다자주의는 새로운 국제쟁점을
해결하는 데 매우 효과적인 메카니즘이 되고 있으며, 다자주의는
국제사회에서 안보정책의 투명성을 제고하며, 결과적으로 예방외
교를 구현하는 방법이 되고 있다.

3. 협력안보

다자안보체제는 회원국 상호간 안보와 상호이익을 도모하기 위
해 설립된 초국가적 기구로서, 안보협력체를 설립하는 목적은 전

---

153) Robert Keohane, "Reciprocity in International Relations," *International
Organization*, Vol. 40, No. 1 (Winter 1986), p. 274.
154) John Geral Ruggie, "Multilateralism: The Anatomy of an Institution,"
International Organization, Vol. 46, No.3 (Summer 1992), pp. 565–567.

쟁을 예방하고 힘의 균형이나 국제협력을 통해서 평화와 안정을 추구하는 것이다.

협력안보는 전쟁의 위험을 최소화하고 군사력을 제한하며, 군축을 가시화시킬 수 있는 원칙을 세우는 것으로서 공동안보는 협력을 통해 이해 갈등을 해결하는 가장 적합한 방법으로 간주된다.[155] 적대세력에 대해서 대항하는 안보와 반대로 함께하는 안보 개념에 기저를 두고 있다. 협력안보의 개념은 양국이 현재 안보가 불안한 상태에 있다는 것을 같이 겪고 있을 때, 다자에 기반을 둔 대화의 습관을 창출하는 가치를 무엇보다 중요시하며, 자국의 안보를 함께 개선할 수 있다는 관점에서 참여국이 윈윈할 수 있다.

---

155) Olaf Palme, ed., *Common Security: A Blue Print Survival* (New York: Simmon and Schuster, 1982), p. 7.

제2절
유럽 평화협력사례와 시사점

1. 다자간 협력

　유럽의 평화협력은 동북아평화협력 추진에 중요한 시사점을 준다. 유럽공동체는 1952년 유럽석탄철강공동체ECSC, European Coal an Steel Community 로부터 출발하였다. 세계대전을 통해서 매 가정당 1명이 희생될 정도로 전쟁의 참혹함을 겪은 유럽은 전쟁이 없는 세상을 만들기 위해 무기제조와 전쟁수행에 결정적인 자원인 철강과 석탄 생산량을 규제하는 데 합의하였다. 1955년 서유럽국가 6개국과 영국이 참여하는 느슨한 조직인 집단방위협의체인 서유럽연합WEU, Western European Union 이 결성되었다. 1975년 동서유럽 35개국 정상이 헬싱키 의정서를 채택함으로써 유럽안보협력회의 CSCE, Council for Security and Cooperation in Europe 를 출범시켰다. 1990년 냉전종식 후 민주, 평화, 단결의 새 유럽시대를 여는 파리헌장과 1992년 마스트리히드조약에서 공동외교안보정책 CFSP, Common Foreign Security Policy 을 채택하여 EU의 독자적 안보역량의 기반을 확보하였다. 1994년 CSCE를 유럽안보협력기구 OSCE, Organization for Security and Cooperation in Europe 로 전환하여 상설기구화하였고

OSCE가 유럽안보협력의 주체로 자리매김하게 되었다.

OSCE는 정치·군사적 신뢰구축, 예방외교, 군비통제를 통한 범유럽 안보협력을 달성한다는 목표를 설정하였다. 헬싱키 의정서는 3 Baskets에 의해 OSCE의 활동영역을 명시하고 있는바, Basket 1은 유럽의 안보 및 군사적 신뢰구축 조치, Basket 2는 경제, 과학기술, 환경협력분야를, Basket 3는 인권, 소수민족 보호 등 인도적 문제 해결에 주안을 두고 있다. 비엔나에 본부를 두고 있으며, 예하에 상임이사회와 고급간부회의 등을 운용하고 있다. 매 2년마다 정상회담, 매년 각료회의, 매년 2회의 고위급 회담을 개최하며, 산하에 분쟁방지센터, 중재위원회, 안보협력포럼, 민주제도 및 인권청 등을 운용하고 있다.

유럽안보공동체는 문화, 정치, 경제, 사회분야 등 다차원적인 추진을 통해 제도화되었다. 1993년 유럽은 문화공동정책을 채택했으며, 정치분야에서는 1970년대 유럽이사회와 유럽의회 직선제를 시행하였고, 1980년 정치협력체를 창설하였으며, 1993년 EU를 결성하였다. 경제분야에서는 1958년 유럽경제공동체 EEC, Europe Economic Community, 1967년 유럽공동체 EC, Europe Community, 1975년 유럽지역개발기금, 1986년 단일시장, 1999년 유럽중앙은행을 설립하였고, 2002년 유로단일통화를 사용하기에 이르렀다.[156]

---

156) 정경영·윤영근, 『동북아 국방대화 가능성과 추진전략』, 국방대 안보문제연구소, 2005. 12.

2. 독·불간 협력

프랑스·독일 관계의 역사적 배경을 고찰해보는 것은 오늘날의 양국 관계가 어떻게 우호협력관계로 발전될 수 있었는가를 이해할 수 있으며 역사 문제 등으로 여전히 갈등과 대립 속에 있는 동북아에 시사점을 도출하는 데 도움을 줄 것이다. 프랑스와 독일은 19세기 이후 유럽에서 패권경쟁을 둘러싸고 수많은 전쟁을 하였다. 나폴레옹전쟁으로 독일 통일 이전의 프러시아가 유린되었다. 1870년 보불전쟁을 치렀고, 제1차 세계대전에서 독일은 프랑스를 침공하여, 4년 동안의 대전후 베르사이유조약을 체결하였으나, 다시 히틀러의 침공으로 제2차 세계대전을 겪었으며, 프랑스인들은 독일이 저지른 80년 동안의 만행을 생생히 기억하고 있다. 1945년 5월 독일 항복이 있은 후 프랑스와 독일지도자들을 포함한 유럽 지도자들은 유럽에서 분쟁이 다시는 일어나서는 안 되겠다는 결의를 다지고 전쟁방지 메카니즘을 구축하기 위한 노력을 끊임없이 하였다.

제2차 세계대전 직후 유럽통합의 아버지로 불리는 장 모네 Jean Monnet는 프랑스와 독일의 철강, 석탄 산업을 공동 관리하자는 제안을 하면서 통합을 모색하기 시작했으며, 화해의 결실은 찰스 드골 Charles de Gaulle 프랑스대통령과 콘라드 아데나워 Konrad Adenauer 서독수상이 서명한 1963년 1월 22일 독·불협력 엘리제 조약이 체결됨으로써 가시화되었다. 본 조약을 계기로 정부차원은 물론 전 국민적인 차원으로 교류협력이 확산되어 나갔다. 엘리제 조약 체결 25주년을 맞는 1988-89년 사이에 독·불 경제재무위원

회, 환경위원회, 국방안보위원회가 설립되었다. 1993년 유로군
단의 창설을 가능케 한 독·불여단이 출범하였다.

엘리제 조약 50주년인 지난 2013년 1월 22일에는 양국간 새로
운 협력의 장을 펼쳐나감은 물론 유럽의 통합을 더욱 강화시키는 데
양국은 공동의 리더십을 발휘하기로 선언하였다. 독·불간 분야별
협력은 통일국가를 목표로 하는 것처럼 보인다. 양국 정상간 월례회
담인 Blaesheim 회동, 양국 국무회의, 국방안보·환경위원회
운용, 매년 1월 22일 프랑스·독일의 날 행사, 드골·아데나와 상
수상, 양국 의회연맹 등을 들 수 있다. 또한 양국 국어를 학습하고,
공동 역사교과서를 채택·교육하고 있으며, 인문학 및 스포츠 교
류, 지자체간 자매결연 등 다양한 프로그램을 정례화하고 있다.

다음의 3개의 기관은 양국간 협력의 수준과 범위를 상징하고 있
다. 1963년 설립된 독·불 청년 사무국이 주관한 25만여 차례의
행사에서 750만여 명의 젊은이들의 만남이 이루어졌다. 1990년
에 설립된 ARTE TV방송국은 양국의 제작진과 앵커가 공동으로
프로그램을 편성, 운영한다. 또한 1999년 설립된 프랑스–독일대
학은 양국의 대학사에 새로운 지평을 열었다.[157)]

3. 시사점

유럽통합은 지역통합의 기본조건이 충족되었기 때문에 가능했

---

157) Eric Jouin, "France and German Cooperation and it Implication," 2nd
Book Project Meeting hosted by Institute of International Strategy on East
Asia, April 4, 2013.

다. 지리적 인접성, 경제적 상호의존성, 제도의 공유 등 정치적 동질성과 기독교와 자본주의라는 이념적 동질성 등이 작용했다. 또한 선명한 통합이념과 비전을 제시하고 철학을 공유했다는 점이다. 특히 유럽 각국의 지도자들은 유럽이 민족국가 단위로 분열되어 있는 한 갈등과 전쟁은 불가피하다고 인식하여 평화구현을 위한 초국가적 공동체 구축에 헌신하였다. 회원국 가입조건으로 민주주의, 인권, 법치 존중 등 가치기반의 공동체를 추진하였다는 점이다.

특히 유럽통합은 프랑스와 독일의 역할이 지대했다. 프랑스는 제2차 세계대전 이후 구체적 통합방안을 마련하여 본격적인 외교력을 발휘하여 유럽주의로 역내국가들의 단합을 도모하였다. 독일의 과거사 청산노력과 통합 리더십은 유럽통합의 쌍두마차였다. 독일은 2차 대전 이후 프랑스 주도의 유럽통합에 적극 참여하였으며, 라인강의 기적으로 획득한 경제력을 유럽통합에 필요한 지역 공공재 창출과 유지를 위해 사용하였던 바 유럽구조기금의 최대 출연국이었다.

관련국간의 미래를 논의하는 기초로서 역사인식을 공유하도록 공동 역사편찬 위원회를 구성하였던 점, 정치 어젠다에 구속됨이 없이 과거를 극복하고 미래로 나아가는 전향적인 강력한 정치지도자의 리더십과 사명이 크게 작용하였다. 독·불관계의 모든 영역에서 중장기계획을 수립하고, 지속적인 만남과 과거의 어두운 그림자를 뒤로 하기 위한 진정성있는 정치지도자들의 결의가 어우러지고, 이것이 양국 국민으로 확산되었으며, 유럽통합을 견인하는데 결정적인 기여를 하였다.

제6장

제3절
동북아 평화협력 구상

1. 추진목표

동북아평화협력체는 갈등과 분쟁의 냉전적 질서를 상호존중과 평화의 협력적 질서를 추구하는 것을 목표로 한다. 이를 위해 재해재난, 원자력 안전, 테러, 환경오염 등 비정치, 비군사분야부터 대화를 통해 신뢰를 쌓아 공동대처해나가고 인권, 군비통제, 영토분쟁, 대량살상무기확산 등 정치 · 군사분야의 협력체제를 구축해 나간다.

2. 추진기조

동북아 평화협력체를 구축하기 위해서는 추진기조로, 평화협력 레짐은 기존의 쌍무동맹을 대체하는 것이 아닌 보완적 기능을 수행하며, 한미동맹과 미 · 일동맹은 물론 북 · 중동맹도 새롭게 구축될 평화협력 레짐과 함께 존속하도록 한다. 그러나 특정국가나 블록을 공동의 위협으로 상정하지 않는다.

따라서 다자간 연습훈련도 전통적인 군사위협에 대비하는 연습을 배제하고 테러, 전염성 질병, 해적, 재해재난, 해상공동수색구조 Search & Rescue , 비전투요원후송 Non-combatant Evacuation 등 비군사 시나리오에 입각해서 실시되어야 하며, 레짐은 다자간 협력에 주안을 두기 때문에 쌍무간 갈등 및 분쟁이슈를 포함시키지 않는다.

3. 평화협력 설계

동북아평화협력 구상을 제도화하는 데 목표를 두고 단계적이고 점진적이면서도 다차원적으로 추진해야 한다.

회원국은 한 · 미 · 중 · 일 · 러 · 북한에 몽골을 포함하는 것이 바람직하다고 판단하였다. 대만을 고려할 수 있으나 '하나의 중국 원칙'에 따라 포함하지 않았다. 몽골은 동북아 지역 내 국가로 자원보유국이자 개혁개방을 추구하면서 중국의 배후거점국가로서의 전략적 중요성과 남북한과 공히 협력관계를 유지해오고 있다는 점 등을 고려하여 포함시켰다. 동북아정상회담은 연 1회, 알파벳순으로 윤번제로 실시하고 의장국이 개최국이 되며, 의제는 안보 및 경제협력의 역학관계를 고려하여 안보이슈와 경제이슈 발생시 상호 미치는 영향을 종합적으로 검토하고, 지역 내 환경, 재난구조, 원자력 안전, 테러 대응 등 신뢰구축을 위한 공동대처 방안을 협의하고 전략 · 경제대화에 지침을 부여한다.

〈그림 6-1〉 동북아 평화협력 아키텍춰

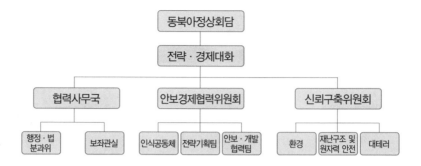

출처: Chung Kyung-young, "Building a Military Security Regime in Northeast Asia: Feasibility and Design," Ph.D. Dissertation, The University of Maryland, 2005에 필자가 최근 박근혜 정부의 서울프로세스의 구상을 반영한 아키텍춰이다.

전략 · 경제대화[158]는 7개 회원국의 외교 · 국방 · 재무장관으로 구성하며 연 2회 실시하며, 정상회담에서 합의사항에 대한 실행방안과 안보와 경제 이슈 발생시 미치는 파장을 종합적으로 고려하여 해결하고 동북아의 평화와 안정을 위해 환경, 재난 구조 및 원자력 안전, 테러 대응 등 초국가적인 위협 공동대처 방안을 협의하여 신뢰를 구축하고 군축 문제를 단계적으로 접근한다.

사무국은 상호협력의 실질적인 진전과 레짐 구축을 제도화하기 위해 규범과 원칙, 규정과 의사결정 절차를 발전시키는 기능을 수

---

158) 전략 · 경제대화는 미중간에 실시되는 외교 · 재무장관회담과 한 · 미, 한 · 일, 한 · 호주간 실시되는 외교국방장관회담인 2+2회담을 참조하여 외교 및 경제협력은 물론 안보 및 군사이슈의 비중을 고려하여 외교 · 국방 · 재무장관이 참여하는 대화체를 구상하였다.

행한다. 사무국은 2011년 서울에 설치된 한·중·일 3국협력사무국 TCS, Trilateral Cooperation Secretariat 을 모체로 확대, 개편한다.

동북아 평화협력을 추진하고 구축하기 위한 필요성은 군비경쟁과 적대감정이 고조되고 있는 상황에서는 무력충돌로 비화될 가능성을 배제할 수 없으며, 일순간 경제적 번영이 와해될 수 있다는 점이다. 또한 쌍무동맹체제로는 동북아의 자연재해와 지구 온난화, 북한의 수위와 강도를 달리하는 도발, 보호무역주의, 에너지 안보, 대량살상무기 WMD, Weapons of Mass Destruction 확산, 전염성 질병 등 역내 이슈들을 해결할 수가 없다.

아세안지역안보포럼 ARF, ASEAN Regional Forum 이 있으나 동북아와 동남아 국가들이 회원국으로 구성되다 보니, 문화적으로 이질적인 국가들이 혼재하고 논의 주제 측면에서 한반도 문제 등 동북아 공동 관심사를 집중적으로 논의하기에 태생적인 한계가 있다. ARF의 취약점은 내정불간섭, 전원합의제, 신속대응군 미보유로 동티모르사태에 효과적으로 대처할 수 없었다.

추진전략과 한국의 역할

1. 추진전략

동북아 평화협력체를 제도화시키기 위해 Top-Down 방식으로 동아시아정상회의^{EAS, East Asia Summit}, 아태경제협력체^{APEC, Asia-Pacific Economic Cooperation} 등 국제회의에서 별도로 동북아정상회의와 외교부장관회의, 재무부장관회의 개최를 제안한다. 싱가포르에서 연례적으로 개최하는 상그릴라대화인 동아시아국방장관회의에서 별도로 동북아 국방장관회담 추진을 제안한다. 기존 대화체를 활용, 동북아 국가지도자들이 만나 대화의 습관을 축적한 후 동북아 평화협력협의체를 제도화한다. 또한 현재 진행중인 동북아협력대화^{NEACD, Northeast Asia Cooperation Dialogue}를 확대하고, 개인자격의 현직관료와 전문가로 구성된 한·중·일 전략대화, 한·미·중 전략대화가 Track 1.5에서 정부간 공식관료가 참가하는 Track 1으로 발전시켜 나간다.

안보 이슈가 경제에 미치는 파장이 크고 경제적인 압박 역시 안보의 불안요소로 영향을 미치기 때문에 안보경제협력센터 운용은 중요한 함의가 있다. 먼저 인식공동체 구축을 위한 역내 국가간 안보협력 강화를 위한 방안을 제시하면 아래와 같다.[159] 첫째, 국내적으로 정책입안자, 국회의원, 전문가, 기업인, 언론인 등이 안보인식공동체를 구축하여 군비경쟁이나 일방적 외교안보정책 추진보다 역내 국가들과 보다 차원높고 다층적인 협력안보를 추진하는 것이 국가안보를 보장하는 데 보다 효과적이며 재원이 적게 든다는 것을 공론화 한다. 둘째, 역내 국가들의 카운트파트들과 긴밀히 유대관계를 확대시켜 나간다. 또한 안보·군사분야 고위급 회의를 정례화하는 것으로 외교장관회의, 국회 외교통일위원회와 국방분과위원회, 재정위원회간의 국회의원연맹회의, 국방장관회의와 한미 합참의장·일본 통막의장 그리고 중·러·북한·몽골 총참모장 등이 참여하는 군고위급회담을 실시한다. 셋째, 역내 국가간 다자간 상호방문을 정례화하는 것으로 초급장교 교환방문, 함정 상호방문, 안보정책포럼, 군별 국가간 자매결연을 확대한다. 마지막으로 우발적인 사고가 무력충돌로 비화되지 않도록 하기 위해 역내 국가간 핫라인을 구축하고 위험한 군사행동방지를 위한 협정을 체결하는 것이다.

두 번째 영역인 전략기획팀은 외교국방장관회의의 의제로 초국가적 위협 공동대처 방안, 다자간 군사적 신뢰구축 방안, 군축, 안보이슈 발생시 경제에 미치는 파장 등을 판단하여 대비하고, 공동

---

159) NATO와 러시아간 테러, 아프간 전쟁, 아덴만 해적소탕, WMD확산방지, 자연재해, 인재 등에서 괄목할 만한 협조를 보이고 있는 것은 한·중·일안보협력에도 시사점이 크다. 아네르스 포그 라스무센, "나토-러시아 협력 더 강화해야," 『중앙일보』, 2010년 11월 3일자.

외교안보정책을 발전, 채택토록 한다. 초국가적인 위협에 공동 대응을 위한 군사교리발전과 다자간 군사교류협력방안을 모색한다.

　세 번째 영역인 안보·개발협력팀을 활성화한다. 북한의 도발억제와 비핵화, 그리고 국제사회의 책임있는 일원으로의 참여 유도를 위한 한·미·중 전략대화, 북한 핵미사일 위협 공동대처를 위한 한·미·일 전략대화, 연해주농업경제특구 개발 및 가스파이프라인 건설을 위한 남·북·러 공동협력, 북한의 북부지역과 창·지·투 공동개발에 참여하는 남·북·중 공동협력, 설악산·금강산·원산 등을 잇는 관광 및 경제특구 지역의 남·북·일 공동개발 등을 추진한다.

　한편, 동북아 평화와 안정을 위한 신뢰구축위원회는 환경오염방지, 재난구조·원자력 안전, 대테러로 분류 운용한다. 관련정보 공유와 전문가 육성을 위한 교육과정을 개설하고, 우발사태에 대처할 수 있도록 조기경보, 시뮬레이션 연습, 군·경·비정부기구 NGO, Non Government Organization 단체로 구성된 신속대응군을 사전 지정하여 운용한다. 특히 이러한 초국가적 위협에 공동대처하기 위한 훈련을 정례화하는 것으로, 해로보호 및 해적퇴치 훈련, 재난구조훈련, 원자력 안전훈련, 대테러훈련을 실시한다. 특히 주한미군 재배치계획에 따라 2016년 평택 Camp Humphrey로 이전토록 되어 있는 미2사단의 주력부대가 주둔중인 동두천의 Camp Casey를 재난구조·대테러·PKO훈련센터로 운용하는 안을 적극 검토할 필요가 있다. 기존의 훈련장, 지휘통제통신시설, 숙식 등 복지시설을 활용할 수 있을 것이며, 평화유지작전 PKO, Peace

Keeping Operations 파병 전 교육, 대테러 훈련, 북한 급변사태 포함 동북아 우발사태에 대비하여 사전 훈련센터로 운용될 경우 동북아 평화협력의 메카로서의 한국의 위상을 제고시킬 수 있을 것이다.

2. 역대정부의 동북아 평화안보협력 활동

박근혜정부의 서울프로세스를 구현하기 위해서 그 동안 역대 우리정부에서 지역 다자간 평화협력을 위해 어떠한 기여를 했는가를 살펴볼 필요가 있다. 이승만정부로부터 시작된 역대 정부의 다자 안보협력 활동을 고찰해보고 시사점을 도출함으로써 동북아 평화협력체를 추진하기 위한 한국의 역할을 모색하는 데 의미가 있다.

이승만정부는 건국이후부터 1960년까지 집권기간 북한의 침략을 억제하고 남침시 효과적으로 대처하기 위해 미국과 상호방위조약을 체결하여 군사동맹을 결성하였으며 집단안전보장에 의한 지역협력외교를 추구하였다. 반공통일전선 구상은 대만과 필리핀의 호응을 받아 아시아민족반공연맹의 결성으로 가시화되었다.

박정희정부는 베트남전쟁에 2개 전투사단을 파병하는 등 미국과 함께 공산주의 확산을 차단하는 데 적극 참여하면서 한 · 미 · 일 · 대만 등 아태지역 국가들이 참여하는 지역협력기구의 논의를 주도하였으며, 1966년 서울에 아태각료회의 ASPAC, Asian Pacific Council 를 창립하였다.

전두환정부의 경제회복과 한미동맹 강화를 계기로 노태우정부에서는 북방정책을 추진하여 러시아, 중국과 국교정상화를 하였으며, 동북아 다자안보협력체 구상의 기반을 조성하였고, 1988년 유엔에서 동북아평화협의회를 제안하였다.

김영삼정부는 탈냉 전 이후 유럽지역협력의 모델을 한반도 및 동북아 지역에 적용하기 위한 다자안보협력 활동을 전개하였으며, Mini CSCE, 2+2동북아협의체, 동북아다자안보기구 및 동북아안보대화를 제안하였다.

김대중정부는 한미동맹과 병행하여 동북아지역평화와 안정을 위한 6자공동성명 제안을 하였고 한반도 냉전체제 해체와 화해협력정책을 한반도에서 동북아로 확대하기 위한 동북아다자안보협력기구의 창설을 제안하였다.

노무현정부는 평화와 번영의 동북아 시대의 기치 하에 지역 다자틀로서 동북아평화안보협의체 NEAPSC, Northeast Asia Peace and Security Council 창설을 제안하였다. 동북아 중심국가, 동북아균형자론 등 전략적 비전을 제시하여 다자안보협력체 구축에 노력하였다.

이명박정부는 글로벌 코리아의 기치 하에 G20, 핵안보정상회의를 주관하는 등 우리의 외교역량을 강화하였으며 2011년 서울에 한ㆍ미ㆍ중 3국협력사무국을 개설하였다.

역대정부가 끊임없이 추구하여왔던 동북아 평화협력을 위한 다자간안보대화 노력은 일정부분 호응을 받았으나 역내 모든 국가의 지지와 협조가 이루어지지 않아 제대로 결실을 거두지 못했던 면이 있었다. 그러나 2000년대 이후 한국의 국력신장과 함께 한국의 입지가 강화, 확대되어 외교안보의 지평을 넓힐 수 있었다. 역대정부의 활동을 통해서 얻을 수 있는 시사점은 아래와 같다.

첫째, 과도한 욕심이 앞선 나머지 한국의 국력에 걸맞지 않게 추진해왔으며 동맹국과 긴밀한 협력없이 추진하다 보니 구상이 현실화되지 못하는 경우가 많았다.

둘째, 전임 행정부가 쌓아온 신뢰구축 관계를 바탕으로 발전지향적으로 추진하는 것이 바람직함에도 새로운 정부가 들어서면 새롭게 시도함에 따라 지속성과 내실을 기할 수 없었다.

셋째, 동맹국인 미국이 주도하는 한·미·일 미니다자협력체가 구축된 후에 중국과 러시아를 참여시킨다는 구상 역시 불신과 의혹을 사게 되어 진전을 이루지 못했다.

한편, 2000년대까지 외교안보 경제역량이 압도적 우위의 강대국으로 둘러싸인 지정학·지경학적인 환경은 우리의 운신의 폭을 제한시켰으나 한국의 국력이 신장되고 국격이 격상됨에 따라 외교안보역량을 발휘하여 국제무대에서 중견국으로서 한국의 역할이 확대되고 있다는 점이다.

3. 한국의 역할

동북아평화협력을 위한 한국의 역대 정부의 공과를 통해 상기의 비전을 구체화하기 위해서는 전략과 추진정책이 필요하고 이를 시행할 수 있는 인프라가 구축되어야 한다. 안보전략을 구현하기 위한 국제협력 방향은 첫째, 동북아다자안보체제 구축을 위한 보다 적극적이고 주도적인 역할을 수행하는 것이다. 마침 2011년 9월 서울에 한·중·일 3국협력사무국을 모체로 역내 국가간 갈등을 완화시키고 재해재난, 해적 등 초국가적 위협에 공동 대처하기 위한 다자간안보협력을 강화시켜 나가면서 상호신뢰구축을 통해 갈등과 적대관계를 완화시킬 수 있는 노력을 동시에 병행하는 전략이 요구된다.

둘째, 동북아 역내 국가간의 기능적 통합과 지역경제발전을 위해 한반도 북부지역, 중국의 길림성, 극동 러시아의 국경을 접하고 있는 두만강유역 일대를 초국경경제개발지역 Cross-Border Economic Development Area 으로 추진하는 것이다. 이를 위해 필요한 도로, 철도, 항만 등의 물류 인프라 건설에 한국의 자본과 기술, 북한의 인력을 참여시킴으로써 남북한 경제협력에 새로운 장(場)을 만들고 북한을 국제사회로 유도하여 국제화·산업화의 길을 걷도록 하는 초국경 다자간 경제협력을 모색해보자는 것이다. 국내 기업 또는 정부가 합작 또는 직접 투자 방식으로 북·중·러 초국경지역 국제컨소시엄에 참여함으로써 한반도와 연결된 인프라 구축 및 에너지 자원 확보를 통해 지속 가능한 경제발전의 출구전략이 될 수도 있다. 다자간 신뢰를 구축하여 한반도 안정에 따른 동북아 지역의 평화공존에 기여할 뿐만 아니라 장차 동북아 평화협력체 구현에도 견인차 역할을 할 수 있다는 차원에서 그 의미는 실로 크다.

셋째, 대미·대중 조화외교를 추진하는 한·미·중 전략대화체를 동북아 평화협력의 모체로 전파확대하는 것이다. 한국의 국익은 미국과 중국이라는 거대 강국과 안보, 경제, 외교, 문화 등의 제반 분야에서 상호 역학관계에 의해 이루어지기 때문에 3자간 전략대화는 중대한 의미가 있다. 특히 미·중 패권경쟁이 동북아 평화협력에 걸림돌로 작용해왔음을 고려할 때 한국이 미·중의 가교를 놓고 이를 기반으로 중·일간 협력을 유도하고 동북아 역내국가들이 참여하는 지역다자틀의 협력체를 구축하는 데 리더십을 발휘하는 것이다.

넷째, 한·일관계는 한반도의 통일과 동아시아의 평화에 공헌하도록 파트너십을 발휘해야 한다. 역사와 영토 문제를 둘러싼 현안을 고려해, 무리한 추진보다는 한·일 국교정상화 50주년이 되는 2015년에 실현한다는 구상 하에 단계적으로 접근하는 것이 바람직하다. 한반도와 일본이라는 관점에서, 그리고 북한 경제를 재건하는 데 일본의 재정적인 지원이 필수적이라는 관점에서 중장기적으로 북·일관계 정상화 속에서 동북아 협력프로그램을 추진하는 것이다.[160)]

다섯째, 대러 외교안보정책은 전략적 협력의 구상하에, 북핵 및 북한문제 해결에 있어 러시아의 중재자적 역할을 적극 활용하고, 더 나아가 포괄안보 증진을 위한 전략협력 외교를 전개하는 것이다. 특히 북방경제협력체제를 구축하기 위해 연해주농업경제특구, 가스파이프라인, 철도연결, 전력송신망 구축 등 남북한, 러시아 3각 경협을 조기에 현실화시키는 것이다.

이러한 전략을 추진하기 위해서는 전략수립의 사령탑과 인프라 구축이 요구된다. 이를 위해 청와대 국가안보실이 중심이 되어 보다 동북아평화협력구상의 비전과 전략을 발전시켜 동북아평화협력

---

160) 진심 캠프, 『안철수의 약속』 (서울: 진심 캠프, 2012).

구상의 산파역을 담당하고 외교안보관계 부처간 협업체제를 구축하며, 경제장관도 참여시켜 안보경제협력의 시스템을 구축하고, 환경, 재난구조, 원자력 안전 및 테러 대응 등 기능별 실무팀을 구성할 필요가 있다. 특히 전문성과 경륜을 겸비한 외교, 국방, 통일, 경제분야에서 균형있는 인사의 보직은 동북아 평화협력 구상을 펼치는 데 관건이 된다.

제5절
시사점

　동북아의 역사문제와 적대적 민족주의를 포함한 불안요소를 극복하고 항구적 평화와 협력을 지향하는 안보환경을 조성하는 것은 동북아 역내 국가들의 시대적 과제이다. 동북아의 역내 모든 국가들은 불신과 갈등의 냉전적 안보질서를 화해와 상호존중의 협력적 안보질서로 재편하는 것이 자국의 안보에 보다 효과적이며 재원이 적게 소요됨은 물론 역내 국가들의 공동 번영에 기여할 수 있다는 인식을 확산시키는 캠페인이 요구된다.

　유럽은 물론, 아프리카까지도 신속대응군을 창설하여 자연재해 등 초국가적 위협에 공동대처하기 위해 다자간안보협력을 제도화시키고 있다. 특히 세계에서 가장 역동적으로 역내 국가간의 교역과 직접투자를 통한 경제적인 상호의존성이 심화 발전되면서 지속가능한 경제성장을 주도하는 동북아, 지식정보화시대를 선도하는 인재 육성을 위해 높은 교육열과 세계 최고수준의 인터넷 보급률을 자랑하는 동북아, 역내 국가간 문화 교류와 여행객이 급증하는 동북아, 중국의 쓰촨과 일본 동북부지진이 발생했을 때 역내 국가들이 발휘했던 공동체 의식, 북핵미사일 위협에 공동으로 대처하겠다는 인식이 확산되고 있는 상황 등의 제반 요소들은 동북아국가들도 유럽이나 아프리카 못지않게 지역 내 평화협력체를 구상하여 제도화시킬 수 있는 역량이 넘쳐나고 있다고 확신한다. 문제는 누가 사명감과 비전, 역사의식을 갖고 이러한 역할을 주도적으로 이끌어 갈 것인가가 관건이다.

미국이나 중국이 동북아 평화협력에 주도적인 역할을 하기에는 서로가 선뜻 받아들이기가 부담스럽다. 우경화와 신뢰 추락으로 일본이 미중간 중재자 역할을 하는 데 한계가 있다. 유럽중심인 러시아가 동북아의 화해협력의 견인차 역할을 하기에는 지리적으로 멀리 이격되어 있다. 새로운 대안으로 등장하고 있는 대한민국이 동북아 역내 국가간 갈등을 완화시키고 평화를 증진시키는 사명을 감당할 수 있다고 본다. 동서문화를 융합시키고, 상이한 종교가 공존하며, 이데올로기 대결에서 승리를 한 대한민국에 이러한 시대사적 소명이 주어졌다. 2011년 9월에 서울에 설립한 한중일 3국 협력사무국이 모체가 될 수 있다고 믿는다. 또한 이러한 사명과 비전을 갖고 일할 사람들은 여론주도계층인 정책입안자, 전문가, 국회의원, 기업인, 언론인이 네트워크를 통해 인식공동체의 구축을 통해서 가능하다고 확신한다.[161]

한민족사에서 오늘날처럼 대한민국이 위대한 역량을 발휘했던 때는 없었다. 세계 7위의 수출국, 자유민주주의와 시민사회의 성장, G20 및 핵안보정상회의 주최, 유엔 사무총장 및 비상임이사국 진출, 녹색기후기금사무국 유치, 한 · 중 · 일 3국협력사무국

---

161) 동북아공동체연구회편, 『제3의 지평』(서울: 디딤터, 2012), pp. 224-225.

설치, 런던올림픽 5위와 2018년 동계올림픽 유치, K-Pop과 드라마, 싸이 '강남스타일'을 포함한 한류의 국제무대에서의 활약 등 경제, 정치, 외교, 스포츠, 문화 모든 분야에서 한국의 빼어난 역량을 발휘하고 있다.

한국의 발전 역량을 한민족 전체의 도약으로 전환할 수 있느냐의 여부는 신장된 국력과 격상된 국제사회의 위상을 바탕으로 동북아 평화협력의 산파역을 담당하면서 안보환경을 안정적이고 유리하게 조성해나가고, 한반도 신뢰프로세스를 통해 남북관계를 정상화시켜 나가느냐에 좌우될 것이다. 이 때 비로소 갈등과 분쟁의 진원지인 한반도가 동북아 평화협력의 허브로 거듭날 수 있을 것이다.

제 7 장
북한 변화촉진 전략

한반도의 냉전해체와 평화체제정착을 통한 평화통일을 위한 결정적 변수는 북한체제의 변화 그 자체이다. 북한체제를 어떻게 변화시킬 것인가 하는 것이 통일전략의 핵심적인 문제이다. 그러나 우리의 의지로 김정은체제의 북한에 변화요구를 강요할 수 없다는 데 어려움이 있다. 그렇다고 손 놓고 막연히 기다릴 수는 없다. 우리 스스로 발상을 전환하여 북한의 변화를 촉진할 수 있는 전략을 추진해야 한다. 북한체제의 변화를 위한 전략선택은 상호주의전략에 의한 화해적 포용과 대결적 압박의 이중 접근전략은 불가피하나, 어느 쪽에 전략의 중심을 두느냐 하는 문제가 중요하다. 이 장에서는 북한을 변화를 촉진하는 전략과 정책을 주도적이고 능동적으로 추진하면서도, 조심스럽게 단계적으로 접근하는 방안을 제시하였다.

제1절 북한변화의 목표와 추진전략
제2절 북한변화촉진 추진기조
제3절 북한의 변화 촉진 방안

제1절 북한 변화의 목표와 추진전략

    1. 북한 변화의 목표: 한반도 평화체제 정착과
       평화통일

    2. 북한 변화의 추진전략: 북한 위협의 신축적 관리

제2절 북한변화촉진 추진기조

    1. 부전승(不戰勝)원칙 준수

    2. 주도적 세력균형, 공동 · 다자안보

    3. 기능주의와 신기능주의 등 다양한 접근

    4. 단계적이고 점진적인 접근

    5. 간접적인 접근전략 추진

    6. 정부 주도전략과 유도전략의 병행 추진

    7. 과격하고 불합리한 수단의 사용 제한

    8. 상호주의전략의 효율적인 활용

제3절 북한의 변화 촉진 방안

    1. 북한변화의 제한요소와 촉진요소의 적극 활용

    2. 서독의 동독 변화촉진전략의 원용

    3. 북한변화의 대상별 대응

    4. 북한 변화의 다양한 접근 방법 활용

    5. 북한변화를 위한 사용 수단의 통합

제1절
북한 변화의 목표와 추진전략

1. 북한 변화의 목표: 한반도 평화체제 정착과 평화통일

북한 변화의 중간목표는 한반도 평화체제의 정착이며, 최종목표는 평화통일이다. 이러한 목표를 평화적으로 달성하기 위해서는 북한의 진정성 있는 변화가 요구된다. 그러나 북한은 체제유지와 정권안정을 위해 변화를 거부하고 있다. 따라서 대한민국이 북한의 변화를 주도해나가야 한다.[162]

북한의 변화를 우리가 주도해 나가려면 북한 변화 전략 및 정책의 목표를 명확히 설정해야 한다. 그 목표는 '한반도 평화체제 정착과 평화통일'이 될 것이다. 이러한 목표를 추진하는 과정인 남북한간의 교류협력과 평화통일의 여정에서 북한을 변화의 대상으로 보고 북한을 관리하면서 변화시킬 수 있는 방책이 필요하다.

한반도에서 항구적인 평화구조를 정착시키기 위해서는 남북한간 평화체제라는 법적·제도적인 장치가 마련되어야 한다. 남북한

---

162) 제7장은 하정열, 앞의 책, 2009와 『대한민국 안보전략론』 (서울: 황금알, 2012)의 주요내용과 국회 등 각종 세미나에서 발표한 내용을 종합하여 발전시킨 것이다.

간의 신뢰구축을 위해서는 북한이 보유하고 있는 핵과 화생무기 등 대량살상무기의 위협이 제거되어야 한다. 전반적으로 축소지향적인 군사력 균형을 추구하면서 군사적 비대칭성을 완화해 나가야 한다. 남북한은 쌍방의 군사력에 대해서 위협을 느끼지 않도록 군비통제를 실시해야 한다.

평화통일을 이루기 위해서는 한국의 통일방안인 민족공동체통일방안의 정신을 구현하기 위해 환경을 조성하고, 한반도 평화체제 정착과 평화통일을 위한 전략적 · 정책적인 노력을 해야 한다.

2. 북한 변화의 추진전략: 북한 위협의 신축적 관리

가. 북한 위협의 감소 · 제거전략

북한의 군사도발 및 위협은 정치와 군사가 긴밀히 연계된 국가차원의 전략에 의해서 취해지는 명백한 특성이 있다. 북한의 군사적 도발은 기본적으로 체제 생존을 목적으로 새로운 후원세력을 대상으로 하는 협상 카드를 만들거나, 남한에 대해서 경제 및 체제적으로 굴욕적인 저자세를 취할 수밖에 없는 그들의 입지를 군사도발을 통해서 상쇄함으로써 균형관계를 만들어 대등한 위상을 확보하려는 정치 · 군사 심리적인 전략에 기초하고 있다고 평가된다.

북한의 군사행동은 군사위협의 실체[163]보다는 도리어 군사적으로 자기들이 절대 우위에 있다는 식의 모종의 허상 즉, 군사우위 신화에 근거한 행동의 자유와 선택적 도발이라는 모험주의에 기초하고 있다는 점을 이해해야 할 것이다. 따라서 북한의 군사적인 위협을 감소 및 제거하기 위해서는 직접적인 군사대응과 함께 간접적인 정치적이고 심리적 대응을 병행해야 할 것이다.[164]

북한의 대량살상무기의 사용 위협은 핵 및 화생무기와 미사일 공격으로 협박하는 것을 의미한다. 군사적으로는 만약 북한군이 대량 살상무기를 사용할 경우, 한·미 연합군의 응징 보복이 뒤따를 것이라는 억제가 전략의 핵심이다. 이를 위해서 치명적인 응징보복을 감행할 수 있는 실질적인 군사태세와 그 시행 의지, 국민의 신뢰가 담보되어야 한다. 한미연합 억제태세에 대한 국민의 신뢰와 북한의 위협에 대한 단호한 응징보복의 결의를 표명함으로써, 북한군이 우리의 의지를 확실히 인지할 수 있도록 분명한 태도를 견지해야 한다. 무엇보다 중요한 것은 북한이 핵무기 개발을 동결시키는 조치를 투명하게 실시하고, 미사일 및 화생무기에 대한 적절한 대응조치를 실질적으로 강구하는 문제라고 생각한다.[165]

동맹국의 전역미사일방어체계와 연계할 수 있도록 상호 운용성

---

163) 북한군의 취약점은 일부 특정무기를 제외하고는 성능이 비교적 낮은 무기들로 편재되어 있으며, 군수지원능력이 비교적 제한되어 사기가 높지 않고, 지휘구조상의 경직성으로 횡적인 협조가 제한되며, 사회간접시설이 낙후되고 통신시설이 덜 발달되어 대이라크전 형태의 마비전(痲痺戰)에 취약할 수밖에 없을 것이란 점이다.
164) 위협을 상대방의 의도와 능력간의 함수관계로 이해할 때 의도는 상황에 따라 가변적이지만 능력은 축적된 힘의 결정이라는 점에서 비교적 장기간 존속되는 성향을 갖는다. 이러한 견지에서 향후 남북관계 개선이 급속도로 이루어진다 하더라도 북한이 다량의 군사력을 보유하는 한 그 원천적인 위협은 사라지는 것이 아니다.
165) 북한이 핵개발을 포기하도록 하는 시점까지 가기 위해서는 한·미간에 협력하고 조정된 접근방식이 필요하다.

을 보장할 수 있는 우리의 방공 및 미사일 방어체계를 발전시키는 대비도 필요할 것이다. 또한 화생무기의 사용 위협에 대비해서 군은 물론 민간의 화생방 방호태세에 대한 지속적인 관심과 대책이 요구된다.

미국의 예방적 선제공격에 대한 대응전략은 결코 쉽지 않은 선택이다. 북한 대량살상무기 문제에 대한 외교적 협상의 실패시는, 미국은 핵·화생 및 미사일 개발 시설에 대한 예방적 선제공격을 채택하려 할 것이다. 한반도는 긴장이 고조되고 전장화될 위기에 처하는 개연성을 배제할 수 없는 상황에서 우리는 이에 대한 대응전략을 사전에 검토할 필요가 있다.

미군의 공격 양상은 초기단계에는 지상군 투입이나 전면전으로 확전되지 않는 한정된 목표에 대한 예방공격이 될 것이고, 공군력과 미사일에 의한 특정목표 타격이 고려될 수도 있을 것이다. 이 경우 예상되는 결과는 요새화된 지하시설에 대한 확증파괴률이 매우 낮을 수밖에 없는 정황을 고려할 때 핵시설 및 미사일 기지 등 특정목표에 대한 공군 및 미사일 공격만으로 북한의 굴복을 강요하는 데는 한계가 있을 것으로 판단된다. 이러한 예방적 선제공격의 사태에서, 북한은 자위적인 대응책에 추가해서 전면적인 남침으로 확전 대응, 수도권에 대한 미사일 공격 등 제한된 지역에 대한 국지도발 또는 직접적인 공격은 하지 않으면서 위협만으로 압박을 병행하거나 주한미군 시설만을 상대로 선택적 미사일 공격, 전투태세는 증강하면서도 군사적으로는 대응하지 않는 등의 대남 군사대응을 고려할 수 있을 것이다.

미국의 공격선택은 불가피하게 한반도의 긴장고조는 물론 전장화를 초래할 것이다. 이러한 사태 자체가 우리의 안보를 치명적으로 위태롭게 하는 것이다. 우리의 대응전략은 최후의 순간까지 한반도의 전장화를 예방하기 위한 노력이 긴요하다. 결론적으로 북한 대량살상무기 문제를 해결하기 위해서 예방적 선제공격을 선택하는 방안은 현실적인 대안으로 부적합하다.

북한의 붕괴 상황에서 북한의 개혁개방파가 친 중국 성향을 지닌 경우 한·미 양국의 군사적 역할은 제한될 수밖에 없을 것이다. 북한의 개혁파가 친한·친미적 성향을 보유한다면 대한민국은 북한의 위기관리에 적극적으로 참여할 수 있을 것이다. 우리는 북한지역에 유엔평화유지군의 파견 방안도 검토해야 한다. 우리는 주변 4국과 긴밀한 공조체제를 유지하면서 북한 내 핵무기 시설의 해체작업과 북한군의 무장해체를 추진해 나가야 한다.

그리고 북한의 질서 회복을 유지한 가운데 북한 주민의 의사를 묻는 투표를 실시해야 한다. 북한 주민 대다수가 우리와의 통일을 선택한다면 주변국과의 협조를 통해 통일을 추진할 수 있을 것이다.

북한이 도발을 강행한 후, 한·미 양국이 통일을 달성할 경우에는 북한지역의 통치권 문제에 대한 사전조율이 필요하다.

나. 평소 위기를 최소화하는 예방·억제전략

우리는 전쟁에 대비하는 것 이상으로 냉전극복을 위한 평화 이니셔티브도 중요하게 고려해야 한다. 한반도의 평화체제를 구축하기 위한 국제 공조와, 긴장완화 및 신뢰구축을 위한 남북 군사당국간의 대화를 병행하는 이중접근이 필요하다. 전쟁억제에 실패해서 전면전이 발발했을 경우, 대한민국이 한반도 전체를 군사적으로 석권하여 통일을 기대하기에는 지정학적인 여건과 전략적으로 많은 제한사항이 있음을 현실적으로 인정할 수밖에 없다면, 최상의 전략은 역시 전쟁을 하지 않고 승리하는 '부전승(不戰勝) 전략'이다.166) 부전승전략의 목표달성은 군사적 차원에서의 억제가 보장된 가운데 남북관계개선을 통하여 북한의 변화를 유도하여 달성할 수 있을 것이며, 이러한 견지에서 안보전략과 통일전략의 유기적인 관계유지가 중요하다. 전쟁은 국가의 가장 큰 대사이다. 국민의 생명과 국가의 존망이 위태롭게 된다. 승패를 떠나 엄청난 피해가 예상된다. 따라서 전쟁을 억제하고 부전승의 원칙을 준수하며 평화체제를 정착시키는 것은 한반도에서 가장 바람직한 전략이다.167) 이를 위해 평소에 위기를 최소화시켜나가는 예방 및 억제전략이 필요하다.

우리는 한반도 평화체제 구축을 위한 국제 공조활동을 강화해야 할 것이다. 한반도의 휴전체제를 효과적으로 관리하기 위한 군사

---

166) 한국의 방위전략의 궁극적인 목표는 1979년 10월 제1차 한미군사공동위원회가 전략지시 1호를 통해 한미연합사령관에게 부여한 임무인 "대한민국에 대한 외부의 위협으로부터의 침공을 억제하고 격퇴하는 것"에 표현된 것처럼 '억제와 전승'이다. 그러나 남북한 체제 경쟁에서의 승리로 억제의 1차적인 목표는 달성한 것으로 평가할 수 있으며, 이제부터는 민족공동체로의 전환을 위한 억제전략의 궁극적인 목표인 부전승 전략으로 상향조정할 수 있을 것이다.
167) 손자도 "兵者 國之大事 死生之地 存亡之道 不可不察也"라고 말하며, 신중함과 억제의 중요성을 강조하였다.

당국간 대화의 창구를 유지하는 것은 한반도 평화를 위해서 대단히 중요하다. 한반도 평화체제를 구축하여 남북한간의 평화적 공존을 제도화하고, 관련 주변국들이 상호 보장하는 국제 공조체제를 구축해 나가야 할 것이다. 우리는 북한이 우리를 배제하고 휴전협정 당사자로서 유엔을 대리하는 미국만을 상대로 평화협정 및 서해 북방한계선[NLL] 문제 등을 직접 협상하려는 태도를 취하고 있는 점을 감안하여 대응전략을 수립해야 할 것이다. 남·북한과 미국과 중국이 참여하는 4자회담을 통해서 한반도 긴장완화 및 평화문제를 해결하게 된다면 한반도의 평화정착은 물론 평화통일에도 결정적으로 기여하게 될 것이다.

남북한 군사당국간 직접적인 대화통로를 개설하기 위한 우리의 끈질긴 노력이 긴요하다. 이미 합의된 제도[168]를 현실화하기 위해서 남북간 대화통로를 모색하기 위한 적극적인 평화 이니셔티브가 요구된다. 우리 측의 제안에 대해서 북측의 반응이 없다고 할지라도, 끊임없이 반복되는 제안을 통해서 최소한 심리적 공세의 효과를 거둘 수 있다는 확신을 가질 필요가 있다.

우리는 다음과 같은 군사 분야의 평화 이니셔티브를 북한측에 요구할 수 있을 것이다. ① GP간 직통 전화선 설치와 DMZ내 통로개설 운용, DMZ내 활동의 사전통보 및 상호 안전 보장조치,

---

168) 남·북한 사이의 화해와 불가침 및 교류·협력에 관한 기본합의서가 이미 체결 (1992. 2. 19)되어 있음에도, 그 실제적 이행이 유보된 상태이다. 남북군사위원회에 대한 구성 및 운영에 관한 합의서 역시 체결(1992. 5. 7)되어 있지만, 실제적인 이행에는 아무런 진전이 없는 상태이다. 그 근본적인 원인은 물론 북한측의 의도적인 대화 거부에 있다.

DMZ내 공동개발 협의 등의 DMZ의 평화적 이용, ② 서해와 동해 지역의 월선 및 충돌방지, 해상재난구조, 평화적 이용 및 협조방안 등의 남북 접적해역의 평화관리, ③ 군사당국간 주요 훈련 및 행사 교환 방문, 교육기관 학생 교환, 스포츠 및 문화활동 교류 등의 남북한 인적교류의 활성화, ④ 상호 군사정보의 교환 및 공개, 의문시되는 시설 및 지역의 합의 방문, 군사 활동 및 부대이전 사전통보 등의 군사 활동의 투명성 증대 노력, ⑤ 대량살상무기 및 재래식 전력에 대한 배치 제한 및 군비축소, ⑥ 대북심리전 차원의 평화 이니셔티브 강화 등이다.

다. 국지도발 시 응징 보복전략

북한군은 내부체제의 이완 방지 또는 대남 협상의 유리한 여건 조성 등 정치적 목적을 달성하거나 또는 전면전 감행을 위한 명분을 확보하기 위해 서북 도서, 북방한계선(NLL), 접적지역의 제한된 목표를 의도적으로 공격하거나 점령을 시도할 가능성이 농후하다. 북한군은 도발시 단기간 내에 정치·군사적 목적을 달성하여야 할 것이므로, 도발에 상응한 수단과 방법으로 즉각적인 대응을 통해 최단기간 내에 상대를 제압함으로써 도발 의지를 분쇄하고 확전을 방지해야 할 것이다.

남북한간에는 대규모 군사력이 첨예하게 대치하고 있어 소규모 무력충돌이 전면전으로 비화될 가능성이 내제되어 있다. 따라서 재도발 의지를 분쇄하기 위한 응징보복은 필요시 달성 가능한 표적을 선정하여 한국군 또는 한미연합전력을 이용하여 단기간에 선별적 · 제한적으로 시행해야 한다.

라. 전면전 도발 시 거부 · 결전전략

우리의 전쟁 억제노력에도 불구하고 북한군은 국지도발을 의도적으로 전면전으로 확대하거나, 최초부터 전면적인 기습공격에 의해 무력적화통일을 기도할 수 있다. 그러나 우리의 전략적 종심은 매우 짧고 전쟁지속능력이 제한되며, 만약 전쟁이 장기화되어 외세가 개입할 경우에는 국토통일의 숙원을 성취하기 어렵게 될 가능성이 있다. 따라서 북한군이 전면적 무력도발을 감행할 경우에는 한미 연합전력으로 초전에 적 주력을 격멸하고, 상대적인 전력의 우위를 달성한 후 조기에 공세로 전환하여 전장을 북한지역으로 확대하는 '공세적 방위'로 국토통일을 달성해야 할 것이다.

우선적으로 북한군의 초기 공세를 저지하는 데 필수적 요소인 전선배치 전력이 적의 화포와 항공기로부터 피해를 입지 않도록 하고, 동원전력이 전개될 때까지 전투력 발휘를 보장할 수 있도록 병력과 장비를 방호해야 할 것이다. 국가전쟁지도본부 및 군사지휘기구를 포함한 주요 C4I시설, 항공기 및 비행장, 함정 및 항만, 공세 이전에 긴요한 기계화 부대를 포함한 전략예비 등 핵심전력과 유류, 탄약, 장비 등 전쟁지속역량을 제공하는 비축물자와 시설을 적의 항공기, 잠수함, 미사일 및 장사정포, 특수전부대의 공격으로부터 방호해야 한다.

우리는 수도권 북방에서 북한군 공세의 주력을 저지한 후 격멸해야 한다. 휴전선으로부터 근거리에 위치하고 있는 수도권은 정치, 경제, 문화의 중심지이며, 국가 전쟁지도본부가 위치하고 있어 적의 위협이 집중될 것이므로 개전 초 서부지역에서의 주결전은 불가피할 것이다. 만약 수도권이 적에게 피탈될 경우 국가통제력이 상실되고, 전쟁지속능력이 약화됨은 물론, 적의 정치적 목적달성이 가능하게 되므로 수도권의 안전을 필히 확보하고 기능을 유지해야 한다.

이를 위해, 수도권 북방에 전력을 다중 배비하여 적의 초기공세를 저지함과 동시에 주력을 격멸하여 우선적으로 수도권 위협요소를 제거하고, 과감한 공세행동을 통해 조기에 적 지역으로 전장을 확대함으로써 수도권의 안전선을 확보해야 할 것이다. 아울러, 우리의 의지대로 전쟁을 수행할 수 있도록 대내·외적으로 유리한 전략환경을 조성해야 한다. 수도권 북방에서 적의 초기 공세의 충격을 흡수하고, 공격기세를 조기에 약화시키면서, 전장을 적지로 확대하여 후속부대의 진출을 차단하고 최초진지의 사용을 거부하여 수도권의 안전선과 결정적 공세를 위한 발판을 확보해야 한다. 민·관·군 통합방위태세를 확립하여 후방지역의 안정을 유지하고, 정상적인 동원을 보장하여 전방지역의 전력소요를 적기에 지원해야 한다. 전쟁 초기 유리한 전략환경을 조성할 수 있도록 대내·외적인 노력을 강화해야 한다.

우리는 반격의 여건이 조성되면 결정적 공세로 적의 전쟁수행능력을 격멸해야 한다. 적이 전열을 재정비하여 조직적으로 대응할 수 있는 시간과 공간을 박탈하기 위해 속도에 주안을 둔 결정적 공세로 전쟁수행능력을 격멸하고 국가적 생존여건을 박탈해야 한다. 적의 축차방어 기회를 박탈하고 조직적인 철수 및 재편성이 불가능하도록 입체고속기동전으로 주력을 격멸해야 할 것이다. 또한 전략적 심리전을 강화하여 북한지도부와 주민을 분리시켜 북한지도부의 통제력을 약화시키고, 북한군의 항전의지를 저하시켜 내부붕괴를 촉진해야 할 것이다. 결정적 공세를 보장하기 위해 적시적인 군수지원체제를 확립하고, 민족 역량의 보존대책을 강구한다.

국토를 통일한 이후는 우리는 자주적인 종전 및 전후 처리절차를 유지토록 노력해야 한다. 즉 우리는 잔존 저항세력을 신속히 격멸하여 국토를 통일하고, 외세가 개입하기 이전에 자주적인 종전 및 전후처리를 통해 조기 안정을 달성해야 한다. 이를 위해서는 한국군 단독으로 신속히 국경선을 점령하여 잔존세력의 항전의지를 박탈하고, 북한지역을 완전히 평정하는 일이 중요하다.

그리고 북한지역에 효과적인 민사작전을 실시하여 정부의 통치권이 조기에 확립되도록 지원해야 한다. 전후처리 및 복구는 전후 민족이익을 도모하고, 민족통합을 조기에 달성하는 방향으로 추진되어야 할 것이다.

북한의 대량살상무기는 국제협약에 따라 처리하고, 포로, 전사자, 전범처리는 국제법을 적용하되, 민족적 차원에서 선별적으로 처리할 수 있을 것이다.

마. 북한의 위기사태 시 즉응대비전략

북한의 위기사태란 '북한 정권이나 체제의 붕괴로 이어질 수 있는 극도의 혼란사태'로 우리 정부가 비상조치를 강구할 필요성이 있는 상황을 의미한다. 북한 내 위기사태는 쿠데타 또는 내전, 대량 탈북난민 발생, 대규모 인도주의적 사태, 대량살상무기 통제 불능 사태, 인질사태 등이 상정될 수 있을 것이다.[169] 위기사태에 따른 북한의 붕괴시나리오는 ① 외부와의 무력충돌을 통한 붕괴, ② 북한 내부에서 충돌이 발생함으로써 붕괴되는 경우, ③ 북한이 안으로부터 무너지면서 자진해서 권력을 남한에 헌납하는 경우 등 세 가지를 상정할 수 있을 것이다.

이러한 위기사태 및 붕괴가 발생하는 요인은 배경요인과 촉발요인으로 구분해 볼 수 있다. 배경요인으로는 김정은의 리더십과 카리스마의 약화, 주체사상의 체제 통합기능 상실, 지도층의 부패·무능으로 인한 민심이반, 권력 엘리트간의 정책 갈등 및 파벌화, 군부 통제력 약화로 주요 군부 인물의 자율성 증가, 강압 통치기구의 주민 통제기능 약화, 식량·경제난 악화, 암시장 확산 등 자본주의적 요소 확대, 지역·계층간 갈등 심화, 북한 주민의 반체제의식 확산 및 조직화, 국제사회의 대북제재 강화 및 국제적 고립 심화 등이며 이는 다수의 요인이 복합적으로 작용할 가능성이 높다.

---

169) 위기사태의 유형은 주민의식 변화 및 체제이탈형, 엘리트간의 권력투쟁형, 시민혁명형, 비조직적 주민폭동형, 내전형, 조직적 민족봉기형, 쿠데타형 등이 있을 것이다.

다음으로 촉발요인으로는 김정은의 신변 이상, 지병악화, 사고, 피격 등으로 통치능력 상실 또는 사망, 반대세력에 의한 감금 또는 해외축출, 쿠데타 발생, 주민소요 및 민중봉기, 탈북자의 급속한 증가와 주요 인사의 탈출 및 해외망명 증가 등의 요인이 있을 것이다.

이러한 사태는 독립적으로 발생할 수도 있고 하나의 사태가 다른 사태에 영향을 미쳐 연속적으로 발생할 가능성도 있다. 따라서 우리는 위기사태 발생시 대비개념을 명확히 정립할 필요가 있을 것이다.

〈표 7-1〉 위기 대응 중점조치 사항

□ **대내조치**
 o 정부의 대응방향 결정 및 비상대응체계 가동
 o 국민 불안감 해소 및 국론결집
 o 한·미 연합방위태세 강화 등 대남무력도발 억제 조치
 o 경제·사회적 안정화 조치 시행
 o 탈북주민의 대량유입 억제, 안정적 보호관리

□ **대북조치**
 o 북한에 거주하는 우리 국민의 신변안전 조치
 o 긴급구호 등으로 북한지역 안정화 및 개혁세력의 입지 강화
 o 대량살상무기 사용 위험의 제거와 탈취·오용·밀매 방지
 o 주민봉기 및 내전 발생시 사태의 평화적 해결 노력

□ **대외조치**
 o 한·미 긴급협의 채널 가동 및 공조체제 강화
 o 중국 등 주요 국가의 정상과의 긴급 협의
 o 제3국의 개입 방지를 위한 대주변국 및 UN 외교

위기사태의 해결을 위한 기본개념은 다음과 같이 정립할 수 있을 것이다. 북한 위기사태와 관련한 조기경보체계를 구축하고, 범정부 차원의 즉응태세를 확립해야 한다. 우리의 안보역량을 총동원하여 북한의 무력도발을 억제함으로써 한반도의 평화와 안정을 유지해야 한다. 그러나 위기사태 초기에는 직접개입을 가급적 자제하는 것이 바람직 할 것이다. 국내정치와 경제, 사회 등 모든 분야의 안정을 유지하고 법질서를 확립하여 국민의 불안감을 해소시켜야 한다. 미국 등 한반도 유관국과의 긴밀한 공조체제를 구축하고 외부세력의 부당한 개입을 차단해야 한다.

즉 대한민국의 주도하에 통일추진이 가능한 상황으로 유도해야 한다. 우리는 북한 내 민주개혁세력이 부상할 수 있도록 유도하고, 북한 주민의 통일 지향 의식을 확산시키며, 대남 적대의식의 약화 및 국내외 통일 지지기반의 강화 등을 주도적으로 추진해야 할 것이다.

북한에 대한 군사개입 유형에는 한국군의 단독개입과 한미연합군에 의한 개입 그리고 국제사회의 공동 개입이 있을 수 있다. 이 중 어떤 유형의 개입이 일어날지는 북한이 어떤 방식으로 붕괴되는가에 달려 있다. 개입형태가 어떠하든 북한이 붕괴되고 그 지역에 대한 군사개입이 이루어진다면, 그 군대는 적어도 군사작전, 민사작전, 북한군 무장해제, 그리고 대량살상무기 통제 등 네 가지 임무를 수행해야 할 것이다.[170] 이를 위해 군은 다음과 같은 사전 준비를

---

170) 위기사태의 유형은 주민의식 변화 및 체제이탈형, 엘리트간의 권력투쟁형, 시민혁명형, 비조직적 주민폭동형, 내전형, 조직적 민족봉기형, 쿠데타형 등이 있을 것이다.

해야 할 것이다.

첫째, 연합위기관리체제 가동 및 한·미 공조체제 유지 등 전방위 군사대비태세를 유지하여 범정부차원의 즉응태세 확립을 유지해야 한다.

둘째, 감시 및 조기경보태세를 강화하고, 징후가 포착될 경우 한·미 연합억제 및 방어전력을 조기에 확보하여 유사시에 대비한다.

셋째, 상황에 따라 심리전 및 민사작전을 전개하여 사태를 가능한 북한 지역 내로 제한하고, 필요시 한국군 또는 한·미 연합으로 북한 내 안정화작전을 시행한다.

넷째, 주변국과 긴밀한 공조체제를 유지하고 외부세력의 군사적 개입을 차단하기 위해 적극적인 활동을 전개해야 한다. 마지막으로 상황 진전을 고려하여 사태의 조기종결을 유도하거나 국토통일을 추진해야 한다.

즉 한국정부와 한국군이 이러한 위기사태에 효율적으로 대응하기 위해서는 우선 북한 상황에 대한 정확한 정보 획득을 위해서 조기경보체제를 가동하고, 북한의 각종 도발에 대응하기 위한 군사적 대비태세를 강화해야 한다. 국내 안정화 조치의 시행차원에서 치안과 경제 질서를 유지하고 민심을 안정시켜야 한다.

〈표 7-2〉 북한붕괴시 처리의 기본 구도

단 계	추 진 절 차	주 요 조 치 내 용
위기관리	비상대응체계 가동	• 대남무력도발 억제 및 질서 유지 • 탈북주민의 적극 수용 및 보호조치 • 북한주민에 대한 인도적 지원 • 대량살상무기 통제
통일추진	통일여건 조성 통일협상	• 북한 엘리트의 친한 세력화 및 개혁세력 정권장악 지원 • 주변국 및 국제사회지지 획득 • 자유민주체제로의 통일 공식화 • 통일합의서 체결, 통합준비단 파견

실질통합	통일국가 선포
	
	북한체제 접수
	
	제 분야 통합
	
	통일국가 완성
		• 북한지역의 특별관리 체제 도입
		• 정권기관 접수, 북한지역 치안 확립
		• 긴급구호 등 주민생활 조기 안정
		• 화폐·군사·교육·사법 등 실질적
		  통합 추진, 남북한 동질성 회복
		• 북한경제 재건, 통일한국의 균형
		  발전 도모

　　미국과의 긴밀한 협력 및 국제 공조체제를 강화하면서, 북한에 체
류하는 우리 국민의 신변안전을 보장하고 대량 탈북사태를 안정적
으로 관리하여 탈북주민의 긴급 구조와 보호를 통해 위협을 최소화
해야 한다. 북한 주민의 고통 해소를 위한 인도주의적 긴급 지원과
북한 대량살상무기의 통제도 중요하다. 그리고 통일추진 기반 구축
을 위해 북한 내 개혁세력의 입지를 강화토록 유도해 나가야 한다.
특히 이 과정에서 주변국이 개입하지 않도록 해야 할 것이다.

　　북한이 붕괴시 처리는 〈표 7-2〉에서 보듯이 비상대응체제를 유
지하면서 통일의 여건을 조성하고, 통일협상을 통해 통일국가를 선

포하며, 북한체제를 접수 후 제 분야를 통합하는 단계를 거쳐 통일 국가를 완성해야 할 것이다.

북한의 붕괴시나리오는 다양할 수 있으며, 각 경우마다 대북 군사 개입의 유형이 달라질 수 있다. 따라서 대한민국은 정부 및 군 차원에서 각 시나리오에 대비한 계획을 보다 구체적으로 준비해야 한다. 이것은 북한의 붕괴를 선호한다거나 가능성이 많아서가 아니고, 가능한 모든 사태에 대한 대비책을 세워두는 것이 통일에 대비하는 정부와 군의 임무이기 때문이다.

북한의 붕괴사태가 발생하여 군사통합을 추진하여야 할 경우에는 통합 당시 북한지역의 경제실상과 북한군의 복무염증 등을 고려하면 탈영병과 전역하는 병사 등 수십만 규모의 자연손실이 예상될 수 있다. 그리고 통합초기에 북한군 내부에 소요가 발생할 가능성과 통일 후 한국군의 규모를 감안하면 북한군의 대폭적인 감축이 불가피할 것이다. 따라서 통일 정착기에 대비하여 1단계시 북한군을 대폭 축소함으로써 2단계 개편시 충격을 완화하는 방안도 검토해야 할 것이다. 그러나 한국군은 1단계시 북한군을 흡수, 재편성하는 모체부대 역할을 수행해야 함으로 현 수준을 유지해야 할 것이다.

북한변화촉진 추진기조

북한의 변화를 추진하기 위해서는 기본적인 목표를 추구하는 추진원칙을 지켜나가야 한다. 이들 중 8개의 핵심사항을 선정하여, 〈표 7-3〉에서 볼 수 있듯이 추진기조로 정리하였다.

〈표 7-3〉 북한변화 전략 추진기조

- 부전승(不戰勝)원칙 준수 : 상생원칙 하 신축 대응
- 주도적 세력균형, 공동·다자안보 : 양자주의와 다자주의의 병행 추진
- 기능주의와 신기능주의 등 다양한 접근
- 단계적이고 점진적인 접근
- 간접적인 접근전략 추진
- 정부 주도전략과 유도전략의 병행 추진
- 과격하고 불합리한 수단의 사용 제한
- 상호주의 전략의 적극적인 활용

1. 부전승(不戰勝) 원칙 준수: 상생원칙 하 신축 대응

한반도의 평화체제를 정착시키고 평화통일을 이루기 위해서 전

략적으로 최선의 방책은 북한의 전쟁하려는 의지를 분쇄하는 것이다. 즉 싸우지 않고 이기는 부전승의 길이 최선이다(不戰而 屈人之兵 善之善者也). 이를 위해 북한이 스스로 평화공존과 공영의 길로 나올 수 있는 환경과 여건을 조성하여 전쟁을 근원적으로 방지해야 한다. 특히 평화통일문제는 남북한의 어느 한 쪽이 일방적이고 완벽한 승리를 거둘 수는 없으므로 상대방의 입장을 고려한 협상전략이 중요하다. 남북 상호간에 도움이 되는 즉 동참하는 데 따른 열매를 나눌 수 있는 상생^{Win-Win} 전략의 추진이 필요하다.

손자는 승리를 위해서는 '정법으로 대처하고 기법으로 싸울 것(以正合 以奇勝)'을 강조하고 있다. 우리의 통일문제도 정부의 공식적인 통일정책에 의거 대처하는 것이 원칙이지만, 북한체제의 변화라는 구체적인 사태전개에 임기응변하는 신축대응이 필요하다. 결정적인 사태에 어떻게 신축적으로 대응하느냐에 따라 문제해결이 보장된다. 따라서 중요한 점은 일관된 원칙을 지키면서(以正合), 필요시 현실적인 결단을 뒷받침할 수 있는 전략(以奇勝)이 필요하다.

2. 주도적 세력균형, 공동·다자안보: 양자주의와 다자주의의 병행 추진

한반도는 역사적으로 볼 때 주변 강대국으로부터 영향을 받아왔다. 주변 4국은 한반도에 대해서 관심이 매우 높다. 우리가 한반도에서 보다 안정되고 견고한 평화체제를 구축하고 평화통일을 이룩하기 위해서는 남북한간의 관계개선도 중요하지만 국제사회와도 보다 폭넓은 협력체제를 구축하여야 한다. 이를 위해서는 주도적인 세력균형과 공동 및 다자안보가 필요하다. 왜냐하면 한반도 문제는 단순히 남북한간의 문제가 아니고, 주변국의 이익이 복잡하게 얽혀있는 국제적인 성격을 지니고 있기 때문이다.

따라서 한국정부는 안보와 통일의 문제를 자주권을 발휘하여 주도적으로 해결해야 하지만, 필요시는 주변국을 최대한 활용하는 지혜를 발휘해야 할 것이다. 주변국가에 대해서는 기능적인 접근을 강화하면서 평화를 만들어 가는 과정에서 이들 주변국을 적절히 관리해야 한다. 즉 그들의 세력과 영향력을 적절히 이용해야 한다.

3. 기능주의와 신기능주의 등 다양한 접근

남북한 관계개선과 평화체제 정착과정에서 기능주의적인 접근의 필요성은 남북한간의 현안문제에서 쉽고 의견접근이 가능한 주제를 먼저 다루는 것이 전체의 남북대화의 틀을 곤란에 빠뜨리지 않고 통일기반을 다지는 데 유리하다는 데 기반을 두고 있다. 북한은 생존을 위해 어쩔 수 없이 남한과의 교류협력을 필요로 하고 있다. 남북한간 안보문제에 대한 논의는 구조적인 접근이 쉽지 않다. 우선 쉬운 사안부터 처리해 나가는 지혜가 발휘되어야 한다.

북한이 흡수통일의 위협에서 벗어나지 못하는 한 경제 및 인적교류를 활발하게 추진하지는 못할 것이다. 쉽고 분쟁이 적은 것부터 접근하여 접촉을 증대해 나감으로써 부분별로 기능적인 협조체제를 구축해 나가는 것이 기능주의적 접근방법의 핵심이다.

북한은 그들의 체제와 관련한 의제에 대한 협의를 완강하게 거부하는 입장이다. 통일정책 추진을 둘러싼 남한에서의 남남갈등 문제도 쉽게 풀 수 있는 사안도 아니다. 따라서 기능주의 접근만으로는 평화체제의 구축과 평화통일에 많은 어려움이 예상된다. 즉 新기능주의 측면에서 핵심적인 사안에 대한 정치적인 해결방안이 모색되어야 한다.

4. 단계적이고 점진적인 접근

남북한의 문제를 해결하기 위해서는 붕괴론적 시각보다는 변화론적 시각에 무게중심을 두고, 단계적이고 점진적으로 북한을 변화시키려는 접근이 필요하다. 경제, 사회, 문화, 종교, 체육교류의 최종 목적지는 평화적인 통합으로 가는 것이다. 그 과정에서 정치·군사 통합에 디딤돌의 역할을 마련해야 한다.

독일의 통일도 기능주의에 의한 각 기능망의 활성화와 단계적인 접근이 통일의 단초를 마련하였다. 이러한 기능망을 구축하지 못한 베트남과 예멘에서는 전쟁이 발발하였다는 점은 우리에게 시사하는 바가 매우 크다. 특히 남북한간에는 평화적인 환경조성을 가능케 해주는 경제라는 공통이익이 존재하므로 이를 창출하는 통합적인 노력이 필수적이다. 서두르지 말고 각 분야에서 점진적·단계적으로 접촉을 강화하면서 평화통일의 길을 다져나가야 한다.

5. 간접적인 접근전략 추진

남북한 모두 상대방을 보는 자세에서 공존과 신뢰보다는 갈등과 불신이 팽배하다. 그 근본적인 이유는 남북한이 큰 어려움 없이 합의할 수 있으며, 기능적으로 접근할 수 있는 통일의 최소 목표, 즉 서로간에 체제의 생존과 남북한의 공존공영 및 평화체제 구축을 보장하는 것보다는 현실성이 부족한 최대목표, 즉 자국의 이념과 체제로 상대방을 흡수통일하는 것에 집착하기 때문이다.

북한의 대량 살상무기를 포함한 군사적인 위협은 상존하고 있다. 한반도의 위기는 하시라도 고조될 수 있는 상황으로 평시 위기관리의 중요성이 증대된다. 따라서 남북관계에서 군사력의 직접 사용은 적대적 긴장과 대결의 역효과만을 초래하므로, 북한체제의 변화를 촉진 및 활용하기 위한 '간접접근전략 間接接近戰略, Indirect Strategy'171) 이 필요하다. 즉 대한민국의 강한 수단으로 북한의 약점을 쳐야 한다. 주변 강국의 힘을 활용하여 우리의 힘을 보완하고 절약해야 한다. 앙드레 보프르와 리델 하트의 간접접근전략이 필요한 이유이다.

간접접근전략이 추구하는 목표는 북한체제의 변화와 통일여건을 조성함으로서 대한민국이 주도하는 평화통일을 실현하는 것이다. 간접접근전략은 확고한 전쟁억제와 행동의 자유를 보장하면서 평화통일정책의 기조를 일관되게 유지하는 것을 대전제로 추진되어

---

171) 군사력과 국방자원을 최소한으로 사용하면서 정치적, 경제적, 사회적, 심리적 수단을 사용하여 소망하는 효과를 달성하는 접근전략으로서 군사력은 보조적인 역할을 수행하게 된다.

야 한다. 즉 폐쇄된 가운데서 고립상태에 있는 북한체제를 변화시키기 위해서는 외부적으로 화해협력정책을 일관되게 추진하여 파급효과를 확대시켜 북한체제의 개혁과 개방을 촉진시켜야 한다.

6. 정부 주도전략과 유도전략의 병행 추진

북한의 변화를 촉진하는 전략과 정책은 정부가 주도하는 방법과 정부가 타 기관이나 시민단체 등을 활용하는 방안이 있다.

정부가 주도하는 전략은 통상 직접적인 전략으로서 남북한의 정치 · 안보문제에 대한 협상과 경제적인 협력 등이 주요 사안이 될 것이다. 그러나 사회 · 문화 교류나 인도적인 지원 사업에 대한 것은 전문단체나 민간기구들이 정부보다 더 효율적으로 업무를 추진할 수 있다. 따라서 정부는 가이드라인을 제시하고 업무효율성을 극대화할 수 있도록 지원하는 역할을 수행해야 한다.

그러나 이 두 개의 사안은 자동차의 앞뒤 타이어와 같이 서로 밀접히 맞물려 가야하므로 병행하여 추진하는 것이 바람직하다.

7. 과격하고 불합리한 수단의 사용 제한

북한의 변화를 추구하는 전략은 다양한 이익의 우선순위를 어떻게 부여하고, 국력의 수단들을 개별적 이익과 그 이익의 총화를 달성하는 데 어떻게 활용할 것인가를 결정하는 과정이다. 이 과정은 필연적으로 정치적이다. 이러한 결정은 특히 핵심적 이익과 그보

다 강도가 낮은 이익을 구분하는 회색지대에 있어서 항상 논란의 여지가 많다.[172]

앨빈 토플러의 분류에 의하면 '제1의 물결시대'에도 군사력이 국가목표 구현의 유일한 수단이었지만, '제3의 물결시대'인 오늘날에도 군사력은 최후의 마지막 수단이다. 물론 군사력이 아니더라도 국가의 전략목표를 수행하는 데 유용한 수단이 많다. 그것은 정치, 외교, 경제, 문화 등의 수단이다. 이것들은 실수를 하더라도 치명적이지 않아서 잘못을 수정할 수가 있다. 그러나 군사적 수단에 의한 실수는 회복이 불가능하거나 아무리 잘 해도 그것을 회복하는 데 엄청난 시간과 경제력이 필요하다. 따라서 군사력 등 과격한 수단의 사용은 가급적 제한해야 한다.

손자도 그의 병서에서 전쟁은 '국가의 흥망을 결정하는 중요한 일(國家存亡之道)'이기에 아주 철저히 살펴보고 결정해야 한다고 주장하고 있다. 그것이 군사력을 활용하는 국방의 속성이다. 이러한 속성들은 국방문제가 최고의 보수적 입장에 설 수밖에 없는 이유를 대변하고 있다. 이렇게 할 때 다른 수단이 더더욱 힘을 발휘할 수 있게 될 것이다.

조금 다른 각도로 보면 군사력 사용은 정치적으로 결정된다. 전략이란 목적과 수단간의 관계인데 그 관계 속에서 목적이란 정치적으로 규제되고 한정된다. 국방전략가의 역할은 이러한 정치적 목적을 달성하기 위해 군사력을 사용하는 적절한 방법을 결정하는 것

---

172) 하정열, 앞의 책, 2009, pp. 111-113.

이다. 프러시아의 전략가 클라우제비츠는 "전쟁이란 다른 수단에 의한 정치의 연장"이라고 말했다. 영국의 전략가 리델 하트에 따르면 국방전략의 목표는 "더 나은 상태의 평화"를 만들어 내기 위한 것이며, 바로 그 나은 상태란 정치적 적대관계를 변화시킨다는 의미로 정의된다.

그렇기 때문에 국가 이익구현에 국력의 수단을 적합하게 결합시키는 것이 전략 수립가가 해야 할 최우선 과제이다. 전략수립시에는 'Zero-Sum게임'의 논리가 아니고 '상생 相生, Win & Win'의 개념으로 접근해야 효율성이 극대화 될 수 있다.

8. 상호주의전략의 효율적인 활용

한국정부가 북한의 고삐를 틀어잡고, 원하는 방향으로 선회할 수 있도록 관리능력을 강화할 수 있는 최선의 방법은 우리의 강점을 최대한 활용하여 상호주의전략을 올바르게 구사하는 것이다. 대북전략의 핵심인 상호주의 전략은 엄격성만을 강조하는 차원에서 벗어나 안보 분야에는 엄격성을, 경제 분야에서는 신축성을, 인도적 지원이나 사회문화교류 분야에서는 포괄성을 적용하는 방안으로 변화를 추구한다.

북한을 변화시켜 평화체제를 만들어 가는 일은 미래의 전략환경에 대응할 유연성을 열어 놓을 때 가능한 법이다. 우리가 상호주의 전략을 구사할 때는 그 성과를 극대화할 수 있도록 상대가 알지 못하게 하거나 이미 알았다 하더라도 대응하지 못하게 해야 한다.

제3절
북한의 변화 촉진 방안

1. 북한변화의 제한요소와 촉진요소의 적극 활용

북한의 변화는 전략환경에 영향을 받을 것이다. 북한은 근본적으로 변화를 거부하려는 움직임을 보이고 있다. 왜냐하면 북한은 1990년대 동구권의 변화과정에서 체제가 무너지고 정권이 붕괴되는 과정을 목격하였기 때문에, 개방과 개혁을 통한 변화가 바로 체제와 정권유지에 영향을 주리라고 판단하기 때문이다. 그럼에도 불구하고 북한은 변화를 위한 제한요소와 촉진요소를 동시에 지니고 있다. 따라서 북한 변화의 제한요소를 제거하고 촉진요소를 강화할 수 있는 전략이 필요하다.

북한 변화의 제한요소는 북한의 무력통일을 명시하는 노동당규약과 사회주의 혁명을 강조하는 북한 헌법이 기저를 이루고 있다. 김일성–김정일–김정은으로 이어온 북한의 세습왕조체제는 변화를 두려워하고 있다. 개혁과 개방을 두려워하는 북한 정권, 남북간의 교류협력과 관계개선이 흡수통일로 연결될 수 있음을 우려하는 북한군 등 권력집단 등도 제한요소로 작용하고 있다. 〈표 7-4 참조〉.

〈표 7-4〉 북한 변화의 제한요소

- 북한의 무력통일을 명시하는 노동당규약
- 사회주의 혁명을 강조하는 북한 헌법
- 북한의 세습왕조체제
- 개혁과 개방을 두려워하는 북한 정권
- 남북 간의 교류협력과 관계개선이 흡수통일로 연결될 수 있음을 우려하는 북한군 등 권력집단

상대적으로 북한 변화를 촉진할 수 있는 요소는 〈표 7-5〉에서 보는 바와 같다. 먼저 김정은정권은 체제생존과 정권안정을 위해 변화하려는 욕구를 갖고 있다는 것을 김정은의 발언, 6.28경제개 선조치, 장성택과 최룡해의 중국방문 등을 통해 보여주고 있다. 북한의 경제발전을 위해서는 개방과 개혁은 필연적으로 요구된다. 북한주민들의 생계에 대한 욕망분출, 배급체제의 붕괴에 따른 장마당 기능의 강화, 미국, 중국과 국제사회 등의 압력은 변화를 촉진하는 요소로 작용할 가능성이 높다. 특히 북한은 남북간의 경쟁에서 우위를 달성하기 위해서는 경제발전이 선행되어야 한다는 점을 인지하고 있다. 여기에 북한변화를 유도하는 한국정부의 전략은 북한변화의 촉매제 역할을 할 수 있을 것이다.

〈표 7-5〉 북한 변화의 촉진요소

- 김정은 정권의 변화 욕구
- 북한의 경제발전을 위해 필연적인 개방과 개혁
- 북한주민들의 생계에 대한 욕망분출
- 배급체제의 붕괴에 따른 장마당 기능의 강화
- 미국과 중국 등 외부의 압력
- 남북 간의 경쟁에서 우위를 달성하기 위한 노력
- 한국의 북한변화를 유도하는 전략 등

2. 서독의 동독 변화촉진전략의 원용

서독의 교류협력과 통일의 과정을 보면 우리에게 시사하는 바가
크다. 왜냐하면 서독은 통일을 내세우지 않으면서도 간접적인 접
근전략을 통해 동독을 변화시키기 위해 노력하였고, 동독은 공산
주의체제와 공산당의 정권 유지를 위해 변화를 거부한 가운데서도,
상호주의를 효율적으로 적용하면서 교류협력을 지속하는 전략을
유지하였기 때문이다.[173]

분단 이후 서독은 긴장완화와 분단고통의 감소라는 정치적 목표
를 달성하기 위해 다양한 수단을 통해 동서독간 교류협력을 활성화
시켰다.[174] 특히 사민당의 브란트 정부는 양 독일간의 정치·군

---

173) 이 내용은 하정열, 『상호주의전략』(서울: 도서출판 오래, 2012), pp. 111-121. 서
독의 동방정책과 상호주의에서 인용하였다.

사적 문제를 경제교류협력에 연계시키지 않는 정경분리원칙에 의하여 민간부문과 경제교류협력을 증진시키는 한편, 정부 차원의 경제협력은 분단고통의 감소, 긴장완화 차원의 양독 관련 사항과 연계시키는 상호주의 전략을 취하였다.

예컨대 서독은 서독과 베를린을 연결하는 교통망 확충을 위해 고속도로 및 운하 건설에 14억 마르크^{DM}를 연방재정에서 부담하기로 하였다. 동독측은 이에 대한 반대급부로서 서독인들의 동독 방문시 산재연금 수령자에 대한 최소 환전의무 면제, 정치범 석방 등의 조치를 취하였다. 이 외에도 1983년과 1984년에 서독정부는 동독에 19억 마르크를 제공하였으나, 상호주의 원칙에 의거하여 인적·통신교류의 확대, 내독간 국경에서의 수속절차 완화, 환경·문화협정 회담 재개 등을 동독측에 요구하고 이를 성사시켰다.[175] 정부차원의 경제협력은 상호주의 원칙을 적용하였으나, 동독주민들의 생활수준을 증진시키기 위해 서독주민들의 개인적 차원에서 동독주민들에 대한 각종 지원을 허용하는 등 인도주의적 민간지원을 확대하는 정책도 추진하였다. 이를 통해 서독정부는 동독주민들이 서독사회를 동경하게 유도하였다.

서독이 추진한 신동방정책 아래에서 동독의 변화를 위해 추진한

---

174) 크게 세 방향으로 대별해 볼 수 있다. 첫째, 동독산 상품에 대한 '내독교역 특별원칙'을 공인해 줌으로써 관세 없는 유럽으로의 수출을 가능케 해주었고, 둘째, 사실상의 재정원조로 내독교역 용역비와 동서독관계 정상화를 위한 서독 정부의 비용부담이며, 셋째, 경제협력방안의 하나인 '스윙(Swing)제도'를 적용하였다는 점이다.
175) 차관 제공 이후 양 독일 관계는 동독체제의 안정을 바탕으로 비교적 우호적인 관계를 유지할 수 있는 계기가 되었다.

전략과 정책에 대해 우리에게 줄 수 있는 구체적인 시사점을 정리해보면 다음과 같다.

첫째, 서독은 동독과 교류협력을 추진하면서 동독이 교류협력에 소극적이라는 측면을 고려하여 비탄력적 상호주의 원칙에만 집착하지 않았다. 예를 들면 공연, 전시회, 운동경기 등을 개최하는 경우에는 동독에서의 개최빈도와 서독에서의 개최빈도를 동일하게 적용하는 것이 아니라, 어느 한 지역에서만의 개최조차도 수용할 수 있는 탄력성을 보여주었다. 또한 이러한 교류협력에 소요되는 비용부담의 경우에도 동독의 경제적인 어려움을 고려하여 서독이 좀 더 많은 부담을 안을 수 있다는 자세를 보여주었다. 그리고 교류협력의 지속적인 유지를 고려하여 가능한 한 일방통행식의 교류를 자제하였다. 교류의 내용과 폭은 다양한 내용을 가지되, 이해관계가 호혜적 차원에서 관철될 수 있는 자세를 견지하였다. 즉 포괄적이고 신축적인 상호주의를 적용하여 동독의 변화를 촉진시켰다.

둘째, 서독은 교류협력분야를 선정할 경우에는 가능한 동서독이 공동으로 관심을 가지는 분야 중 동독이 상대적인 우월성을 가지고 있다고 판단하여 좀더 쉽게 응해 오리라고 여겨지는 부문과 교류협력을 통해 동독이 경제적으로 이익을 취할 수 있는 분야 등을 우선적으로 고려하였다.[176]

셋째, 서독은 정부와 병행하여 민간차원에서 교류협력이 활성화될 수 있도록 인도적 · 행정적인 지원과 함께 재정적으로 지원하였

---

176) 이우영, 손기웅, 임순희 공저, 『남북한 평화공존을 위한 사회문화 교류협력의 활성화방안』 (서울: 통일연구원, 2001), p. 48.

다. 특히 서독은 민족적 동질감을 증진시키기 위해 청소년 교류를 재정적·정책적으로 지원하였다. 청소년 교류는 비록 동독 현실에 대한 실망감으로 오히려 역효과를 가져온 측면이 있었으나, 분단 현실을 생생하게 체험할 수 있는 교육적 계기가 되었다. 다른 한편으로 동독체제의 선전을 위해 추진했던 동독의 경우에는 선발된 청소년들이 오히려 서독체제에 동경심을 갖게 되는 역효과를 가져왔다. 중요한 사실은 동서독 청소년들간의 만남이 상호 현실 및 상대방에 대한 이해의 무대가 되었다는 사실이다.[177] 즉 밑으로부터의 변화를 자연스럽게 추진하였다.

넷째, 동서독 교류협력에서 주목해야 할 중요한 사실은 서독이 동독과의 교류협력에서 현금지불을 가능한 억제하는 대신 교류협력을 활성화시키기 위해 '청산결재방식'[178]을 활용하였으며, 현금 대신 물품지원을 선호하였다는 사실이다. 이는 북한이 남북 교류협력을 통해 획득할 수 있는 외환을 핵개발 등 안보·군사 분야에 투입할 가능성이 상존하고 있다는 우리의 우려를 감소시킬 수 있다는 점에서 많은 시사점을 제시한다.[179]

---

177) 위의 책, 2001, p. 49.
178) 내독교역은 VE(換算單位, Verrechnungseinheit)라는 청산단위에 기초하여 행하여졌다. VE청산단위는 양독의 통화권이 이분화 되고 구매력 역시 서독마르크화와 동독마르크화 사이에 현저하게 격차가 발생함에 따라 양독 간에 도입된 결재수단이었다.
179) 동독의 경우 서독과의 교류협력을 통해 획득한 외환의 일부를 군사 분야에 투입하였으나, 상당부분은 체제유지를 위한 우선순위에 따라 다른 분야에 투입하였다는 사실이 통일 이후 확인되었다. 북한 역시 가장 긴급하다고 판단되는 분야에 남북교류협력의 획득물을 사용할 가능성이 크지만, 군사 분야에 투입할 가능성은 상존하므로 남북협력 시에는 서독의 사례를 참고하여야 할 것이다.

다섯째, 서독은 '접촉을 통한 변화'라는 통일정책 아래에서 인적 교류를 물적교류에 연계시켜 교류의 폭을 확대시키는 데 최대의 초점을 두었다. 그래서 인적교류의 확대를 위한 양보를 동독으로부터 받아내기 위하여 동독이 양보할 때마다 포괄적·신축적 상호주의 전략에 따라 적정한 대가를 지불했다. 양독간의 교류협력 관계는 서독의 적극성과 동독의 소극성이 맞물려 처음에는 극도로 제한된 교류에 한정되었다. 양독간의 특수한 관계를 정립한 기본조약 이후 호혜주의에 바탕을 둔 상호주의 정신에 따라 교류와 협력을 통해 신뢰를 회복하고 나아가 민족적 동질성 회복을 추구했다.

서독정부가 동독의 변화를 추구했던 신동방정책은 1969년부터 1974년까지는 사민당의 브란트 수상에 의해서 추진되었지만, 이어 1982년까지는 슈미트수상에 의해 집행되었다. 그 후 1982년부터 통일이 된 1990년까지는 보수당인 기민연 출신의 콜 수상에 의한 기민·기사연과 자민연의 연정에 의해서 추진되었다. 실제로는 이 시기가 신동방정책이 가장 많은 성과를 보여주던 시기였다고 할 수 있다.

이러한 사례에서 우리는 다음과 같은 교훈을 도출할 수 있다. 첫째, 동서독 관계는 수많은 협정체결에 따른 제도적 장치를 마련하면서 진행되었다는 점을 들 수 있다. 이는 동독정부의 변화를 법적·제도적으로 강요하는 의미를 가지고 있다.

둘째, 서독정부는 동독과의 교류와 협력을 확대하는 과정에서 동서독간의 특수 관계를 고려하여 비탄력적 상호주의는 자제하였지만, 사안별로 포괄적이고 신축적인 상호주의를 적용하였다.

셋째, 분단국가가 교류협력을 지속하기는 쉬운 일이 아님에도 불구하고, 통일 전까지는 동서독간에는 매년 수백만 명의 왕래가 있었다. 남북한간에도 이산가족 상봉, 식량지원 등 인도적 사업과 물자교역, 관광 등 경제교류, 그리고 체육, 학술교류 등 사회·문화적 교류가 점진적으로 확대되어 북한 사람들이 남한의 실정을 많이 보고 느껴야 할 것이다. 보고 느끼면 변화하게 되어 있다.

넷째, 북한의 개방 수준에 비례하여 대북한 교류와 협력에 대한 우리 정부의 개입수준이 적절히 조정되어야 한다는 것이다. 사회주의의 공고화를 추진해왔던 동독의 경우, 상응하는 동서독 교류와 협력에서 동독정부가 배제된 적은 없었다는 점은 우리에게 시사하는 바가 매우 크다.[180]

서독과 동독의 경험에서 알 수 있듯이 서로 이념 및 경제체제가 상이한 분단국에서 교류협력을 확대하거나 법률문제를 해결해 나가는 과정은 결코 쉽지 않다. 그러나 교류협력과 이를 통한 평화적 통일을 달성하기 위해서는 교류협력의 활성화는 필연적인 것이다. 서독정부는 포괄적이고 신축적인 상호주의를 적용하여 동독의 변화를 간접적으로 추진하면서 이 문제를 해결하였다. 또한 이를 법·제도적으로 뒷받침하여 동서독의 정권교체의 과정에서도 불필요한 분쟁과 이의 해결을 위한 시간 및 경제적 손실을 최소화할 수 있었다. 서독정권이 동독의 변화를 추구하면서 적용한 상호주의 사례는 〈표 7-6〉에서 보는 바와 같다.

---

180) 조은석 외, 『남북한 교류·협력 활성화를 위한 법·제도적 개선방안 연구』 (서울: 통일연구원, 2000), p. 26.

〈표 7-6〉 동서독 교류협력간 상호주의 적용

구 분	서독조치	동독대응	상호주의 적용
정 부 부 문	차관지원	• 정치범 석방 • 3통 문제 해결 협조 • 국경 수속절차 완화	비탄력적 상호주의
	정부차원 경제협력	• 양 독일 간 협정체결 • 인권 개선	신축적 상호주의
	물자 위주 지원	• 삶의 질 향상 • 전용 제한	신축적 상호주의
민 간 부 문	정경분리원칙 준수	• 경제교류협력 강화조치	포괄적 상호주의
	인도적 지원 강화	• 청소년 교류 활성화 • 민족 동질성 유지	포괄적 상호주의
	사회 문화적 교류 강화 (동독 우월분야 선정, 서독 부담)	• 소극적 수용 • 점진적 협력 • 단계적 확대조치	포괄적·신축적 상호주의

3. 북한변화의 대상별 대응: 북한체제, 북한정권, 북한사회와 주민

가. 북한체제

한반도의 냉전과 분단을 극복하기 위한 결정적 변수는 북한 체제의 변화 그 자체이다. 북한의 김정은 체제가 스스로 기본적인 입장을 바꾸거나, 새로운 세력으로 권력교체가 이루어지거나, 어떤 형태로든 체제변화가 이루어져야, 비로소 한반도의 냉전종식과 평화정착이 현실화 될 수 있을 것이다.

사회주의 국가의 체제변화는 두 가지 유형으로 나누어 볼 수 있다. 하나는 동구나 러시아처럼 사회주의 체제의 본질적 특성을 포기하는 유형이다. 다른 하나는 중국처럼 사회주의체제의 본질적 특성을 유지한 가운데 개혁을 추진하는 형태이다. 북한의 경우는 두 가지 유형 중 단기적인 측면에서 현재의 불완전한 체제를 그대로 유지해가면서 장기적인 측면에서 점진적인 개혁과 개방을 통한 실용주의 노선을 채택할 것으로 판단된다. 이것은 다음과 같이 보다 세분화할 수 있을 것이다.

첫째, 자율 통제된 개방과 개혁의 추진 유형이다. '김정은 체제'가 안정을 유지한 가운데 중국식의 개방과 개혁정책을 성공적으로 추진하는 경우이다. 북한 김정은이 당면한 경제위기를 타개하기 위해서 선택할 수 있는 최선의 현실적 대안이 될 것이다.

그러나 북한의 김정은이 개방과 개혁을 추진하더라도 체제권력 유지 기반간의 상호 모순 등을 생각할 때, 이러한 자율 통제된 개방과 개혁의 성공 가능성은 높지 않을 것으로 예상된다. 그럼에도 불구하고, 우리의 공식적인 대북 정책목표는 이러한 자율 통제된 개방과 개혁을 유도하는 것이 될 수밖에 없을 것이다. 만약 이것이 성공할 경우, 남북한 관계는 일정한 수준의 상호 협력관계를 유지하면서 평화적 공존을 넘어 남북연합으로 발전할 수 있을 것이다. 그러나 이 유형은 김정은이 스스로 한반도의 냉전종식과 평화체제를 수용하고, 특히 군사 제일주의 노선을 포기해야만 본격적으로 남북한이 평화적으로 공존할 수 있는 협력관계를 만들어 나갈 수 있는 문제이므로, 북한 체제의 근본적인 정책변화가 먼저 선행되어야 실현 가능한 대안이라고 판단된다. 어렵지만 지속적으로 시도해야 할 전략이다.

둘째, 통제 장악된 내부 권력교체 유형이다. 북한체제가 큰 혼란 없이 통제 장악된 상태에서 김정은을 축출하고 새로운 지도층으로 대체권력을 확립하는 내부변혁의 경우를 의미한다. 즉 북한체제 내부에서 김정은을 축출하고 새로운 지도층이 대두되어 고르바초프식의 개방과 개혁을 추진하는 사태 변화를 상정해 볼 수 있다. 합법적인 내부권력투쟁 등으로 김정은을 축출하고 새로운 대체권력으로 권력 교체를 실현할 수 있는 가능성은 희박하지만, 어느 때라도 추진될 수 있는 시나리오의 하나로 평가된다. 이 경우, 우리는 북한의 새로운 지도층과 긴밀히 협조하면서 북한체제의 개방과 개혁을 과감히 지원하는 정책을 통해서 남북한 간의 협의를 바탕으로 안정적인 평화통일을 추진해 나갈 수 있을 것이다.

셋째, 김정은 체제가 지속되는 상황에서, 통제 불능의 위기사태가 발생할 수 있는 상황이다. 여기에는 루마니아식의 내란 발생으로 인해 국가체제가 붕괴하는 경우로부터, 중국식으로 민중 봉기를 유혈 진압하는 경우, 그리고 동독식으로 민중의 궐기에 지배층이 타협하는 경우가 포함될 수 있다. 이중, 발생 가능성 면에서 보면 ① 내란 발생으로 국가체제가 붕괴되는 루마니아식, ② 민중 봉기를 유혈 진압하는 중국식, ③ 민중 궐기에 지배층이 타협하는 동독식으로 우선순위를 고려할 수 있을 것이다. 이러한 통제 불능의 위기사태가 발생하게 되면, 조성된 안보위기에 대한 대책과 함께 북한 동포에 대한 인도적인 지원과 대규모 난민사태에 대한 관리 및 지원대책이 추진되어야 한다. 그리고 결정적 시기가 조성될 경우, 선택적인 군사 및 비군사 개입에 이르기까지 매우 신축적이면서도 적시적인 상황대응이 불가피하게 요구될 것으로 전망할 수 있다. 그러한 상황대응의 결과는 민족공동체의 운명과 평화통일의 추진에 결정적인 영향을 미치게 될 것이다.

여기서 북한체제를 어떻게 변화시킬 것인가 하는 것이 근본적인 문제인데, 우리의 의지로 북한의 체제변화를 강요할 수 없는 이상, 우리 스스로 발상을 전환하여 한반도 냉전종식과 평화정착을 위한 신축적인 상호주의정책을 추진해 나가는 것이 북한을 변화시키는 관건이라 할 수 있을 것이다.

나. 북한정권

한반도를 둘러싼 주변 정세가 어느 때보다 혼란스럽다. 김정은은 노동당 제1비서, 인민군 총사령관, 노동당 군사위원장, 국방위 제1위원장 등의 직책을 거머쥐고 후계체제를 안착시키려 안간힘을 쓰고 있다. 더불어 한반도 내 불확실성은 갈수록 고조되고 있다. 근현대사에서 유례를 찾기 힘든 독재정권의 '3대 세습'이 바로 한반도의 북단에서 실현되고 있는 것이다.

김정은정권의 미래에 대한 시나리오는 다음 두 가지로 그려볼 수 있을 것이다.

첫째, 김정은정권이 안착하는 것이다. 현재로서는 가장 가능성이 높은 시나리오다. 노동당과 군부는 김정은의 체제정착을 도울 것이다. 만약 그 과정에서 민중 폭동이 발생한다면 인민군은 '수령의 군대'로서 그것을 진압할 것이다.

둘째, 김정은정권이 붕괴되는 것이다. 김정은이 조직 장악을 잘못해 저항세력이 생기거나 인민들의 먹고사는 문제를 해결하지 못하고, 대미 및 대남 관계 개선에 실패했을 때 그의 지위는 상당히 위태로울 수가 있다. 비록 직책의 세습을 통해 정치적 정당성이 창출되었다 할지라도 모든 면에서 발전이 가시화되지 않는다면 민심은 흉흉해질 것이다. 주민들은 물론 상층 권력 엘리트들까지도 불안감을 느끼게 될 것이다. 최악의 경우를 상정한다면 권력투쟁이 격화될 경우 북한 내에서 내전이 발생할 수도 있고 대남 무력도발도 있을 수 있다.

한국정부가 북한의 정권교체에 영향력을 행사할 수 없다면, 김정은정권이 평화적인 정권이 되어 군사력 사용을 억제하면서, 남북한 간 협력이 심화될 수 있도록 유도해야 한다.

다. 북한사회와 주민

북한사회와 주민은 한국정부가 다양한 전략과 정책으로 접근하기 쉬운 대상이다. 특히 북한체제와 정권이 붕괴되는 배경요인으로는 강압 통치기구의 주민 통제기능 약화, 식량과 경제난 악화, 암시장 확산 등 자본주의적 요소 확대, 지역과 계층간 갈등 심화, 북한주민의 반체제의식 확산 및 조직화 등이 복합적으로 작용할 가능성이 높기 때문에 필요한 분야에서 접촉을 강화해나가야 한다.

물론 북한정권은 한국정부와 단체의 북한사회와 주민들과의 접촉을 차단하기 위해 부단히 노력할 것이다. 따라서 서독정부가 동독주민들을 통한 밑으로부터의 변화를 시도했던 사례를 고려한 다양한 전략을 구사할 필요가 있다.

4. 북한 변화의 다양한 접근 방법 활용: 위로부터의 변화, 아래로부터의 변화, 양방향으로부터의 변화

가. 위로부터의 변화

북한의 변화를 위한 전략선택은 상호주의전략에 의한 화해적 포용과 대결적 압박의 이중 접근이 불가피할 것으로 판단된다. 문제는 북한 김정은 정권이 우리의 화해적 포용정책의 열매를 즐기면서 동시에 우리에 대한 냉전적 대결과 군사 제일주의 노선을 지속시킴으로써 현재의 체제적 난관을 극복하는 것은 물론 대남 주도권을 동시에 추구해 나가는 그들의 이중전략에 어떻게 대처하느냐 하는 우리의 대응전략이다. 즉 한반도의 불안정성을 해소하고, 향후 김정은의 바람직한 정책선택을 유도해야 한다.

따라서 포용과 압박의 이중 접근전략은 불가피하나, 어느 쪽에 전략의 중심을 두느냐 하는 문제가 중요하다. 먼저 북한체제의 변화를 위해 전략의 중심을 화해적 포용에 두고, 동시에 북한의 군사 제일주의 노선에 대처해 나가기 위한 대결적 압박을 병행하는 이중 접근전략을 고려할 수 있다. 이와 반대로 북한의 군사 제일주의 노

선에 대한 대결적 압박을 전략의 중심으로 삼고, 화해적 포용을 부
가적으로 고려하는 이중접근전략을 생각할 수도 있을 것이다. 이
두 가지의 대안 중 우리의 전략선택은 북한체제의 변화를 목표로
하는 화해적 포용전략에 중심을 두고, 북한의 군사 제일주의 노선
에 대처해 나가는 대결적 압박전략을 보조로 하는 이중 접근이 타
당하다고 판단한다.[181]

그 이유는 우리에게 북한의 핵 및 미사일 개발 등 군사 제일주의
노선 등을 실질적으로 견제 및 해소할 수 있는 대응 전략수단이 극
히 제한되어 있고, 북한체제의 변화야말로 그들의 군사 제일주의
정책의 포기는 물론 평화통일의 결정적 변수로 작용할 것이기 때문
이다.

김정은 체제가 통일을 포기하기는 쉽지 않을 것이다. 남북한간
에는 통일의 여정에서 개성공단문제, 관광객 안전문제, 3통 문제,
핵문제 등 현안문제와 더불어 국군포로문제도 언젠가 반드시 풀어
야 할 과제로서 여전히 존재하고 있다. 그리고 중국의 북한에 대한
군사적 · 경제적 침투를 제한하면서 북한주민들이 남쪽을 바라보
도록 하기 위해서는 필요한 분야에서 지원과 접촉을 통해 북한의
변화를 모색해야 한다.

---

181) 중앙일보가 2002년 1월에 실시한 여론조사 결과 우리 정부가 대북정책 시 지켜
야할 원칙으로 포괄적 상호주의 39.3%, 철저한 상호주의 34%, 신축적 상호주의
23.7%로 나타났다. 세종연구소, 『국제질서 전환기의 국가전략』(세종국가포럼, 2002),
p. 146 참조.

나. 아래로부터의 변화

독일의 통일과정을 보면 동독주민들의 변화 즉 아래로부터의 변화가 평화적인 통일의 주춧돌이 되었음을 확인할 수 있다. 서독이 동독보다 잘 살며, 자유와 삶의 질이 보장된 나라라는 것을 인지한 동독주민들은 서독이 동독을 통일해주기를 원했기 때문에 동독의 정권이 이를 막을 수 없었다. 서독 정부는 동독주민들의 변화를 유도하기 위하여, 동독지역에서 서독의 방송청취 보장, 여행의 자유화 추진, 사회·문화교류의 활성화, 인적교류의 확대 등을 지속적으로 추진하였음은 우리에게 시사하는 바가 크다.

우리도 북한주민들이 자유민주주의 체제를 동경하고, 유사시 한국과 통일되기를 희망하도록 전략과 정책을 추진해야 한다. 또한 신축적이고 포괄적인 상호주의를 통해 북한의 개혁개방파들이 뿌리를 내리고 시장이 활성화 될 수 있도록 유도해나가야 한다. 우리는 북한 내 민주개혁세력이 부상할 수 있도록 유도하고, 북한 주민의 통일 지향 의식을 확산시켜야 한다. 대남 적대의식의 약화를 위한 노력도 주도적으로 추진해야 할 것이다. 북한주민들이 남쪽을 바라볼 수 있도록 해야 한다. 북한주민이 우리에게 의존하면 할수록 우리의 북한정권에 대한 관리능력은 확대될 것이며, 북한주민들이 삶의 질을 소중히 생각하며, 자유를 갈구할 때 북한의 변화는 필연적이 될 것이다. 따라서 북한주민들이 남쪽을 바라보도록 필요한 분야에서 지원과 접촉을 통해 북한의 변화를 모색해야 한다.

다. 양 방향으로부터의 변화

북한의 변화를 촉진하는 가장 좋은 방법은 위로부터의 변화와 아래로부터의 변화를 적절히 혼합하여 추진하는 양방향 접근전략이다.

김정은정권이 권력을 안정화시키기 위해서는 ① 주체사상 보위 및 조직 장악, ② 미국으로부터의 안전 보장, ③ 경색된 남북관계 해결, ④ 경제난 해결 등 앞으로도 쉽지 않는 길을 걸어야 할 것이다. 그리고 이러한 목적을 달성하기 위해 김정은은 변화의 길을 모색할 수밖에 없을 것이다. 우리는 이러한 김정은체제의 약점을 최대한 활용해야 한다. 이를 보다 구체적으로 기술하면 다음과 같다.

첫째, 주체사상인 혁명적 수령관을 잘 보위해 '김씨 왕조'의 대를 잇는 과정에서 사상적 측면에서나 조직적 측면에서 관리를 소홀히 해 민중혁명이나 군부 쿠데타가 발생한다면 그 자신은 물론 가문 전체가 몰락하는 비극을 맞이할 것이다. 따라서 김정은은 강력한 사상 및 조직 통제를 실시할 가능성이 있다. 이는 변화의 저해요소로 작용할 것이다.

둘째, 북한은 미국으로부터의 안전보장 획득을 최고의 국가목표로 설정하고 있다. 이를 위해 핵무기도 개발하고 있다고 추정된다. 미국은 북한 핵의 폐기를 위해 한편으로는 북한과 대화하면서도 다른 한편에서는 강한 정치·군사적 대북 압박을 구사하고 있다. 김정은은 모든 수단을 동원해 미국과의 관계를 개선해 주민들의 안보불안을 제거해야 하는 숙제를 안고 있다. 이것은 위로부터의 변화를 요구하고 있다.

셋째, 현재 남북관계는 좋지 않다. 통일은 김일성 주석의 유훈이고 주민들의 꿈이다. 김일성 혁명 전통을 계승해야 하는 김정은은 통일달성을 위한 의미 있는 치적을 남겨야 한다. 그러나 현재 한반도 상황은 좋지 않다. 현재 유일한 북한의 우방인 중국은 외교적으로는 지지를 하지만 경제적으로는 북한의 기대수준에 못 미치고 있는 것으로 판단된다. 경제적 측면에서 실제적인 지원을 할 수 있는 국가는 남한밖에 없다. 김정은은 긴장된 한반도 정세를 타파하고 남북대화를 이끌어 내야 하는 책무를 지고 있다. 이것은 김정은 정권의 전략과 정책의 변화 즉 위로부터의 변화를 요구하고 있다.

넷째, 경제난을 해결하여 북한주민의 불만을 해소하는 일이다. 북한주민들의 원성은 커져가고 있고 암시장 확대, 뇌물 수수, 부익부 빈익빈 현상 등 각종 경제적 일탈현상이 만연하고 있다. 식량은 여전히 100만 톤 이상 부족하고 전기, 석탄, 철강 등도 목표에 훨씬 미달하고 있는 실정이다. 경제문제를 풀지 못한다면 주민들의 원성은 더욱 커질 것이고, 김정은에 대한 지지도도 기대에 훨씬 못 미칠 것이다. 이것은 아래로부터의 변화를 요구할 것이다.

한국정부가 양방향의 변화전략을 추진하기 위해서는 두 가지 관점에 유의해야 한다. 첫째, '북한주민'과 '북한정권'을 구분하여 대처하는 것이다. 둘째, '통일전략적인 사안'과 '대북정책적인 문제'를 혼동하지 않는 것이다. 국민적 합의에 따라 공식적으로 수립된 통일전략은 정권교체와 관계없이 투명하고 일관되게 추진해야 한다. 반면 국가의 생존에 직결되지 않는 정책적 수준의 사항들은 정부가 시의 적절하게 조절해 가면서 유연하게 추진할 수 있어야 한다.

5. 북한변화를 위한 사용 수단의 통합: 군사적인 수단, 정치적인 수단, 외교적인 수단, 경제적인 수단, 사회심리적인 수단

가. 군사적인 수단

군사력은 북한의 무력적화통일 야욕을 억지하고 한반도의 평화를 수호할 수 있는 기반적인 수단이다. 한국정부가 평화와 안정을 보장하고 나아가 화해와 협력의 장을 열어 평화통일을 달성하기 위해서는 북한으로 하여금 대남적화전략을 포기토록 해야 한다. 즉 군사적인 위협으로는 아무것도 이룰 수 없다는 것을 인식시켜야 한다. 이를 위해 우리는 확고한 전쟁억지력을 갖추어야 한다. 한국군의 강력한 억지력은 한반도의 냉전구조의 해체와 자신감 있고 유연한 대북정책의 추진을 위한 전제조건이다.

한국군은 북한의 위협과 도발에 대한 강력한 보복능력을 갖추어야 한다. 평화통일은 전쟁억제를 토대로 평화가 보장되는 조건 위에서 성립된다. 전쟁은 인간 의지의 싸움이다. 의지 없는 정신은 무가치하며, 정신없는 의지는 위험하다. 역사는 강한 의지를 가진 자가 우세한 적과 싸워서 승리한다는 교훈을 알려준다. 한 국가의 안전은 그 이웃나라의 자제심에만 의존할 수 없다. 북한의 변화도 힘의 균형이 우리에게 유리한 경우에만 주도적으로 추진할 수 있다.

나. 정치적인 수단

북한을 위로부터 변화시키는 데 중요한 수단은 정치적인 수단이다. 이는 북한정권에 직접적인 영향을 줄 수 있는 수단이다. 남북정상회담의 실시, 장관급회담의 추진, 각종 대북정책은 북한의 변화를 촉진하거나 유발시킬 수 있는 수단이다.

특히 북한의 경우에는 주민들의 자유가 통제된 가운데 인권이 철저히 짓밟히고 있다. 우리는 북한 주민들의 인간다운 삶을 위한 권리와 자유를 보장토록 노력해야 한다. 우리는 자유민주주의의 가치를 북한에 수출해야 한다. 이를 위해서는 먼저 한국사회가 건강해야 한다. 우리가 그러한 노력을 가시화하였을 때 북한정권은 변화될 수 있으며 북한주민의 인권은 개선될 수 있다. 만약 북한정권이 역방향으로 나간다면 정권과 주민을 분리 대응해야 할 것이다. 바로 여기에 정치·심리전의 목표를 두어야 한다.

한국 내부적으로는 통일과정에서 한국정치의 핵심은 통일 한국의 민주적 관리에 있다. 즉 우리 정치의 목표는 궁극적으로 남과 북이 양 체제의 상극성(相剋性)을 극복하고, 수용 가능한 합리적인 체제를 만들어 통일 국가를 평화적으로 이룩하는 것이다. 이를 위해 대의정치와 경쟁적 민주체제의 확립, 건전한 시민사회의 육성, 민주공동체의 확산, 분권적 정부운영체제 정착은 매우 중요한 요소이다. 우리는 통일한국을 전제로 한 민주공동체의 이상을 실현시켜 가는 과정에서 자유로운 삶, 모두가 함께 하는 인간다운 삶을 달성하여 북한정권과 주민의 동경의 대상이 되어야 한다.

다. 외교적인 수단

한반도 문제는 남북한간의 문제이자 주변 4국과의 문제이다. 따라서 주변국을 활용하기 위한 동맹외교와 균형외교가 필요하다. 균형외교란 상호주의 원칙과 전략적 협조의 외교관계를 기본으로 하여 명분 있는 차별화된 정책을 추진하되, '불공평성'을 불식시킬 수 있는 대 주변국 외교활동을 의미한다.

한국정부는 평화통일을 지원하고 보장하기 위한 북한 변화 외교를 적극적으로 추진해야 한다. 주변국들이 한반도 평화체제 정착과 통일에 거부 및 방해세력이 되지 않도록 오해를 불식시키고, 협력을 증진하는 등 여건을 조성해야 한다. '통일한국의 외교노선(外交路線)'을 조기에 표명하고, 지역안정과 협력사업 추진 등 주변국들을 통일지원세력으로 만드는 노력을 병행해야 한다.

미국과 중국 등 주변국을 활용하여 북한의 변화를 촉진하고 평화통일환경을 조성하기 위한 적극 협력외교를 추진해야 한다. 외교적 역량을 그 어느 때보다 더 발휘하여 미국 등 전통적 동맹국과의 유대를 더욱 강화해 나가면서, 중국 등 다른 국가들과 협조체제를 새롭게 다져 나감으로써 북한의 위로부터의 변화를 촉진하기 위해 이들의 힘을 주도적이고 창의적으로 활용해야 한다.

라. 경제적인 수단

대한민국이 북한과의 경쟁에서 가장 앞서 있는 분야가 경제력이다. 안보 및 통일전략에서 국방과 경제는 수레의 양 바퀴다. 한 나라의 국방능력은 경제적인 능력으로부터 직접적인 영향을 받는다.

경제력은 국가와의 관계에서 힘으로 나타난다. 즉 국력의 중요한 지표이다. 따라서 경제력은 국제체제 속에서 국가의 위상을 결정한다. 경제력이 강해야 국가의 동원 능력이 강화되고, 전쟁지속 능력도 강화된다. 기술력이 강해야 양질의 우수한 무기체계를 확보할 수 있다.

북한정권을 변화시킬 수 있는 핵심적인 힘도 경제력에서 나온다. 대한민국 사회가 더불어 잘 사는 공동체가 되면 북한의 혁명전략은 유명무실해진다. 북한정권과의 협상을 유리하게 끌고 갈 수 있는 힘과 북한주민을 변화시킬 수 있는 힘도 바로 경제력에서부터 나온다. 북한주민들이 삶의 질이 보장된 우리 사회를 동경하면 할수록 체제경쟁에서 대한민국이 승리할 수 있다. 경제력은 북한을 양방향에서 변화시킬 수 있는 수단이다. 이것은 동서독의 통일과정에서 입증되었다.

경제교류협력의 활성화는 '남북한 경제공동체' 형성의 토대를 마련하는 데 주안점을 두어야 할 것이다. 북한의 개방을 유도할 수 있는 유인동기를 제공하면서, 북한 경제체제의 변화를 유도해야 한다. 우리는 남북한 간의 공동이익을 증진해가면서, 경제적 상호 의존관계를 심화시켜 나가야 한다. 남북 경제체제간의 이질성을 해소하고, 상호 보완적으로 성장을 도모해야 한다. 이를 추진하는 원칙은 상호 연계성, 보완성과 실현가능성 등을 기준하여 우선순위를 정하고, 체계적이고 일관성 있게 추진해야 한다.

마. 사회 · 심리적인 수단

　북한을 아래로부터 변화시킬 수 있는 가장 효율적 · 간접적인 수단은 사회 · 심리적인 수단이다. 남북한에서 사회와 문화 등 모든 영역에서 상당한 이질화가 진행되어 왔다. 대한민국은 다원적이고 개인주의적이며 개방적이다. 반면 북한은 일원적, 집단주의적, 전체주의적, 폐쇄적으로 변화되고 있다. 정치문화는 이데올로기를 중심으로 이질화가 심화되고 있다. 이러한 이질화 현상은 세계관, 사회관, 인간관과 역사관에 큰 차이를 형성하고 있다.

　남북한의 사회 문화적 공동체 형성을 위해서는 남북한이 조화와 균형을 모색하는 가운데 상호 보완적 체제 수렴을 통해 이질성을 해소하고 동질성을 극대화시키는 방안의 모색이 필요하다. 이는 공존을 바탕으로 한 상호간의 교류를 통해 이루어질 수 있을 것이다. 남과 북이 서로를 알고 이해할 수 있는 기회가 확충되어야 한다. 한민족 고유의 민족적, 문화적인 정체성을 회복해 나가면서 다원주의, 합리주의, 자율성 등의 현대사회의 보편적 요소를 증대시켜 미래 지향적인 민족동질성 형성을 위해 노력해야 한다. 우리의 강점인 자유민주주의의 이념, 세계화된 문화 등을 북한주민들에게 수출해야 한다.

　이러한 사회 · 심리적인 수단의 효율적인 활용을 통해 북한사회와 주민의 아래로부터의 변화를 촉진시킬 수 있다.

약어

A2A: Anti-Access & Ariel Denial 반접근 · 지역거부
CENTCOM: Central Command 중부사령부
CNC: Central Numerical Control 수치제어장치
COP: Conference of the Party 기후변화당사국
DMZ: Demilitarized Zone 비무장지대
EAS: East Asia Summit 동아시아정상회담
FTA: free Trade Agreement 자유무역지역
KAMD: Korea Air and Missile Defense 한국형 미사일방어체계
NATO: Northern Atlantic Treaty Organization 북대서양조약기구
NGO: Non-government Organization 비정부기관
PACOM: Pacific Command 태평양사령부
RIMPAC: Rim of Pacific 환태평양
RO: Revolution Organization 혁명 조직
SNS: Social Network System 사회네트워크체계
TKR-TSR: Trans Korea Railroard-Trans Siberia Railroard
　　　　　한반도종단철도-시베리아횡단철도 연결
TPP: Trans-Pacific Partnership 환태평양경제파트너십
WEU: Western European Union, 서유럽연합
WMD: Weapons of Mass Destruction 대량살상무기

참고문헌

단행본

강진석, 『한국의 국가안보전략과 국방개혁』 서울: 평단, 2005.

　　　『현대전쟁의 논리와 철학』 서울: 동인, 2012.

　　　『클라우제비츠와 한반도 평화와 전쟁』 서울: 동인, 2013.

김희상, 『21세기 한국안보』, 전광, 2000.

대한민국 국방부, 『국방백서 1995-1996』 서울: 국방부, 1995.

　　　『국방백서 2012』 서울: 국방부, 2012.

동북아공동체연구회편, 『제3의 지평』 서울: 디딤터, 2012.

민병천, 『평화통일론』 서울: 대왕사, 2001.

문정인, 『중국의 내일을 묻다: 우리가 알던 중국은 없다』 서울: 삼성경제연구소, 2011.

박명규 외, 『연성복합통일론』, 서울대평화통일연구소, 서울: 서울대 출판부, 2010.

박종철 · 고봉준 · 김서진 · 박영준 · 신상진 · 이승주 · 황기식, 『통일한국에 대한 주변국 우려해소와 편익』 서울: 통일연구원, 2012.

박준영, 『국제정치학』 서울: 박영사, 2000.

박휘락, 『전쟁, 전략, 군사입문』 서울: 법문사, 2005.

백낙청 외, 『21세기의 한반도 구상』 서울: 창비, 2004.

백학순 편, 『남북한 통일외교의 구조와 전략』 서울: 세종연구소, 1997.

세종연구소, 『국제질서 전환기의 국가전략』 세종국가포럼, 2002.

육군사관학교, 『북한학: 정치 · 군사 · 통일의 역동성』 서울: 황금알, 2006.

이석수 외, 『2013 안보정세전망』 서울: 국방대 안보문제연구소, 2012.

이우영, 손기웅, 임순희 공저, 『남북한 평화공존을 위한 사회문화 교류협력의 활성화 방안』 서울: 통일연구원, 2001.

정경영, 『동북아 재편과 한국의 출구전략』 서울: 21세기군사연구소, 2011.

조은석 외, 『남북한 교류 · 협력 활성화를 위한 법 · 제도적 개선방안 연구』 서울: 통일연구원, 2000.

진심 캠프, 『안철수의 약속』 서울: 진심 캠프, 2012.

하정열, 『한반도 통일 후 군사통합방안』 서울: 팔복원, 2002.

　　　『한반도의 평화통일전략』 서울: 박영사, 2004.

　　　『국가전략론』 서울: 박영사, 2009.

　　　『대한민국 안보전략론』 서울: 황금알, 2012.

　　　『상호주의 전략』 서울: 도서출판 오래, 2012.

통일부, 『통일백서』, 2002.

Galtung, Johan, 강종일 · 정대화 · 임성호 · 김승채 · 이재봉 옮김, 『평화적 수단에 의한 평화』 서울: 들녘, 2000.

John K., *Die Moderne Industriegesellschaft* (Muenchen und Zuerich: 1968).

Keidel, Albert, *China's Economic Rise: Fact and Fiction.* (New York: Carnegie Endowment for International Peace, 2008).

Kloten, N., *Die Transformation von Wirtschaftsordnungen: Theoretische, Phänotypische und Politische Aspekte* (Tübingen: 1991).

Ludwig, Von, Mieses, Nationaloekonomie, Genf 1940.

Mckinnon, R. I. *The Order of Economic Liberalization: Financial Control in the Transition to a Market Economy* (Baltimore & Londen 1991).

Hans J. Morgenthau, 『Politics Among Nations : The Struggle for Power and Peace』 New York : Alfred A. Knof, Inc., 1973.

O' Neill, Jim, 고영태 옮김, 『그로스 맵 *The Growth Map*』 서울: RHK, 2012.

Organski, A.F.K., *World Politics* (New York: Alfred A. Knopf, 1958).

Palme, Olaf, ed., *Common Security: A Blue Print Survival* (New York: Simmon and Schuster, 1982).

논문

김병연, "북한의 체제전환과 남북한 경제통합," (사)동북아공동체연구재단 주최 제1회 한반도통일경제포럼, 2013.

김흥규, "시진핑 시기 미중관계 변화와 대북 핵정책," 북한전략정보서비스센터 · 민주평통 양천구협의회 공동 주최 『북한 핵병진노선과 중국 대북핵정책의 딜레마』 세미나, 2013. 10. 8, 프레스센터.

대한민국 청와대, "박근혜 대통령 미국 상·하원 합동연설문," 2013. 5. 9.

문성묵, "한반도 신뢰프로세스 구현방안,"『동북아 전략환경변화와 국가안보전략 방향』, 국회 동북아연구회, 2013. 6. 25.

박영호, "박근혜정부의 대북정책",『통일정책연구』, 제22권 1호, 2013.

박인휘, "한반도 신뢰프로세스의 이론적 접근 및 국제화 방안,『통일정책연구』, 제22권 1호. 2013.

박형중, "튼튼한 안보를 바탕으로 신뢰에 기초한 건설적 당국 간 대화 추진,"『박근혜 정부의 대북정책 추진방향』, 통일연구원 13-02, 2013.

안두순, "사회주의경제의 시장경제로의 체제전환",『제30차 학술발표대회 논문집 제1 권』, 한국 국제경제학회, 1992.

윤병세, "박대통령의 신뢰외교: 대한민국 외교의 새로운 패러다임"『글로벌 아시아』 2013 가을호.

윤여상, "어떤 신뢰, 어떤 프로세스여야 하는가," 평화재단 제59차 전문가 포럼, 2013.

이자형, "사회주의경제의 체제전환에 관한 연구,"『한국항만경제학회지』, 1997.

전봉근, "한반도 신뢰프로세스와 추진과제,"『주요국제문제분석』, 외교안보연구소, No 2013-25, 2013.

전성훈, "3차 핵실험 이후 북한의 핵정책: 분석과 전망," Online Series 13-08, 2013.

전재성, "미국의 아시아 정책과 동북아 질서," 동아시아국제전략연구소 주최『오바마 2기 행정부의 외교 안보정책 전망과 함의』 제5회 한반도전문가포럼, 2012. 12. 1.

정경영, "박근혜 리더십과 한국 안보," 한국해병전략연구소 주최『국가지도자들의 리 더십과 한반도 안보』 세미나, 2013. 9. 25, 전쟁기념관.

정경영·윤영근,『동북아 국방대화 가능성과 추진전략』, 국방대 안보문제연구소, 2005. 12.

조한범, "2013년 하반기 북핵문제 및 남북관계 전망과 대응전략," Online Series 13-20, 2013.

한석희, "시진핑 지도부의 대외관계 분석: 대미정책과 대북정책을 중심으로,"『국가전 략』 제18권 4호, 2012.

함형필, "북한 핵능력의 실체와 정치·군사적 함의," 북한전략정보서비스센터·민주평 통 양천구협의회 공동 주최『북한 '핵 병진 노선'과 중국 대북핵정책의 딜레 마』 세미나, 2013. 10. 8, 프레스센터.

Armitarge and Nye, 3rd Report, "U.S-Japan Alliance: Anchoring Stability in Asia," Aug 15, 2013.

Apolte, T. und Cassel D., "Osteuropa: Probleme und Perspektiven der Transformation Sozialistischer Wietschaftssysteme," In *LIST-Forum* Band 17(1991), Heft 1.

Bohnet A., "Zehn Jahre Preissystemreform in der Voiksrepublik China : Ein Beitrag zur Problematik der Transformation von Wirtschaftsordungen," in H. J. Wagener (hrsg.), *Anpassung durch Wandel Evolution und Transformation von Wirtschaftssystemen* (Berlin: 1991).

Chung, Kyung-young, "Building a Security Regime in Northeast Asia: Feasibility and Design," Ph.D. Dissertation, The University of Maryland, College Park, 2005.

Clapham R. und Grote B., "Zu den Anforderungen an ein Theorie der Transformation von Wirtschaftssystemen", *Schriften zur Wirtschftorschung der Universität/Gesamthochschule Siegen* (Siegen: 1991).

Dewatripont M. and Roland G., "The Design of Reform Packages under Uncertainly", *American Economic Review, vol. 85, No. 5*, 1995.

John Geral Ruggie, "Multilateralism: The Anatomy of an Institution," *International Organization*, Vol. 46, No.3 (Summer 1992).

Jouin, Eric, "France and German Cooperation and its Implication," 2nd Book Project Meeting hosted by Institute of International Strategy on East Asia, affiliated with Northeast Asia, April 4, 2013.

Keohane, Robert, "Reciprocity in International Relations," *International Organization*. Vol. 40, No. 1 (Winter 1986).

Leipold H., "Institutioneller Wandel und Systemtransformation: Ökonomische Erklärungsansätze und Ordnungspolitische Folgerungen", in H. J. Wagener(Hrsg.), *Anpassung durch Wandel: Evolution und Transformation von Wirtschaftssystemen* (Berlin: 1991).

Murrel, Peter, "The Transition According to Cambridge, Mass," *Journal of Economic Literature, 33(1), 164–178, March 1995.

Peters, H. R., "Transformationstheorie und Ordnungspolitik," *WIST*, h. 8, 1990.

Sachs, J., "Eastern Europe's Economies : What is be done?", *The*

Economist, 1990.

Scobell. Andrew, "China and North Korea: From Comrades- in-Arms to Alies at Arms' Length," SSI monograph series, 2004.

"U.S. - China Relations in 2050" Carnegie Endowment for International Peace, Feb 2010.

Werner Dichmann, "Eigentums-und Arbeitsverhasltnisse im Transformationsprozess zur Marktwirtschaft-ordnungspolitische Aspekte am Beispiel der neuen Bundeslaendern," in: list Forum,

Wu, J., Die Strategische Wahl der Chinesischen Wirtschaftsreform Jingji: Yanjiu, 1987.

신문 및 인터넷

권경성, "[방공식별구역, 딜레마] 한국·일본-미국 대응방식 엇갈려 혼선," 『한국일보』, 2013년 12월 3일자.

김성환, "한·중·일 정상회담, 동북아 미래 향한 새 이정표," 『동아일보』, 2011년 5월 20일자.

김호섭, "한중일 정상회의가 남긴 것," 『세계일보』, 2010년 6월 2일자.

"동아시아 자유무역지대 설립으로 역내 시장 확대해야," The Financial Focus, Oct 2009.

매일경제, 1997년 10월 23일자.

안용현, "도광양회에서 주동작위로, 중국 세계전략의 전환," 『조선일보』, 2013년 12월 2일자.

"오바마, 북한 핵 폐기해야," 『조선일보』, 2012년 11월 20일자.

"일본의 영토분쟁," 『연합뉴스』, 2012년 11월 10일자.

임민혁, "미 의회 '고구려가 당의 지방정권이라는 중국, 한반도 통일 막을 가능성,'" 『조선일보』, 2013년 1월 2일자.

정경영, "한중정상회담이 성공하는 길," 『중앙일보』, 2013년 6월 6일자.

정우상·최경운, "서른살 김정은 '3년내 무력통일,'" 『조선일보』, 2013년 10월 9일자.

조선일보, 2013년 4월 15일자.

중앙일보, 2006년 9월 2일자; 2010년 11월 3일자.

조선중앙통신, 2013년 2월 12일자.

"중국내 유학생 한국 최대 36%," 『광명일보』, 2009년 12월 30일자.

"中 새로운 중심지로 부상하는 지린성: 창지투 거점," 『아주경제』, 2012년 6월 18일자.

차학봉, "다케시마의 날 국가 행사로 격상, 한국과 마찰 일으킬 공약 쏟아내," 『조선일보』, 2012년 12월 22일자.

최유식, "중, 국가건강도 조사 '청년 중국, 갱년기 미국을 2049년 추월,'" 『조선일보』, 2013년 1월 10일자.

3rd Armitarge and Nye Report, "U.S-Japan Alliance: Anchoring Stability in Asia," Aug 15, 2013.

"국가대전략: 차기 5년 시대정신과 리더십 선택," 제26차 세종 국가전략포럼, http://www.sejong.org/boad/bd_news/1/egoread.php?bd=10& itm=&txt=&pg=1&seq=205.

"국내 체류 외국인 114만 5천 명," http://www.mofat.go.kr/travel/ove rseascitizen/index.jsp?menu=m_10_40.

국립외교원, 「2013-2017중기국제정세전망」, http://www.knda.go.kr/ study/publications/analysis/index.jsp?ifans=001&menu=m_30_40 _10.

국방대안보문제연구소, 「안보정세 전망」, https://www.kndu.ac.kr/rinsa /index.jsp?mid100000133&mid2=00000671.

대한민국헌법, [시행 1988.2.25.] [헌법 제10호, 1987.10.29., 전부개정], http://www.law.go.kr/법령/대한민국헌법.

"미 유학생, 중국, 인도에 이어 한국 3위 순," http://cafe.naver.com/ edbr idge/521.

빈종빈/20131215@yonhap_graphics(트위터)

신각수, "꼬인 한일관계 어떻게 풀어야 하나? : 21세기 새로운 파트너십 구축을 위한 제언," EAI 논평 제30호, 2013. 8. 26, http://www.eai. or.kr/type_k/ panelView.asp?bytag=p&catcode=&code=kor_report&idx= 12451&page=1.

"외국인 체류자," http://www.jasso.gp.jp/kikaku_chosa/ukeire4.htl; and other various East Asian Newspaper and Internets; http://www. reuters.com/article/2012/03/24/us-usa-immigration-idUSBRE82 N09I20120324.

외교안보연구소,「2013-2017 중기 국제정세전망」, 국립외교원, 2012, http://www.knda.go.kr/study/publications/view/index.jsp?if ans=001&menu=m_30_40_50.

윤병세, "주한미상공회의소 창립 제60주년 행사계기, 한미정상회담 성과 설명,"
http://www.mofa.go.kr/news/pressinformation/index.jsp?men
u=20_30&sp=/webmodule/htsboard/template/read/korboardread.
jsp%3Fboardid=235%26typeID=6%26tableName=TYPE_
DATABOARD%26seqno=346170.

"재외 동포 및 해외 유학생 현황," http://www.mofat.go.kr/travel/ove
rseascitizen/index.jsp?menu=m _10_40.

조영빈, "제5차 한중일 정상회담, 동북아 공동경제권 첫 걸음,"
http:// www.mt.co.kr/view/mtview.php?type=1&no=20120513192 2822
0158&outlink=1.

통일부, "한반도 신뢰프로세스." http://www.unikorea.go.kr/Cms
Web/viewPage.req?idx=PG000000070, 2013.

"한국 출입국자 5천 32만 명," http://news1.kr/articles/959677.

"Rail Links of the Trans Korean Mainline with Trans Siberia and Trans
China Routes," http://www.transsibcouncil.com/en/tsm.tra
nskorea.html.

Scalapino, Robert A., "The Changing Order in Northeast Asia and the
Prospects for U.S.–Japan–China–Korea Relations," Institute on
Global Conflict and Cooperation, University of California, San Diego,
1998. http://escholarship.org/uc/item /3bc5935t.

찾아보기

공동집필자 약력 (가나다 순)

강진석 (姜墡錫, Kang, Jin-suk)

한국안보통일연구원 국방연구소장
서울과학기술대학교 교수
조화안보통일리더십 연구소 대표
공군협회 「항공우주력 연구」 편집장
공군사관학교 졸업(이학사)
국방대학원 졸업(안전보장학 석사)
충남대 대학원 졸업(정치학박사)
NATO School, CTBTO OSI Course(2007)
KAIST 지식최고경영자과정
예) 공군대령(전투기조종사)
전) 공군대학 교수 겸 정책전략처장(AWC)
전) UN 제1위원회(안보군축) 한국대표단
전쟁철학, 안보/군사, 군비통제, 항공우주력 전문가

주요저술
"9.11 테러와 미국의 안보전략 변화". 박사학위
　논문, 충남대학교 대학원.
"국가대전략 수립을 위한 안보통일철학 연구"
　「항공우주력연구」 2013. 12. 공군발전협회.
「전쟁과 정치」. 1989. 한원.
「전략의 철학」. 1996, 평단.
「한국의 안보전략과 국방개혁」. 2005, 평단.
「현대전쟁의 논리와 철학 」. 2012, 동인.
「클라우제비츠와 한반도 평화와 전쟁」.
　2013, 동인.
「군사사상사」. 공저, 2013. 플랫미디어.

라미경 (羅美景, Ra, Mi-kyoung)

한국안보통일연구원 평화연구소 부소장
순천향대학교 사회과학연구소 연구교수
충남대학교 대학원 졸업(정치학박사)
－ 한국정치학회 연구이사
－ 한국 NGO학회 이사
－ 전) 여성정치세력민주연대대표
－ 전) 통일부, 국가보훈처 정책자문위원
－ 전) 안전행정부, 소방방재청 평가위원

주요저술
"국제관계에 있어서 개발 NGO에 관한 연구"
　박사학위논문, 충남대학교 대학원.
「국제 NGO의 이해」. 2008, 한울출판사.
「아시아문제와 시민사회 역할」. 2010, 경희대 출판문화원.
「기로에 선 북한, 김정일의 선택」. 2011, 한울아카데미.
「동북아의 평화사상과 평화체제」. 2004, 도서출판 리북.
「21세기 동북아 질서와 한반도」. 2003, 씨앗을 뿌리는 사람들.

문성묵 (文聖默, Moon, Seong-mook)

한국안보통일연구원 통일연구소장
한국전략문제연구소 전문연구위원
(사)코리아DMZ협의회 남북분과위원장
육군3사관학교 졸업
경북대학교 졸업(문학사)
국방대학원 졸업(안전보장학 석사)
경북대학교 대학원 졸업(정치학박사)
예) 육군준장
국방부 정책자문위원 및 기관평가위원
전) 국방부 군비통제차장 및 북한정책과장
전) 남북군사실무회담 수석대표

주요저술
"중국의 경제발전과 군사전략 변화의 상관 관계"
　박사학위 논문, 경북대학교 대학원.
「군사대국중국」, 2000, 팔복원.
「신세계질서론」 공저, 1997, 대왕사.
「평화공동체 추진구상」 공저, 2011, KRIS.
「통일여건 조성을 위한 군사적 긴장완화 및 평화체제
　구축방안」, 2012, 한국군사문제연구원.
「신정부, 국가전략 DMZ 평화적 이용」 공저, 2012,
　통일연구원.

이자형 (李字炯. Lee, Ja-hyung)

한국안보통일연구원 남북 경제연구소장
한백통일정책연구원 원장
숭실대 · 삼육대 외래교수
조선대학교대학원 졸업(경제학박사)
동경대대학원 총합문화연구과 수료
와세다대학대학원 아시아태평양연구센터
일본ODA산하 FASID(국제개발고등기구)
개발원조 공동강좌 수료
경남대극동문제연구소 객원연구위원
전) 한국은행경제연구원 객원연구원
전) 와세다대학 대학원 교환연구원

주요저술

"구동독지역의 체제전환과 경제적 성과에 관한 연구"
  박사학위논문 조선대학교 대학원.
「남북한 관계의 현실과 발전을 위한 국회의 역할」,
  2006, 국회사무처.
「북한경제개발추진전략과 대북개발지원시스템을
  위한 국회의 역할」, 2007, 국회사무처.
「北朝鮮經濟の實像と經濟體制轉換可能性,-中國 ·
  東歐の經驗を中心に-」,小林英夫編『北朝鮮と東北
  アジアの國際新秩序」, 學文社, 東京, 2001. 9.

정경영 (鄭京泳. Chung,Kyung-young)

한국안보통일연구원 안보연구소장
동아시아국제전략연구소 소장
국방대 · 가톨릭대 교수(전)
육군사관학교 졸업(국제관계학 학사)
미육군지휘참모대 졸업(군사학 석사)
University of Southern California대학원
  졸업(체계경영학 석사)
University of Maryland, College Park
  대학원 졸업(국제정치학 박사)
전) 합참, 연합사, 육군본부에서 군사전략
  수립, 연합작전, 군사외교 활동
전) 대통령직 인수위, NSC. 국방부 정책자문

주요저술

"Building a Military Security Regime in
  Northeast Asia: Feasibility and Design,"
  박사학위 논문 University of Maryland 대학원.
「동북아 재편과 출구전략」 2001, 21세기 군사 연구소.
「변화시대의 한국군」 2001, 21세기 군사연구소.
「한국 국방의 도전과 과제」 공저, 2012, 한국학술정보.
「오바마 정부와 한미전략동맹」 공저, 2009, 한울.
「글로벌 이슈와 한국의 전략」 2009, 밀레.
「제3의 지평: 동북아 공동체와 한반도의 미래 전략」
  공저, 2012, 디딤터.

하정열 (河正烈. Ha, Jung-yul)

한국안보통일연구원장
북한대학원대학교 초빙교수
독일 육군사관학교 졸업
서강대 독문학과 졸업(문학사)
독일 지휘참모대학 졸업
동국대 행정대학원 졸업(행정학 석사)
북한대학원대학교 졸업(북한학박사)
일본 아오야마대학원에서 일본사 수학
예) 육군소장
전) 보병 제27사단장, 대통령 국방비서관
전) 한국전략문제연구소 안보전략연구 소장

주요저술

"상호주의 시각에서 본 남북관계 분석" 박사 학위
  논문, 북한대학원대학교.
「일본의 전통과 군사사상」 1999, 팔복원.
「한반도통일후 군사통합방안」 2002, 팔복원.
「한반도 평화통일전략」 2004, 박영사.
「국가전략론」 2009, 박영사.
「한반도희망이야기」 2011, 오래.
「대한민국안보전략론」 2012, 황금알.
「상호주의전략」 2012, 오래.

한국 안보통일연구원 소개
Korea Institute for Security and Unification

한국안보통일연구원은 평화통일 국민포럼 산하의 연구기관으로서 2013년 3월 5일 창설되었으며 민주시민아카데미와 7개의 연구소가 운영되고 있다.

○ 연구원 사업

1. 안보, 통일전략 정책과 분야별 전략 정책연구
2. 국방, 평화, 북한문제와 국민통합에 관한 연구, 사업
3. 관계, 언론계, 학계, 경제계 및 일반국민 등에 대하여 안보 문제에 관한 이해 제공
4. 안보, 통일, 국민통합 분야에 관한 국민의식 고취를 위한 교육 및 자문
5. 연구자료 및 학술지 발간
6. 민간전문가 육성을 위한 지원
7. 평화통일 국민포럼과 연구원의 목적에 필요하다고 판단되는 사업
8. 기타

○ 조직도

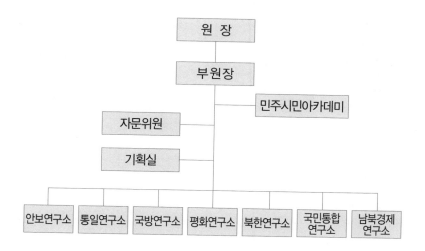

○ 임원

원장: 하정열

부원장: 박정이, 정용상

민주시민아카데미 총장: 신윤표

안보연구소장: 정경영

통일연구소장: 문성묵

국방연구소장: 강진석

평화연구소장: 길병옥

북한연구소장: 한관수

국민통합연구소장: 이재윤

남북경제연구소장: 이자형